Guttentagsche Sammlung
Nr. 29. Deutscher Reichsgesetze. Nr. 29.
Textausgaben mit Anmerkungen.

Das Reichsgesetz, betreffend die

Erwerbs- und Wirtschaftsgenossenschaften.

Textausgabe mit Anmerkungen und Sachregister

von

Ludolf Parisius und Dr. Hans Crüger.

Siebzehnte, neu bearbeitete Auflage

von

Dr. Hans Crüger und Dr. Adolf Crecelius.

Berlin und Leipzig 1924.
Walter de Gruyter & Co.
vormals G. J. Göschen'sche Verlagshandlung — J. Guttentag, Verlagsbuchhandlung — Georg Reimer — Karl J. Trübner — Veit & Comp.

Inhaltsverzeichnis.

Abkürzungen.

Zahlen ohne weiteren Zusatz bedeuten die Paragraphen dieses Gesetzes.

AV.[*]) = Ausführungs-Verordnung = Verordnung über das Genossenschaftsregister und die Anmeldungen zu diesem Register vom 22. 11. 23.

Begr. I[1]) = Begründung des Entw. I.

Begr. II[1]) = Begründung des Entw. II.

BlfG. = Blätter für Genossenschaftswesen.

BGB. = Bürgerliches Gesetzbuch.

Deumer = Das Recht der eingetragenen Genossenschaften 1912.

DJZ. = Deutsche Juristenzeitung.
EG. = Eingetragene Genossenschaft.
EHGB.²) = Einführungsgesetz zum Handelsgesetzbuch vom 10. 5. 1897.
Entw. I²) = Entwurf eines Gesetzes, betreffend die Erwerbs- und Wirtschaftsgenossenschaften, nebst Begründung und Anlage. Amtliche Ausgabe. 1888.
Entw. II²) = Entwurf eines Gesetzes usw., vorgelegt dem Reichstag am 27. 11. 1888 (Drucksachen des Reichstags, 7. Legislaturperiode, IV. Session 1888/1889 Nr. 28).
FB.¹) = Formularbuch zum Reichsgesetz, betreffend die Erwerbs- und Wirtschaftsgenossenschaften. Praktische Anleitung für die Führung des Genossenschaftsregisters und den Verkehr mit dem Registergericht. Von Ludolf Parisius und Dr. jur. Hans Crüger. Dritte Auflage. Berlin 1900. J. Guttentag, Verlagsbuchhandlung.
FGG.²) = Gesetz über die Angelegenheiten der freiwilligen Gerichtsbarkeit vom 17. 5. 1898.
G = Genossenschaft.
GenG. = das gegenwärtige Gesetz.
GKG. = Gerichtskostengesetz.
GR. = Genossenschaftsregister.
GVG. = Gerichtsverfassungsgesetz.
Gz.²) = Gesetz, betreffend die privatrechtliche Stellung der Erwerbs- und Wirtschaftsgenossenschaften vom 4. 7. 1868 (Bundes-Gesetzblatt des Norddeutschen Bundes Nr. 24).
HGB.²) = Handelsgesetzbuch für das Deutsche Reich vom 10. 5. 1897.
KGJ. = Jahrbuch für Entscheidungen des Kammergerichts.
JMBl. = Justiz-Ministerial-Blatt für die Preußische Gesetzgebung und Rechtspflege.
JW. = Juristische Wochenschrift.
Komm.²) = Fassung des Gesetzes nach den Beschlüssen der VII. Kommission des Reichstags (Drucksachen des Reichstags, 7. Legislaturperiode, IV. Session 1888/1889 Nr. 132).

KommBer.[1]) = Bericht derselben Kommission (dies. Drucksachen).

Leipz.Ztschr. = Leipziger Zeitschrift für deutsches Recht, herausgegeben unter Leitung von Dr. F. v. Miltner (Leipzig).

Holdheims Mschr. = Monatsschrift für Handelsrecht und Bankwesen, begründet von Holdheim, herausgegeben von Heilbrunn; früher Wochenschrift für Aktienrecht und Bankwesen.

Nov.[2]) = Gesetz, betreffend die Abänderung des Gesetzes über die Erwerbs- und Wirtschaftsgenossenschaften, vom 1. 5. 1889, sowie den Geschäftsbetrieb von Konsumanstalten, vom 12. 8. 1896 (RGBl. Nr. 29).

OVG. = Entscheidungen des Königlichen Oberverwaltungsgerichts.

Parisius Gg.[2]) = Die Genossenschaftsgesetze im Deutschen Reiche usw. Berlin 1876. J. Guttentag, Verlagsbuchhandlung.

Parisius-Crüger = Das Reichsgesetz, betreffend die Erwerbs- und Wirtschaftsgenossenschaften. Kommentar zum praktischen Gebrauch für Juristen und Genossenschafter. 8. Aufl. Berlin 1915. J. Guttentag, Verlagsbuchhdlg.

Recht = Das Recht, Rundschau für den Deutschen Juristenstand, herausgeg. von Dr. Hs. Th. Soergel (München).

OLGRspr. = Die Rechtsprechung der Oberlandesgerichte auf dem Gebiete des Zivilrechts, herausgegeben von Mugdan und Falkmann.

RG.[1]) = Entscheidungen des Reichsgerichts in Zivilsachen.

RGBl. = Reichs-Gesetzblatt.

RJA. = Entscheidungen in Angelegenheiten der freiwilligen Gerichtsbarkeit und des Grundbuchrechts. Zusammengestellt im Reichsjustizamte.

RKO.[2]) = Konkursordnung vom 10. 2. 1877, neue Fassung vom 20. 5. 1898.

Rtg.[2]) = Fassung des Gesetzes nach den Beschlüssen des

Reichstags in zweiter Lesung (Drucksachen des Reichstags, 7. Legislaturperiode, IV. Session 1888/1889 Nr. 145).

Rtg. III[2]) = Fassung des Gesetzes nach den Beschlüssen des Reichstags in dritter Lesung (Drucksachen Nr. 186).

Schulze-D. = Schulze-Delitzsch. Material zur Revision des Genossenschaftsgesetzes (Leipzig 1883).

StrGB. [2]) = Strafgesetzbuch für das Deutsche Reich vom 15. 5. 1871, neue Fassung vom 26. 2. 1876.

Warneyer = Die Rechtsprechung des Reichsgerichts auf dem Gebiete des Zivilrechts. Herausgegeben von Dr. Otto Warneyer (14. Jahrgang 1916).

ZBlFG. = Zentralblatt für freiwillige Gerichtsbarkeit und Notariat sowie Zwangsversteigerung.

ZPO. = Reichszivilprozeßordnung vom 30. 1. 1877, neue Fassung vom 20. 5. 1898.

ZtschfAG. = Zeitschrift für das gesamte Aktienwesen (Zittau) — jetzt Zeitschrift für Aktiengesellschaften (Leipzig).

---

[1]) Die lateinischen Zahlen bezeichnen den Band, die arabischen die Seite.

[2]) Die beigefügte Zahl bezeichnet den Paragraphen.

Einleitung.

Zur Geschichte des Gesetzes.

Das frühere deutsche Genossenschaftsgesetz, das Gesetz, betreffend die privatrechtliche Stellung der Erwerbs- und Wirtschaftsgenossenschaften, vom 4. Juli 1868 (Bundes-Gesetzblatt S. 415—433) verdankt seine Entstehung vornehmlich der unermüdlichen Tätigkeit des „Vaters des deutschen Genossenschaftswesens", des Kreisrichters a. D. Hermann Schulze-Delitzsch[1]). Als der Erste in Deutschland unternahm er in umfassender Weise nach einheitlichem Plan die Gründung von Genossenschaften der Handwerker und Arbeiter. 1851 aus dem Amt geschieden, trat er seitdem für die Ausbreitung der auf Selbsthilfe gegründeten Erwerbs- und Wirtschaftsgenossenschaften rastlos in Wort und Schrift ein, indem er die Förderung des Genossenschaftswesens zu seiner Lebensaufgabe machte.

Die ersten Genossenschaften, die in Preußen im Gebiete des Allgemeinen Landrechts ihren Sitz hatten, konnte er nur als erlaubte Privatgesellschaften organisieren. Zur Beseitigung eines Zustandes, der, in jeder Weise mißlich, mancherlei Gefahren und unnütze Kosten und Weitläufigkeiten zur Folge hatte, suchte er Abhilfe von der Gesetzgebung. Die Änderung des preußischen

[1]) Schulze-Delitzsch, Schriften u. Reden. Herausgegeben von F. Thorwart (Berlin, J. Guttentag 1909 ff.).

Gesellschaftsrechts durch Einführung des Allgemeinen deutschen Handelsgesetzbuchs bewog ihn, im März 1863 im Abgeordnetenhause, dessen Mitglied er war, im Auftrage genossenschaftlicher Vereinstage einen ausführlichen Gesetzentwurf einzubringen, nach welchem im Anschluß an die Vorschriften des Handelsgesetzbuchs die Erwerbs- und Wirtschaftsgenossenschaften als besondere Art der Gesellschaften durch Eintragung in ein vom Handelsrichter als Teil des Handelsregisters zu führendes Genossenschaftsregister die gleiche Rechtsstellung wie die Handelsgesellschaften erwerben konnten. Dieser in einer Kommission des Abgeordnetenhauses beratene und verbesserte Entwurf wurde die Grundlage des in der Landtagssession von 1866/1867 endlich zustande gebrachten preußischen Gesetzes, „betreffend die privatrechtliche Stellung der Erwerbs- und Wirtschaftsgenossenschaften", vom 27. März 1867, eingeführt in den neuen Provinzen Hannover, Hessen-Nassau und Schleswig-Holstein durch Verordnungen vom 12. Juli, 12. August und 22. September 1867.

Als Mitglied des Norddeutschen Reichstags beantragte Schulze-Delitzsch schon am 16. April 1868, das preußische Genossenschaftsgesetz mit einigen Änderungen und Ergänzungen zu einem norddeutschen Bundesgesetz zu erheben. In einer Kommission vorberaten, wurde der Gesetzentwurf vom Reichstage am 23. Mai und sodann mit vielen vom Bundesrat befürworteten Änderungsvorschlägen der mit der Begutachtung betrauten Kommission zur Ausarbeitung einer Zivilprozeßordnung am 20. Juni 1868, in der letzten Sitzung der Session, unverändert angenommen. Das deutsche Genossenschaftsgesetz, am 4. Juli 1868 vollzogen, ist im

Norddeutschen Bunde am 1. Januar 1869, in Württemberg, Baden und Südhessen infolge der Versailler Verträge am 1. Januar 1871, in Elsaß-Lothringen zufolge Gesetzes vom 11. Juli 1872 am 1. Oktober 1872, in Bayern zufolge Gesetzes vom 23. Juni 1873 am 1. August 1873 in Kraft getreten[1]). In Bayern bestehen zurzeit nur noch wenige „registrierte Gesellschaften" nach dem bayerischen Genossenschaftsgesetz vom 29. April 1869, auf diese Gesellschaften finden die Bestimmungen des Reichsgenossenschaftsgesetzes keine Anwendung; es hat sich wiederholt gezeigt, daß es derzeit ein Fehler war, nicht alle diese Gesellschaften zu zwingen, sich unter das Reichsgenossenschaftsgesetz zu stellen.

Nicht nur die nach Schulze-Delitzschs System errichteten Genossenschaften, sondern auch viele Genossenschaften anderer Art, vor allem die ländlichen Darlehnskassenvereine nach Raiffeisenschem System, wandelten sich in eingetragene Genossenschaften um.

Die Art und Weise, wie das Genossenschaftsgesetz für eine neue Form des Geschäftsbetriebs gewissermaßen durch deren Begründer und noch dazu in großer Hast geschaffen wurde, erklärt es zur Genüge, daß sich bald das Bedürfnis einer Revision des Gesetzes geltend machte. Bereits in den Sessionen von 1876 und 1877 stellte

---

[1]) Die Geschichte der Entstehung des Genossenschaftsgesetzes ist ausführlich behandelt von Parisius: Die Genossenschaftsgesetze im Deutschen Reich. 1876. Einleitung Abschnitt III S. 85—109. Daselbst sind auch die Einführungsgesetze, die Ausführungsverordnungen und das dem deutschen Reichsgesetze nachgebildete österreichische Genossenschaftsgesetz vom 9. April 1873 nebst Ausführungsverordnung abgedruckt (S. 403—563).

Schulze-Delitzsch im Reichstage Anträge auf eine Revision, indem er den Entwurf einer Novelle mit Motiven vorlegte. Der Entwurf wurde 1876 in einer Kommission durchberaten, ohne daß es zur Berichterstattung kam. Auf einen erneuten Antrag Schulzes beschloß der Reichstag am 11. März 1878, den Reichskanzler aufzufordern, den Entwurf einer Novelle zum Genossenschaftsgesetz ausarbeiten zu lassen und darin mehrere von Schulze als besonders dringlich bezeichnete Punkte zu erledigen. Ein Beschluß des Bundesrats vom 27. Februar 1879 erging in demselben Sinne.

Zum letzten Male brachte Schulze-Delitzsch seinen früheren, jetzt mehrfach abgeänderten Antrag in der Reichstagssession von 1881 ein. Gleichzeitig wurden von den Abgg. Ackermann und Genossen und Freiherrn v. Mirbach und Genossen Anträge zur Revision des Genossenschaftsgesetzes gestellt. Die zur Vorberatung derselben eingesetzte Kommission schlug vor, sämtliche Anträge dem Reichskanzler als Material für die in Angriff genommene Revision zu überweisen. Bei Gelegenheit dieses Antrages hatte der Staatssekretär des Reichsjustizamts Dr. von Schelling am 18. Mai 1881 erklärt, der Bundesrat habe beschlossen, den Entwurf einer Novelle ausarbeiten zu lassen. Allein 1½ Jahre später, am 8. Dezember 1882, erklärte Dr. v. Schelling im Reichstage auf eine Interpellation Schulze-Delitzschs, die ursprüngliche Absicht, die Umbildung des Genossenschaftsrechts in der Form einer Novelle zu bewirken, sei aufgegeben und der Erlaß eines neuen umfassenden Genossenschaftsgesetzes für notwendig befunden. Nunmehr erkannte Schulze-Delitzsch, daß auf seine „persönliche Beteiligung“ bei der Revision „mit irgendwelcher Sicherheit nicht gerechnet werden könnte". Er schrieb deshalb in den letzten Monaten vor seinem am 29. April 1883 erfolgten Tode mit dem Aufgebot aller Kräfte das Büchlein „Material zur Revision des Genossenschaftsgesetzes. Nach dem neuesten Stand der Frage geordnet" (Leipzig 1883).

Nach früheren Erklärungen der Reichsregierung sollte die Reform des Aktienrechts der Reform des Genossenschaftsrechts vorangehen. Das Reichsgesetz, betreffend die Kommanditgesellschaften auf Aktien und die Aktiengesellschaften, wurde am 18. Juli 1884 erlassen. Durch dasselbe wurde eine Umänderung des früher ausgearbeiteten Genossenschaftsgesetzentwurfs bedingt. Endlich im August 1887 konnte der Nachfolger Schulzes in der Anwaltschaft des Genossenschaftsverbandes, Reichstagsabgeordneter Schenck, auf dem allgemeinen Vereinstage in Plauen mitteilen, daß nach der ihm aus dem Reichsjustizamt gewordenen Eröffnung in diesem der Entwurf des Genossenschaftsgesetzes fertiggestellt und vor der Beschlußfassung des Bundesrats einer Sachverständigenkonferenz zur Begutachtung vorgelegt werden sollte.

Die Thronrede vom 24. November 1887 hatte zwar dem Reichstage die Vorlegung des Genossenschaftsgesetzentwurfs angekündigt, allein es kam nicht dazu. Der Bundesrat beschloß in dankenswerter Weise zunächst die Veröffentlichung des Entwurfs[1]) und ermöglichte dadurch den in erster Linie beteiligten Erwerbs- und Wirtschaftsgenossenschaften, ihn in ihren Verbänden zu

[1]) Entwurf eines Gesetzes, betreffend die Erwerbs- und Wirtschaftsgenossenschaften, nebst Begründung und Anlage. Amtliche Ausgabe, Berlin 1888. In den Noten als Entw. I und Begr. I bezeichnet.

beraten und über die von ihnen vorzuschlagenden Änderungen zu beschließen [1]).

Im Herbst 1888 ist der Entwurf vom Bundesrat mit einigen Abänderungen angenommen worden und wurde am 27. November 1888 dem Reichstage zur Beschlußfassung vorgelegt [2]).

Der Reichstag beschloß nach der ersten Beratung in der 14. Sitzung vom 13. Dezember 1888, den Gesetzentwurf einer Kommission von 28 Mitgliedern zur Vorberatung zu überweisen. Diese hat die Vorberatung in 23 Sitzungen in zwei Lesungen vollendet und schriftlichen Bericht erstattet (Drucksachen Nr. 132). Auf Grund desselben hat der Reichstag die zweite Beratung in der 45. und 46. Sitzung vom 23. und 26. März 1889 vorgenommen (Zusammenstellung nach den Beschlüssen Drucksachen Nr. 145). Nach der 3. Beratung in der 52. Sitzung vom 4. April 1889 (Zusammenstellung nach den Beschlüssen Nr. 186 der Drucksachen) ist die Vorlage in der Schlußabstimmung angenommen. Der Bundesrat

---

[1]) Vgl. namentlich die Aufsätze des Anwalts Schenck in den Blättern für Genossenschaftswesen, Jahrgang 1888 „Der Entwurf des neuen Genossenschaftsgesetzes" in Nr. 10—34, und die Beratungen und Beschlüsse des Allgemeinen Verbandes in den „Mitteilungen über den 29. Allgemeinen Vereinstag der auf Selbsthilfe beruhenden deutschen Erwerbs- und Wirtschaftsgenossenschaften in Erfurt vom 30. August bis 1. September 1888. Herausgegeben im Auftrage des Vereinstages von F. Schenck usw." S. 61 bis 179, 189—192.

[2]) Drucksachen des Reichstags, 7. Legislaturperiode, IV. Session, 1888/89, Nr. 28. In den Noten bezeichnet Entw. II und Begr. II.

gestimmt und der Kaiser das Gesetz am 1. Mai 1889 vollzogen (Reichs-Gesetzblatt Nr. 11, ausgegeben den 10. Mai, Seite 55—93).

Das neue Genossenschaftsgesetz wurde in den genossenschaftlichen Kreisen freudig begrüßt, weil es Berechtigung, Bedeutung und Leistungen der deutschen Genossenschaftsbewegung in vollem Maße rückhaltslos anerkannte, weil es sich bestrebte, den wirklichen Bedürfnissen der Genossenschaften zu genügen, und eine Fortbildung des bestehenden Genossenschaftsrechts enthielt. Die von Schulze-Delitzsch gestellten Anträge und die Wünsche der Genossenschaften sind in großer Zahl berücksichtigt[1]).

In der Praxis hat sich freilich vieles anders gestaltet, als der Gesetzgeber und die Genossenschaften bei der Verabschiedung des Gesetzes vorausgesehen. So fanden vielfach die Bestimmungen des Gesetzes über die Bildung des Geschäftsanteils mißbräuchliche Anwendung. Es gibt Genossenschaften mit einem Geschäftsanteil von 10 Pfennigen!! Ebenso hat jene Bestimmung, nach der eine Genossenschaft aus Genossenschaften bestehen kann, zu einer bedenklichen und gefährlichen Verkettung von Genossenschaften untereinander geführt, vgl. die Verhandlungen des Allgem. Genossenschaftstages zu Posen (1913 Mitteilungen S. 183 ff.). Vollkommen im Widerspruch mit der Tendenz des Gesetzes steht die Bildung von Riesenhaftsummen; es gibt Genossenschaften, deren Mitglieder eine Haftsumme von einer Million Mark und mehr übernommen haben (vgl. Crüger, „Kritische Be-

[1]) Crüger zum 25jährigen Jubiläum des deutschen Genossenschaftsgesetzes. DJZ. 1914 S. 542.

merkungen zu Entwicklungstendenzen im deutschen Genossenschaftswesen", Berlin 1909, und die Verhandlungen des Allgem. Genossenschaftstages zu Bad Nauheim, 1910 Mitteilungen S. 186 ff.). Damit sind nur die wichtigsten Mißstände bezeichnet, die sich in der Praxis gezeigt haben. Außerdem haben sich in der praktischen Anwendung des Gesetzes auch Zweifel über die Zweckmäßigkeit verschiedener Vorschriften des Gesetzes ergeben. Die Entwicklung des Genossenschaftswesens ist zum Teil auch über den gesetzlichen Rahmen hinausgegangen; häufig ist die Gesellschaftsform der Genossenschaft mißbräuchlich angewendet, bald in Verkennung der Anwendungsmöglichkeit, bald auch aus unreellen Motiven. Der Abschnitt über die „Revision" hat nicht in allen Teilen den in ihn gesetzten Erwartungen entsprochen. Im Jahre 1914 wurde dem Reichstag ein Antrag auf Revision des Genossenschaftsgesetzes vorgelegt, der jedoch infolge des Kriegsausbruchs nicht mehr zur Verhandlung kam. Bezeichnenderweise fand der Antrag den lebhaftesten Widerspruch bei den Genossenschaftsverbänden. Hier war man einmütig der Überzeugung, daß das Genossenschaftsgesetz trotz verschiedener Mängel, und obgleich die Gestaltung des Genossenschaftswesens über den Rahmen des Genossenschaftsgesetzes hinausgegangen ist, auch zurzeit noch allen berechtigten Ansprüchen der Genossenschaften an ein Gesetz genügt. Und gerade der Antrag zeigt, daß eine Revision des Gesetzes leicht zu unerwünschten Beschränkungen der Genossenschaften führen kann. Vgl. hierzu Jahrbuch des Allgemeinen Deutschen Genossenschaftsverbandes für 1913 S. XXXIII und Verhandlungen des Allgem. Genossenschaftstages zu Posen 1913 Mitteilungen S. 145 ff.).

Die wichtigsten Änderungen des Genossenschaftsrechts durch das Gesetz von 1889 sind:

1. Die Zulassung von Genossenschaften mit beschränkter Haftpflicht. Bereits Schulze-Delitzsch hatte sich entschieden dafür erklärt, ebenso mehrere Vereinstage des Allgemeinen Verbandes[1]).

2. Die Vorschriften über Geltendmachung der Haftpflicht. Der Hauptmangel des Gesetzes von 1868 war der späte Zeitpunkt, in dem das Umlageverfahren eingeleitet wurde, — am Ende des Konkurses, wenn der Schlußverteilungsplan feststand. Abweichend von den Verbesserungsvorschlägen Schulze-Delitzschs übertrug der Entwurf das Verfahren, die Gläubiger aus den mittels Umlage einzuziehenden Beiträgen der Genossen zu befriedigen, nicht wie bisher dem Vorstande, sondern dem Konkursverwalter, machte es also zu einem selbständigen, besonders geordneten Teil des Konkursverfahrens. Unverzüglich nach Eröffnung des Konkurses

---

[1]) Man vergleiche darüber die Aufsätze in den Blättern für Genossenschaftswesen: 1886 von L. Parisius, „Der deutsche Juristentag und die beschränkte Haft der Mitglieder eingetragener Genossenschaften" in Nr. 39—42; „Die Frage der Zulassung von Genossenschaften mit beschränkter Haft" in Nr. 44—47; 1887 von F. Schenck, „Die gesetzliche Zulassung der beschränkten Haft bei den deutschen Genossenschaften" in Nr. 4, 5 und 8 und Crüger, 1892 Nr. 41, 1893 Nr. 13 und 15; ferner Crüger, „Die Zulassung der Genossenschaften mit beschränkter Haftpflicht durch das Genossenschaftsgesetz v. 1. Mai 1889" in dem Archiv für öffentl. Recht 1894 S. 389—435 („Riesenhaftsummen" in BlfG. 1903 Nr. 21, 1906 Nr. 51); Crüger, „Kritische Bemerkungen zu Entwicklungstendenzen", 1909.

wird auf Grund einer nach der Bilanz herzustellenden vorläufigen Berechnung (Vorschußberechnung) der ganze voraussichtliche Fehlbetrag durch eine Umlage von den Genossen, wenn nötig durch Zwangsvollstreckung, — die Ausfälle auf Grund von Zusatzberechnungen durch fortgesetzte Umlagen — als Vorschuß eingezogen. Nach Beginn der Schlußverteilung wird durch eine definitive Berechnung (Nachschußberechnung) der endgültige Betrag der von den Genossen zu leistenden Nachschüsse festgestellt und die Befriedigung der Gläubiger aus den vorgeschossenen und sofern notwendig durch weitere Umlagen zu verstärkenden Beträgen unverzüglich herbeigeführt.

Diese neuen Vorschläge des Entwurfs fanden allgemeinen Beifall. Nur in einer Frage waren in den Genossenschaften selbst die Meinungen sehr geteilt. Es kam in Petitionen, Aufsätzen und Broschüren zu einer überaus lebhaften Erörterung der Frage, ob, wie nach dem Entwurf, sowohl gegen die bei Auflösung der Genossenschaft vorhandenen als auch gegen die ausgeschiedenen noch haftbaren Mitglieder im Konkurse den Gläubigern wegen ihres Ausfalls schließlich das Recht des direkten Angriffs zu belassen sei, oder ob es ganz beseitigt werden solle, ferner, ob die ausgeschiedenen Genossen zur Tilgung der während ihrer Mitgliedschaft entstandenen Verbindlichkeiten nur durch den direkten Angriff des Gläubigers, vorbehaltlich der Erstattung aus den im Nachschußverfahren beizutreibenden Beträgen, herangezogen werden könnten oder ob sie statt dessen an dem Nachschußumlageverfahren, ohne Rückgriff auf die übrigen Genossen (Schulze-Delitzschs Vorschlag) oder mit Rückgriff auf dieselben (Vorschlag des Professors Goldschmidt), beteiligt werden sollten. In der Reichstagskommission schien die Mehrheit willens zu sein, den Einzelangriff ganz zu beseitigen, vorausgesetzt, daß geeignete Vorschläge zu geordneter Heranziehung der in den letzten zwei Jahren ausgeschiedenen Genossen zum Nachschußverfahren wegen der während ihrer Mitgliedschaft entstandenen Genossenschaftsschulden gemacht würden. Solche Vorschläge aber blieben aus. Demzufolge wurden in der ersten Lesung der Kommission die Vorschläge des Entwurfs mit gewissen Verbesserungen behufs weiterer Erschwerung und Abschwächung des Einzelangriffs angenommen. In der zweiten Lesung aber beschloß infolge eines eine Reihe streitiger Punkte umfassenden Kompromisses die große Mehrheit der Kommission, eine dritte Art Genossenschaften ohne jenen Einzelangriff der Gläubiger als Genossenschaft „mit unbeschränkter Nachschußpflicht" einzufügen. Zwischen dieser dritten Art Genossenschaft und der Genossenschaft mit unbeschränkter Haftpflicht ist während ihres Bestehens mit Bezug auf die Haftpflicht, abgesehen von der Verschiedenheit der Firmen und der Beitrittserklärung der Genossen, kein Unterschied, ebensowenig nach der Auflösung, ausgenommen, wenn diese durch Eröffnung des Konkurses erfolgt. Aber auch der Verlauf des Konkurses bietet bis zur Aufstellung der Nachschußberechnung keinerlei Abweichung. Nur in dem Falle, daß im Konkurse drei Monate nach der für vollstreckbar erklärten Nachschußberechnung die Konkursgläubiger noch nicht vollständig befriedigt sein sollten, tritt ein verschiedenes Verfahren ein. Für diesen Fall darf in der Genossenschaft mit unbeschränkter Haftpflicht ein jeder Gläubiger wegen des noch nicht getilgten Restes einer Forderung sofort einen einzelnen Genossen im gewöhnlichen Prozesse direkt angreifen, sowie nach weiteren drei Monaten (sechs Monate nach der Vollstreckbarkeitserklärung der Nachschußberechnung) auch jeden in den letzten zwei Jahren ausgeschiedenen Genossen, soweit es sich um eine bis zu dessen Ausscheiden eingegangene Verbindlichkeit der Genossenschaft handelt. Dahingegen muß in der Genossenschaft mit unbeschränkter Nachschußpflicht auf Grund einer aufzustellenden besonderen Berechnung von den innerhalb der letzten achtzehn Monate vor der Eröffnung des Konkurses ausgeschiedenen Genossen die gesamte Restforderung aller Gläubiger — gleichviel ob die Verbindlichkeit vor oder nach dem Ausscheiden des einzelnen eingegangen ist — im Umlageverfahren beigetrieben werden. In beiden Arten Genossenschaften geht daneben die Einziehung der Nachschüsse von den in der Genossenschaft verbliebenen Genossen auf Grund der Nachschußberechnung unverändert fort und erhalten die ausgeschiedenen Genossen sowie in der Genossenschaft mit unbeschränkter Haftpflicht die durch einen Einzelangriff in Anspruch genommenen Genossen die von ihnen gezahlten Beträge aus den Nachschüssen erstattet.

Ein in der Kommission geschlossenes Kompromiß ward im Plenum aufrecht erhalten. Diese demgemäß vom Reichstage beschlossene Einfügung einer so wenig unterschiedenen dritten Art Genossenschaft ist für die Entwicklung des Genossenschaftswesens ohne Bedeutung geblieben[1]).

---

[1]) Kommissionsbericht S. 49—62; stenographischer Bericht der 45. Sitzung des Reichstags vom 23. März 1889 S. 1021—1035. — Crügers Jahrbuch für 1917 stellt den

3. Die Vorschriften über Erwerb und Verlust der Mitgliedschaft. Eine Reihe Vorschläge zur Verbesserung der Bestimmungen über Entstehung und Endigung der Mitgliedschaft enthielt Schulze-Delitzschs Novelle. Um die Mitgliedschaft auf feste Grundlage zu stellen, ging der Entwurf einen Schritt weiter. Die Mitgliedschaft soll durch die Eintragung in die vom Gericht zu führende Liste der Genossen entstehen und, abgesehen vom Fall des Todes eines Genossen, nur durch die Löschung in dieser Liste beendigt werden (§§ 15, 69—77).

4. Die Revision der Genossenschaft. Neu ist der vierte Abschnitt von der Revision (§ 53). Schon auf Schulze-Delitzschs Veranlassung ist in dem von ihm begründeten Allgemeinen Verbande die Einrichtung der „Verbandsrevision" getroffen. Die zu den einzelnen Unterverbänden gehörenden Genossenschaften wurden verpflichtet, alle drei Jahre durch einen vom Unterverbande angestellten, mit dem Genossenschaftswesen vertrauten praktischen Genossenschafter (Revisor) ihre gesamte geschäftliche Tätigkeit prüfen zu lassen. Der Revisor hatte sein Augenmerk besonders darauf zu richten, ob die Bestimmungen der Gesetze beachtet werden und ob die Geschäftsführung den Vorschriften des Statuts und den auf Vereins- und Verbandstagen aufgestellten Grundsätzen entspricht. Der Revisor hatte nach vollendeter Revision den Befund in gemeinschaftlicher Sitzung mit Vorstand und Aufsichtsrat zu besprechen und sodann einen schriftlichen Bericht an die Genossenschaft zu

---

Bestand der eingetragenen Genossenschaften mit unbeschränkter Nachschußpflicht auf 162 unter 38105 Genossenschaften fest.

erstatten und eine Abschrift desselben dem Verbandsdirektor einzusenden. Eine ähnlich eingerichtete Revision hatten auch andere Verbände eingeführt.

Der Entwurf schrieb nur in Anlehnung an diese Einrichtung der Verbandsrevision allen Genossenschaften bei Strafe vor, in jedem zweiten Jahre ihre Einrichtungen und ihre Geschäftsführung durch einen der Genossenschaft nicht angehörigen sachverständigen Revisor prüfen zu lassen. Den Genossenschaften, die einem gewissen gesetzlichen Anforderungen genügenden Verbande angehören, hat der Verband den Revisor zu bestellen, anderen Genossenschaften das Gericht. In den Kreisen der Genossenschaften stieß die Einführung der obligatorischen Revision auf Widerspruch.

Die „Revision" ist für die Entwicklung des Genossenschaftswesens überaus erforderlich geworden. Die Revision des vom Gericht bestellten Revisors hat sich freilich anscheinend meist als Erfüllung einer Form ergeben; vgl. Verhandlungen des Allg. Genossenschaftstages zu Kassel (1906 Mitteilungen S. 299 ff.), zu Posen (1913 Mitteilungen S. 145 ff.). Ein Allheilmittel ist sie nicht geworden und kann sie nicht werden. Das ist allen Bestrebungen auf Verschärfung der Revisionsbestimmungen gegenüber festzustellen.

5. Die Ausdehnung des Geschäftsbetriebs auf Nichtmitglieder ist in dem Gesetz vom 4 Juli 1868 nach der Deklaration vom 19. Mai 1871 ohne jede Einschränkung zugelassen. Der Entwurf verlangte, daß Bestimmungen, nach denen die Ausdehnung des Geschäftsbetriebes auf Nichtmitglieder zugelassen wird, in das Statut aufgenommen werden müßten, und erklärte zugleich eine solche Ausdehnung des Geschäftsbetriebs

für unzulässig bei Genossenschaften, die Gewährung von Darlehen bezwecken. Der Reichstag nahm die Vorschläge des Entwurfs mit einigen Abschwächungen zugunsten der Kreditgenossenschaften an.

Gegen die Absicht des Entwurfs und im Widerspruch mit dem Vertreter des Bundesrats beschloß der Reichstag in dritter Beratuug mit 113 gegen 93 Stimmen (der Reichstag zählt 397 Mitglieder, die Hälfte mit 199 ist beschlußfähig), daß Konsumvereine in regelmäßigem Geschäftsverkehr Waren nur an Mitglieder oder deren Vertreter verkaufen dürfen. Eine Strafbestimmung wurde ausdrücklich abgelehnt. Aus den unklaren Bestimmungen erwuchsen den Konsumvereinen, die nach Muster der englischen Vereine bisher auch an Nichtmitglieder verkauften nicht unerhebliche Schwierigkeiten. Über die weiteren Beschränkungen der Konsumvereine durch das Gesetz vom 12. August 1896 vgl. weiter unten.

6. Die Begründung des Entwurfs verneinte im allgemeinen die Frage, ob die Gesetzgebung besonderen Bedürfnissen der ländlichen Genossenschaften Rechnung zu tragen habe. Der Reichstag hat im vermeintlichen Interesse der Raiffeisenschen Darlehnskassen zwei Sonderbestimmungen beschlossen: Durch § 65 (jetzt § 67) ist die Endigung der Mitgliedschaft für solche Genossenschaften geregelt, die Erwerb und Fortdauer der Mitgliedschaft an den Wohnsitz innerhalb eines bestimmten Bezirks knüpfen (§ 8 Ziffer 2). Durch § 20 wurde Genossenschaften gestattet, auf zehn Jahre zu beschließen, den Gewinn nicht zu verteilen, sondern ihn dem Reservefonds zuzuschreiben, und im § 114 wurde der Austritt aus solchen Genossenschaften geordnet. Beide Bestimmungen erfuhren eine Änderung durch das Gesetz vom

12. August 1896, das den § 20 dahin abänderte, daß das Statut die Gewinnverteilung gänzlich ausschließen und die Zuschreibung des Gewinnes zum Reservefonds anordnen könne; — den § 114 aufhob.

7. Der Entwurf ermöglichte, daß sich Genossenschaften ausschließlich aus andern Genossenschaften bilden; vgl. Crüger, „Kritische Bemerkungen zu Entwicklungstendenzen" (1909), und Allg. Genossenschaftstag zu Bad Nauheim (1910, Mitt. S. 186).

* * *

Durch das Gesetz, betreffend die Abänderung des Gesetzes über die Erwerbs- und Wirtschaftsgenossenschaften, vom 1. Mai 1889 sowie den Geschäftsbetrieb von Konsumanstalten vom 12. August 1896 wurde das Genossenschaftsgesetz vom 1. Mai 1889 in einigen Bestimmungen abgeändert. Die Veranlassung gab der § 8 Absatz 4: das straflose Verbot des Verkaufs an Nichtmitglieder. Der Gesetzentwurf wurde nach den Beschlüssen des Bundesrats vom Reichskanzler am 4. Dezember 1895 im Reichstage eingebracht[1]). Er beschränkte sich darauf, das Genossenschaftsgesetz durch Strafbestimmungen gegen Übertretungen des in jenem Gesetz enthaltenen Verbots zu ergänzen. Der Reichstag beschloß in erster Beratung in der 8. Sitzung am 14. Dezember 1895, den Entwurf an eine Kommission von 14 Mitgliedern zu verweisen. Diese hat die Vorberatung in acht Sitzungen vollendet und Bericht erstattet (Drucksachen Nr. 169). Die Kom-

[1]) Drucksachen des Reichstags, 9. Legislaturperiode, IV. Session 1895/97.

mission hat die Bestimmungen des Gesetzentwurfs erweitert (§§ 30a, 145b und c — jetzt §§ 31, 153, 154) und die für die Konsumvereine und deren Mitglieder erlassenen Beschränkungen auf Konsumanstalten und Vereinigungen ausgedehnt (Art. 2)[1]. Sie hat ferner durch Änderungen der §§ 20, 80 (jetzt § 82) des Genossenschaftsgesetzes und Einschiebung eines § 89a (jetzt § 92) Wünsche der ländlichen Darlehnskassen Raiffeisenschen Systems in betreff der Ausschließung der Gewinnverteilung und der Verteilung des Vermögens bei Auflösung der Genossenschaft erfüllt.

Der Reichstag hat die 2. Beratung in der 71. und 72. Sitzung vom 18. und 20. April 1896 vorgenommen (Zusammenstellung nach den Beschlüssen Nr. 286 der Drucksachen). In der dritten Beratung, in der 86. Sitzung vom 7. Mai 1896, ist der Entwurf nach den Beschlüssen der zweiten Beratung unverändert angenommen mit der veränderten Überschrift: „Gesetz, betreffend die Abänderung des Gesetzes über Erwerbs- und Wirtschaftsgenossenschaften vom 1. Mai 1889, sowie den Geschäftsbetrieb von Konsumanstalten vom 12. August 1896". Der Bundesrat hat den Beschlüssen des Reichstages zugestimmt und der Kaiser das Gesetz am 12. August 1896 vollzogen (RGBl. Nr. 29 S. 695—698).

Durch das Gesetz ist aufgehoben: § 114; abgeändert: § 8 Abs. 4, § 20, § 89 (jetzt § 91) Abs. 3; neue Bestimmungen sind eingeschaltet hinter § 30: § 30a (jetzt § 31), § 30b (jetzt § 32), — hinter § 89 (jetzt § 91): § 89a (jetzt § 92) — hinter § 145 (jetzt § 151): § 145a, § 145b, § 145c (jetzt §§ 152, 153, 154).

---

[1]) Abgedruckt unten nach dem Genossenschaftsgesetz.

Eine Ausdehnung der neuen Bestimmungen für Konsumvereine auf Konsumanstalten und Vereinigungen enthält Artikel 2.

* * *

Weitere Änderungen erfuhr das Genossenschaftsgesetz durch den Art. 10 des Einführungsgesetzes zum Handelsgesetzbuch. Die Änderungen betrafen die § 13, § 16 Abs. 4, § 23 Abs. 4 (wurde aufgehoben), § 28, § 29, § 49 (jetzt 51) Abs. 1, § 49 (jetzt 51) Abs. 4, § 80 (jetzt 82) Abs. 2, § 82 (jetzt 84), § 87 (jetzt 89), § 88 (jetzt 90) Abs. 2, die Einführung des Nichtigkeitsverfahrens §§ 94—97), § 116 (jetzt 122) Abs. 2, § 117 (jetzt 123) Abs. 3 wurde aufgehoben), § 127 (jetzt 133) Abs. 1, § 148 (jetzt 157) Abs. 3 (wurde aufgehoben), § 152 (jetzt 160) Abs. 1. Die Einführung des Nichtigkeitsverfahrens füllt eine Lücke des Genossenschaftsgesetzes aus, im übrigen handelt es sich im wesentlichen um die Anpassung des Genossenschaftsgesetzes an das Bürgerliche Gesetzbuch.

Durch Art. 13 des Einführungsgesetzes zum Handelsgesetzbuch ist der Reichskanzler ermächtigt, den Text des Gesetzes, betreffend die Erwerbs- und Wirtschaftsgenossenschaften, wie er sich aus den im Art. 10 vorgesehenen Änderungen ergibt, unter fortlaufender Nummernfolge der Paragraphen und Abschnitte durch das Reichs-Gesetzblatt bekanntzumachen. Es ist dies unter dem 14. Juni 1898 in Nr. 25 des RGBl. (S. 810 ff.) geschehen. Diese Fassung des Genossenschaftsgesetzes ist der vorliegenden Ausgabe zugrunde gelegt. In der Bekanntmachung des Textes durch den Reichskanzler fehlen die Übergangsbestimmungen des Gesetzes vom 1. Mai 1889, sie haben gleichwohl auch jetzt noch Gesetzeskraft; sie sind in früheren Aufl. (zuletzt 14. Auflage) nach § 161 des Gesetzes abgedruckt.

* * *

Der Eigenart der Genossenschaften entspricht es, wenn in verschiedenen Sondergesetzen daraus Folgerungen gezogen werden.

a) Nach dem Hypothekenbankgesetz vom 13. Juli 1899 ist der Geschäftsbetrieb der Hypothekenbanken nach Maßgabe des Gesetzes in der Form der eingetragenen Genossenschaft verboten.

b) Nach dem Gesetz betr. Privatversicherung vom 12. Mai 1901 dürfen Personenvereinigungen, welche die Versicherung ihrer Mitglieder nach dem Grundsatz der Gegenseitigkeit betreiben wollen, dies nur als Versicherungsvereine auf Gegenseitigkeit nach Maßgabe des Privatversicherungsgesetzes tun. Zum Betriebe der verschiedenen Arten der Lebensversicherung sowie zum Betriebe der Unfall-, Haft-, Feuer- oder Hagelversicherung dürfen außer Versicherungsvereinen auf Gegenseitigkeit nur Aktiengesellschaften zugelassen werden.

Als Lebensversicherung im Sinne des Gesetzes gilt auch die Invaliditäts-, Alters-, Witwen-, Waisen-, Aussteuer- und Militärdienstversicherung.

c) Nach dem Gesetz vom 25. Oktober 1867 ist zulässig die Bildung von Reedereigenossenschaften und die Führung der Landesflagge durch die Schiffe der Genossenschaften unter den im Gesetz angegebenen Verordnungen.

d) Nach dem Gesetz über das Auswanderungswesen vom 9. Juni 1897 kann die Erlaubnis zur Beförderung von Auswanderern an eingetragene Genossenschaften erteilt werden, die ihren Sitz im Reichsgebiet haben.

e) Die Novelle betr. Abänderung der Gewerbeordnung vom 6. August 1896 erklärte § 41a Abs. 1 Satz 2, § 105b Abs. 3, § 33 Abs. 6 und 7 (Bestimmungen, betr. offenen Laden und Konzession für Kleinhandel mit Spirituosen) auf die Konsumvereine für anwendbar.

* * *

Während des Krieges sind drei Kriegsnotgesetze zur Ergänzung des Genossenschaftsgesetzes erlassen; ferner sind in der Nachkriegszeit unter dem Zwang der wirtschaftlichen Verhältnisse zahlreiche Gesetze und Verordnungen ergangen, die zum Teil sich ausschließlich auf das Genoss.Ges. beziehen, zum Teil neben anderen Gesetzen auch das Genoss.Ges. betreffen. Die Gesetze und Verordnungen sind unten im Abschnitt „Notgesetze und Notverordnungen" mitgeteilt. Nachstehend sei eine kurze Zusammenstellung gegeben, wobei bemerkt sei, daß in dem Text des Gesetzes selbst nur diejenigen Änderungen berücksichtigt sind, die sich äußerlich als solche Änderungen darstellen:

1. Bekanntmachung betr. die Revision der eingetragenen Genossenschaften, vom 8. September 1914.

2. Bekanntmachung über die Vertretung eines Genossen in der Generalversammlung einer Erwerbs- und Wirtschaftsgenossenschaft und über das Ausscheiden aus der Genossenschaft vom 17. Dezember 1914.

3. Bekanntmachung, betr. die zeitweilige Außerkraftsetzung der §§ 99, 118, 142, 148 des Gesetzes, betreffend die Erwerbs- und Wirtschaftsgenossenschaften, vom 8. August 1914.

Die Bekanntmachung betr. die Revision der eingetragenen Genossenschaften bestimmt, daß die Revisionsfrist „bis auf weiteres" um vier Monate verlängert wird.

Durch Verordnung vom 27. Dezember 1923 (RGBl. I 1252) wird die Revisionsfrist für Genossenschaften, die einem Revisionsverbande angehören, auf 3 Jahre verlängert; auf Antrag des Revisionsverbandes kann die oberste Landesbehörde die Frist um ein weiteres Jahr verlängern.

Die Bekanntmachung über die Vertretung eines Genossen in der Generalversammlung setzt voraus, daß der Genosse zu den im § 2 des Gesetzes betr. den Schutz der infolge des Krieges an der Wahrnehmung ihrer Rechte behinderten Personen bezeichneten Personen gehört. Die Bekanntmachung gilt, bis das ihr zugrunde liegende Gesetz aufgehoben ist.

Die Bekanntmachung betr. die zeitweilige Außerkraftsetzung der §§ 99, 118, 142, 148 des Gesetzes betr. die Erwerbs- und Wirtschaftsgenossenschaften hebt diese Vorschriften zeitweilig auf, soweit sie die Verpflichtung bei Zahlungsunfähigkeit, die Eröffnung des Konkurses zu beantragen sowie das Verbot von Zahlungen nach Eintritt der Zahlungsunfähigkeit betreffen für eingetragene Genossenschaften (ebenso wie für Aktiengesellschaften und Gesellschaften m. beschr. H.). Durch Verordnung über die zeitweilige Befreiung von der Verpflichtung zur Konkursanmeldung bei Überschuldung vom 28. April 1920 ist weiter bestimmt, daß, falls die Überschuldung auf Valutaschulden beruht, die erwähnten Bestimmungen ebenfalls keine Anwendung finden.

4. Auch die **Geschäftsaufsicht** zur **Abwendung des Konkurses** (Verordnung des Bundesrats vom 14. Dezember 1916, RGBl. 1916 S. 1363) berührt unmittelbar die Genossenschaften. Sie ist an die Stelle der bei Ausbruch des Krieges erlassenen Notverordnung vom 8. August 1914 (RGBl. 1914 S. 363) getreten, und

durch die Verordnung vom 8. Februar 1924 (RGBl. S. 51) geändert worden. Voraussetzung der Geschäftsaufsicht ist, daß der Schuldner infolge des Krieges oder der aus ihm erwachsenen wirtschaftlichen Verhältnisse zahlungsunfähig geworden ist. Nach § 35 der Verordnung kann der Vergleich auf Erlaß oder Stundung oder beides gerichtet sein. Ist der Schuldner aber eine eingetragene Genossenschaft, so darf der Vergleich nur auf Stundung allein oder in Verbindung mit einem Erlaß von Zinsen für die Dauer der Stundung gerichtet sein. Nach § 72 der Verordnung sind die Vorschriften der §§ 98, 100 Abs. 1, 2 des GenG. auf die Geschäftsaufsicht und das Vergleichsverfahren entsprechend anzuwenden. Die Zulassung des Zwangsvergleichsverfahrens für Erwerbs- und Wirtschaftsgenossenschaften bedeutet eine sehr wichtige Neuerung, die den Wünschen der Genossenschaften durchaus entspricht. Nach § 116 GenG. soll eine Aufhebung des Konkursverfahrens durch Zwangsvergleich nicht statthaft sein. In diese Bestimmung ist durch die Verordnung betr. die Geschäftsaufsicht zur Abwendung des Konkurses Bresche gelegt. Allerdings sind dem Zwangsvergleich Grenzen gezogen. Er darf nur auf Stundung und Erlaß von Zinsen für die Dauer der Stundung gerichtet sein. Überaus wichtig ist dann der § 76 der Verordnung, der der Möglichkeit begegnet, daß ein Genosse während der Dauer der Stundung ausscheidet und sich damit von der Haftpflicht befreit.

5. Die Verordnung über die Auflösung eingetragener Genossenschaften vom 25. 2. 1920 (RGBl. S. 1082) enthält zur Verhinderung übereilter und vielleicht von einem Teil der Genossen aus egoistischen Gründen betriebenen Auflösung gewisse Erschwerungs-

vorschriften (Einberufung einer besonderen Generalversammlung, Widerspruchsrecht des Revisionsverbands, erfolgt Widerspruch so bedarf der Beschluß qualifizierter Mehrheit in zwei Generalversammlungen). Die Verordnung ist durch Gesetz vom 1. 7. 1922 (RGBl. S. 567) in das Genoss.Ges. § 78a und 78b übernommen.

6. Gesetz vom 1. 7. 1922 (RGBl. S. 567) zur Änderung des Genossenschaftsgesetzes ändert den § 1 und fügt die Bestimmungen der §§ 43a, 78a, 78b, 93a, 93b, 93c, 93d, ein.

7. Die Verordnung über Inkraftsetzung und zur Ausführung des § 43a des Genoss.Ges. vom 24. 10. 1922.

8. Gesetz zur Änderung des Genossenschaftsgesetzes vom 12. 5. 1923 (RGBl. S. 288) enthält eine Neufassung des § 1 Abs. 2, § 12, fügt den §§ 33, 65, 139, 156 neue Bestimmungen hinzu und ändert eine Reihe anderer Bestimmungen.

9. Zweite Durchführungsbestimmung zur Rentenbankverordnung vom 17. 12. 1923 (RGBl. I S. 1243) betrifft Festsetzung des Geschäftsanteils in Rentenmark.

10. Die Verordnung über die Goldbilanzen vom 28. 12. 1923 (RGBl. S. 1253).

11. Verordnung über Einschränkung öffentlicher Bekanntmachungen vom 14. 2. 1924 (RGBl. S. 119) läßt Befreiung zu von der Verpflichtung der Liquidatoren zur Bekanntmachung der Auflösung und der Aufforderung der Gläubiger zur Anmeldung ihrer Ansprüche.

12. Das Betriebsrätegesetz v. 4. 2. 20 (RGBl. S. 147.

13. Verordnung über das Genossenschaftsregister vom 22. 11. 1923 (RGBl. S. 1123).

(Nr. 1856.) Gesetz, betreffend die

Erwerbs- und Wirtschafts-genossenschaften.

In der Fassung des nach Maßgabe des Art. 13 des Einführungsgesetzes zum Handelsgesetzbuch v. 10. 5. 1897 festgestellten Textes (RGBl. 1898 Nr. 25, S. 810, ausgegeben am 14. 6. 98).

Wir **Wilhelm**, von Gottes Gnaden Deutscher Kaiser, König von Preußen ꝛc. verordnen im Namen des Reichs, nach erfolgter Zustimmung des Bundesrats und des Reichstags, was folgt[1]:

[1]) In der Bekanntmachung des Textes fehlen die Worte „Wir Wilhelm usw.", doch ist dem Fehlen eine Bedeutung nicht beizulegen, da die Bekanntmachung nur redaktioneller Natur ist. Die Novelle zum Genossenschaftsgesetz vom 12. 8. 1896 hatte folgende Bezeichnung erhalten: Gesetz, betreffend die Abänderung des Gesetzes über die Erwerbs- und Wirtschaftsgenossenschaften v. 1. 5. 1889 sowie den Geschäftsbetrieb von Konsumanstalten. Dieser Zusatz ist in der Bekanntmachung fortgelassen und auch Artikel 2 dieses Gesetzes nicht aufgenommen, so daß ein besonderes Gesetz, betreffend den Geschäftsbetrieb von Konsumanstalten vom 12. 8. 1896 (RGBl. Nr. 29, S. 695 ff.) übrig geblieben ist. Das Gesetz ist in dieser Ausgabe nach dem Genossenschaftsgesetz abgedruckt.

Erster Abschnitt.

Errichtung der Genossenschaft.

§ 1. Gesellschaften von nicht geschlossener Mitgliederzahl[1]), welche die Förderung[2]) des Erwerbes oder der Wirtschaft ihrer Mitglieder mittels gemeinschaftlichen Geschäftsbetriebes[3]) bezwecken (Genossenschaften), namentlich[4]):

1. Vorschuß- und Kreditvereine,
2. Rohstoffvereine,
3. Vereine zum gemeinschaftlichen Verkaufe landwirtschaftlicher oder gewerblicher Erzeugnisse (Absatzgenossenschaften, Magazinvereine),
4. Vereine zur Herstellung[5]) von Gegenständen und zum Verkaufe derselben auf gemeinschaftliche Rechnung (Produktivgenossenschaften),
5. Vereine zum gemeinschaftlichen Einkaufe von Lebens- oder Wirtschaftsbedürfnissen im Großen und Ablaß im Kleinen (Konsumvereine)[6]),
6. Vereine zur Beschaffung von Gegenständen des landwirtschaftlichen oder gewerblichen Betriebes und zur Benutzung derselben auf gemeinschaftliche Rechnung[7]),
7. Vereine zur Herstellung von Wohnungen,

erwerben[8]) die Rechte einer „eingetragenen Genossenschaft" nach Maßgabe dieses Gesetzes.

Eine Beteiligung[9]) an Gesellschaften und sonstigen Personenvereinigungen einschließlich der Körperschaften des öffentlichen Rechtes ist zulässig, wenn sie

1. der Förderung des Erwerbes oder der Wirtschaft der Mitglieder der Genossenschaft oder,
2. ohne den alleinigen oder überwiegenden Zweck der Genossenschaft zu bilden, gemeinnützigen Bestrebungen der Genossenschaft

zu dienen bestimmt ist.

[1]) Die G. ist eine Personalgesellschaft, ihre Träger sind die Mitglieder. Die Mitgliedschaft ist kein höchstpersönliches Recht (Parisius-Crüger § 1[2]). Das Statut kann den Erwerb von den verschiedensten Bedingungen abhängig machen, darf nur die Mitgliederzahl nicht ein für allemal festsetzen, zulässig ist eine Beschränkung der Mitgliederzahl nach oben oder unten. Anspruch auf Erwerb der Mitgliedschaft besteht nur dann, wenn nach dem Zweck der Genossenschaft ein unbedingtes Recht der Abweisung nicht möglich ist (RG. **47** 76). Eintrittsgeld zulässig (RG. **62** 308). Versprechen, der Genossenschaft beizutreten, ist bindend, wenn die wesentlichen Grundlagen des Statuts bereits feststehen (RG. **30** 95; **40** 46; **64** 187). Beschränkungen des Austritts, die über das Gesetz hinausgehen (65), sind unzulässig (RG. **33** 65), so z. B. ist gesetzwidrig Erhebung von Beiträgen der Ausgeschiedenen zu einem Amortisationsfonds (RG. **42** 79).

[2]) Es muß sich um die Förderung wirtschaftlicher Zwecke durch wirtschaftliche Mittel handeln. Die Mitglieder müssen in ihrem eigentümlichen Erwerbsberuf oder in ihrer Wirtschaft gefördert werden (KGJ. **18** 27; **37** 17). Dies geht für die Beziehungen zwischen dem Geschäftsbetrieb der G. und dem Erwerbsberuf der Mitglieder zu weit (Parisius-Crüger 50). Entscheidend für die Eintragungsfähigkeit ist die „Tendenz der Genossenschaft" (KGJ. **14** 52). Vgl. auch Anm. 9. Der Geschäftsbetrieb muß auf die wirtschaftliche Förderung der Mitglieder gehen. Vereine, die die Förderung auf idealen Wegen erstreben (z. B. Bildungsvereine) können keine EG. sein. Zulässig aber sind derartige Nebenleistungen idealer Natur. Über Konzessionspflicht Parisius-Crüger § 1[30]. Analoge Anwendung des HGB. 195, G. m. b. H. 8 erscheint nicht zulässig; der Registerrichter hat nur die Eintragungsfähigkeit zu prüfen. Zu weitgehend Rechtspr. **32** 121, wo die Erzielung von Gewinn als die Eintragung hindernd bezeichnet wird. Gewährung von Nebenleistungen zulässig

(Parisius-Crüger § 1[12]). Unzulässig ist es, zwei Kategorien von Mitgliedern mit verschiedenen Rechten zu schaffen (RG. **38** 16; z. T. aber nur scheinbar abweichend RG. **62** 311; vgl. Parisius-Crüger § 1[15]). Die Bezeichnung „gemeinnützig" besagt an sich nichts für die Eintragungsfähigkeit. Verfolgt die Genossenschaft andere als die in diesem Gesetz (1) bezeichneten Geschäfte, so kann sie aufgelöst werden (81); über Nichtigkeitsverfahren 94. Parisius-Crüger § 1[28] über die Anwendung von Bestimmungen der Gewerbeordnung, z. B. ob die G. für den Betrieb solcher Gewerbe statthaft ist, die bei dem Gewerbetreibenden eine bestimmte persönliche Qualifikation voraussetzen. Das OVG. hat wiederholt entschieden, daß bei Kleinhandel mit Spirituosen die Konzession an die Genossenschaft zu erteilen ist. Ob ein Gewerbebetrieb vorliegt, hängt von der Art des Betriebes ab. Es ist bei distributiven Genossenschaften der Fall, wenn der Geschäftsbetrieb über den Kreis der Mitglieder hinausgeht; vgl. die Rechtsprechung bei Parisius-Crüger § 1[20]; KGJ. **46** 403. Für die Anwendung des Weingesetzes BlfG. 1916 S. 591. Betr. Sonntagsruhe GewO. 41a. Betr. Ruhezeit, Mittagspause, Ladenschluß GewO. 139m. Über „öffentlichen" Verkauf Rechtsprechung bei Parisius-Crüger § 1[24]. Für Kreditgenossenschaften kommt die Verordnung vom 5. 2. 1919 über die Sonntagsruhe im Handelsgewerbe in Betracht. OVG. **60** 437 hat entschieden, daß der Geschäftsverkehr mit Mitgliedern nicht als „öffentlicher" zu betrachten ist. Der Maß- und Gewichtsordnung sind alle Konsumvereine unterstellt. Über den Geschäftsbetrieb der Molkereigenossenschaft DJZ. 1901 S. 74, RG. Strafsachen **22** 288. Geschäftsbetrieb der Kreditgenossenschaften Bankarchiv 1915 S. 214. Daß das Geschäftslokal als öffentlicher Ort betrachtet werden kann RG. Strafsachen **22** 241. Die Anwendbarkeit der Vorschriften des Demobilmachungskommissars bezw. über den achtstündigen Arbeitstag ist für e. G. als Arbeitgeber im allgemeinen anzunehmen. Zum Erlaß von Arbeitsordnungen sind Kreditgenossenschaften, wenn sie als offene Verkaufsstellen nicht zu betrachten sind, nicht verpflichtet (BlfG. 1922 S. 469).

[3]) Eine dauernde, in sich geschlossene Tätigkeit wird vorausgesetzt. Über Markenkonsumvereine Parisius-Crüger § 1[18]. Zweifellos zulässig ist das Lieferantengeschäft der Konsumvereine.

[4]) Namentlich bedeutet, daß 1 bis 6 nur erläuternde Beispiele sind (KommBer. 4). Der Geschäftsbetrieb von Hypothekenbanken in der Form der Genossenschaft ist durch Gesetz vom 13. 7. 1899 verboten; durch Gesetz über die privaten Versicherungsunternehmungen vom 12. 5. 1901 sind vom Betrieb von Versicherungsgeschäften auf Gegenseitigkeit die eingetragenen Genossenschaften ausgeschlossen; entscheidend ist, ob ein Rechtsanspruch besteht. Zulässig G. zur Vermittelung von Versicherungen. In der Bildung von Fonds für Hinterbliebene liegt noch kein Versicherungsunternehmen (OLGRspr. **32** 130, RJA. **14** 156). Über Genossenschaften zur Beförderung von Auswanderern, zum Betrieb der Reederei (oben S. 28), zum Vertrieb von Arzneimitteln Parisius-Crüger § 1[27]; von RG. **5** 39 für zulässig erklärt, vgl. auch OVG. **25** 326, ROHG. **20** 347. Die im § 35 Gewerbeordnung vorgeschriebene Anzeige haben nur Personen zu erstatten, die Drogenhandel gewerbsmäßig betreiben. KGJ. **46** 404. Liegen Voraussetzungen von 1 vor, so ist auf dem Gebiet des Wasserrechts die Bildung von G. im Sinne der e. G. möglich (Recht 1915 S. 2354 vgl. KGJ. **46** 166).

[5]) „Herstellung" statt „Anfertigung" wegen landwirtschaftlicher Produktivgenossenschaften (Winzervereine und Molkereigenossenschaften) Begr. II 10.

[6]) An dem Wesen des Konsumvereins wird dadurch nichts geändert, daß die Genossenschaft Lieferantenverträge abschließt. Grenze zwischen Konsumverein und Produktivgenossenschaft zuweilen schwer zu bestimmen; eine Genossenschaft kann nach beiden Richtungen hin wirken, Parisius-Crüger § 1[39]. Grenze zwischen Konsumverein und Rohstoffverein wichtig wegen der

Bestimmungen des Gesetzes über Verkauf an Nichtmitglieder. Bei den Konsumvereinen handelt es sich um Befriedigung von hauswirtschaftlichen Bedürfnissen, bei Rohstoffvereinen um Beschaffung der Mittel für den Betrieb eines Gewerbes. Über Produktivgenossenschaften Parisius-Crüger § 1[38].

[7]) Im Entw. I neu, wegen Werkgenossenschaften und Vereinen zur Haltung von Zuchttieren.

[8]) Eine nicht eingetragene Genossenschaft kann nicht gezwungen werden, sich unter das GenG. zu stellen oder sich in das Handelsregister eintragen zu lassen; letzteres nur, wenn Gewerbebetrieb vorliegt (KGJ. 21 75, vgl. Zeitschrift für Handelsrecht 50 169); durch staatliche Verleihung kann ihnen Rechtspersönlichkeit nicht gewährt werden (BGB. 22).

[9]) Das OLG. Hamburg hat in einem Urteil v. 11. 5. 16 (BR. II 15/16) sich auf den Standpunkt gestellt, der Konsum- und Sparverein Hamburg habe durch Erwerb von Aktien der Volksfürsorge, gewerkschaftlich-genossenschaftliche Versicherungsaktiengesellschaft in Hamburg, andere Zwecke verfolgt, als sie der § 1 GG. zuläßt. In den Kreisen der G. wurde verlangt, daß durch die Gesetzgebung eine solche mit den Bedürfnissen der Praxis nicht in Einklang stehende Rechtsprechung für die Zukunft unmöglich gemacht werden sollte. Durch die Novelle vom 1. 7. 22 war folgender Abs. 2 eingefügt worden: „Eine Beteiligung an Gesellschaften und sonstigen Personenvereinigungen mit wirtschaftlichen Zwecken ist, auch wenn mit ihr die im Abs. 1 bezeichneten Zwecke nicht oder nicht mittels gemeinschaftlichen Geschäftsbetriebs verfolgt werden, dann zulässig, wenn sie in Betätigung gemeinnütziger Bestrebungen erfolgt und nicht den alleinigen oder überwiegenden Zweck der Genossenschaft bildet." — Durch Ges. vom 12. 5. 1923 hat dann Abs. 2 die im Texte mitgeteilte Fassung erhalten, durch die aber eine sachliche Änderung gegenüber der Fassung vom 1. 7. 22 nicht beabsichtigt war; die jetzige Fassung soll nur in der Praxis hervorgetretene Zweifel beseitigen. Die Beteiligung an Gesell-

schaften und sonstigen Personenvereinigungen mit wirtschaftlichen Zwecken ist nunmehr ausdrücklich auch dann für zulässig erklärt, wenn sie in Betätigung gemeinnütziger Bestrebungen erfolgt und nicht den alleinigen oder überwiegenden Zweck der G. bildet.

§ 2. Die Genossenschaften können errichtet werden [1]):

1. dergestalt, daß die einzelnen Mitglieder (Genossen) für die Verbindlichkeiten der Genossenschaft dieser sowie unmittelbar den Gläubigern derselben mit ihrem ganzen Vermögen haften (eingetragene Genossenschaft mit unbeschränkter Haftpflicht);
2. dergestalt, daß die Genossen zwar mit ihrem ganzen Vermögen, aber nicht unmittelbar den Gläubigern der Genossenschaft verhaftet, vielmehr nur verpflichtet sind, der letzteren die zur Befriedigung der Gläubiger erforderlichen Nachschüsse zu leisten (eingetragene Genossenschaft mit unbeschränkter Nachschußpflicht) [2]);
3. dergestalt, daß die Haftpflicht der Genossen für die Verbindlichkeiten der Genossenschaft sowohl dieser wie unmittelbar den Gläubigern gegenüber im voraus auf eine bestimmte Summe beschränkt ist (eingetragene Genossenschaft mit beschränkter Haftpflicht).

[1]) Für alle drei Arten G. gelten 1—118, 146—151. Der 8. Abschnitt enthält die besonderen Bestimmungen a) für G. mit unbeschränkter Haftpflicht 119—125, b) für G. mit unbeschränkter Nachschußpflicht 126—130, c) für G. mit beschränkter Haftpflicht 131—142, d) für die Umwandlung von einer Haftart in die andere 143—145. Für den Haftvollzug 109, 115, 122, 128, 141.

[2]) Diese zweite Art G. ist in der Kommission hinzugefügt (Einleitung S. 20, KommBer. 5, 49—54).

§ 3. Die Firma der Genossenschaft muß vom Gegenstande des Unternehmens entlehnt sein[1]) und entsprechend der im § 2 vorgesehenen Art der Genossenschaft die daselbst bestimmte zusätzliche Bezeichnung enthalten[2]).

Der Name von Genossen oder anderen Personen darf in die Firma nicht aufgenommen werden. Jede neue Firma muß sich von allen an demselben Orte oder in derselben Gemeinde bereits bestehenden Firmen eingetragener Genossenschaften deutlich unterscheiden[3]).

[1]) HGB. 17 gilt auch für G., da die G. Kaufmannseigenschaft hat. (RG. im Recht 1915 Entsch. Nr. 2546.) Die G. kann nur eine Firma haben. Es muß eine Sachfirma sein. Charakterisierung des Gegenstandes genügt (KGJ. **30** 135). Der Nebenbetrieb braucht nicht zum Ausdruck gebracht zu werden (Dtsche. landw. Gn. Pr. 1918 S. 291). Es darf die Firma nicht geeignet sein, eine Täuschung über die Art oder den Umfang des Geschäfts herbeizuführen (HGB. 18). Jede Kreditgenossenschaft kann sich als „Bank" bezeichnen (OLGRspr. **14** 339, KGJ. **37** 172), es muß nur der Geschäftsbetrieb ein bankmäßiger sein, d. h. er muß dem Bedürfnis des Verkehrs nach Umsatz von Geld- oder geldähnlichen Werten dienen (JW. 1913 S. 960). Die Bezeichnung „Bank" allein ist aber nicht ausreichend, um den Gegenstand zu präzisieren. Das Wort „Bank" muß einen Zusatz erhalten, der aus dem allgemeinen Begriff eine individuelle Namensbezeichnung macht. Die Bezeichnung „Sparkasse" in der Firma ist zulässig (RG. **91** 210, BlfG. 1918 S. 6). Das Gesetz schreibt nicht vor, daß für den Fall der Abänderung des Gegenstandes des Unternehmens auch die Firma abgeändert werden muß; jedenfalls erfordert nicht jede Änderung oder Erweiterung des Gegenstandes des Unternehmens eine Änderung der Firma.

Die Firma, abgesehen von der zusätzlichen Bezeichnung, braucht nicht deutsch zu sein (KGJ. 8 23).

Über Löschung einer zu Unrecht eingetragenen Firma FGG. 147, 142. Auch Klage nach 94 möglich. Gegen die Vorstandsmitglieder kann wegen Führung einer ihnen nicht zustehenden Firma vorgegangen werden (HGB. 37, FGG. 140 und HGB. 18, wenn die Firma gegen die Grundsätze der Firmenwahrheit verstößt).

²) Der „Zusatz" ist ein Bestandteil der Firma und daher geeignet zur Unterscheidung der Firma von einer der Firmen einer anderen Gesellschaftsform (KGJ. **26** 215) — eine bedenkliche Schlußfolgerung. Die zusätzliche Bezeichnung muß den Schluß der Firma bilden und darf nicht abgekürzt werden (a. A. KGJ. **36** 127 für den Fall des gewöhnlichen formlosen Verkehrs und OLG. Hamburg [Leipz. Ztschr. 1910 Sp. 83] für jeden Verkehr); Erklärungen mit abgekürzter Firma verpflichten allerdings die G., wenn klar ist, daß sie für dieselbe gelten (26).

³) HGB. 30. Kein bestehendes Firmenrecht an dem anderen Ort darf verletzt werden (RG. **20** 174). Für den Fall der Zusammenlegung zweier Gemeinden, in denen Genossenschaften mit gleicher Firma bestehen, hat keine derselben ein Recht, daß die andere die Firma ändere. Der letzte Satz fehlt im Entw. I (Begr. I 88), wurde hergestellt im Entw. II (Begr. II 60).

§ 4. Die Zahl der Genossen muß mindestens sieben betragen¹).

¹) Sinken der Zahl unter 7 führt zur Auflösung (80), ausgenommen eG. bei Inkrafttreten des GenG. (160 in den Übergangsbestimmungen).

§ 5. Das Statut¹) der Genossenschaft bedarf der schriftlichen Form.

¹) Statt „Gesellschaftsvertrag" in Gz. heißt es im GenG. stets „Statut". — 11 Abs. 2, 15 Abs. 1. Vor der Eintragung (13) gelten BGB. 705 ff. RG. (**39** 25, vgl. auch **58** 56, **64** 187) bejaht, daß die nicht eingetragene G. mit

bindender Wirkung in der Weise kontrahieren kann, daß die eG. in das Geschäft eintritt. Wenn das Statut vor der Eintragung abgeändert werden soll, muß es von sämtlichen Genossen unterzeichnet werden (KGJ. **25** 263). Auf gedruckten Statuten muß Name und Wohnort des Druckers angegeben sein (Reichspreßgesetz 6).

§ 6. Das Statut muß enthalten[1]):

1. die Firma und den Sitz[2]) der Genossenschaft;
2. den Gegenstand des Unternehmens[3]);
3. Bestimmungen über die Form für die Berufung[4]) der Generalversammlung der Genossen, sowie für die Beurkundung ihrer Beschlüsse und über den Vorsitz in der Versammlung[5]);
4. Bestimmungen über die Form, in welcher die von der Genossenschaft ausgehenden Bekanntmachungen erfolgen, sowie über die öffentlichen Blätter, in welche dieselben aufzunehmen sind[6]).

[1]) 6, 7 Essentialia, die das Statut enthalten muß (Begr. II 61). Vgl. ferner 76, 36, 131, 31. Die Mitglieder können durch das Statut noch zu anderen Leistungen verpflichtet werden als zu den Einzahlungen auf Geschäftsanteil (JW. 1898 S. 205, OLGRspr. **19** 342, RG. **38** 15, **47** 146, 155). Statutarische Festsetzungen von Konventionalstrafen zulässig, wobei es Tatfrage ist, ob es sich um Eingriffe in Sonderrechte handelt. Die Regelung muß im Statut erfolgen. Konventionalstrafen für den Fall des Nichterscheinens in der Generalversammlung (RJA. **14** S. 287). Konventionalstrafe setzt bei verlangten Handlungen grundsätzlich Mahnung voraus. Es können jedoch die Mitglieder zu anderen Geldleistungen als zu Einzahlungen auf den Geschäftsanteil (ausgenommen die Fälle 73 Abs. 2, 105) nicht angehalten werden (vgl. die Rechtsprechung bei Parisius-Crüger § 6^{2-5} ff., RG. **62** 304, OLGRspr. **32** 132). Weder die Bestreitung der Betriebsunkosten noch die Deckung von Verlusten ist im

Wege der Umlage auf die Mitglieder zulässig. Sacheinlagen unzulässig. Bei bestehender Genossenschaft Einführung von „Leistungen" oder Erhöhung derselben nur mit Zustimmung aller Mitglieder (RG. 90 408). Die Leistungen können auch durch Sonderverträge mit den einzelnen Mitgliedern geregelt werden, insoweit nicht das Austrittsrecht (65) beschränkt wird. Klagbaren Anspruch der Mitglieder auf Benutzung der Einrichtungen nur bei Sonderrechten, sonst Verfolgung des Rechts im Rahmen der Organisation.

²) Als Sitz gilt, wenn nicht ein anderes durch das Statut bestimmt ist, der Ort, an dem die Verwaltung geführt wird (BGB. 24). Die G. kann nur einen Sitz haben. Die Verwaltung kann an einem anderen Orte geführt werden, die G. hat dann daselbst eine Niederlassung. Wird die Verwaltung nach einem anderen als dem im Statut angegebenen Ort verlegt, so bedeutet das noch keine Sitzverlegung. Sitz der G. ist maßgebend für den Gerichtsstand (ZPO. 17, 22). Der allgemeine Gerichtsstand der G. zuständig für alle Klagen gegen die Mitglieder als solche. Änderung des Sitzes erfolgt im Wege der Statutenänderung, über das Verfahren vgl. Parisius-Crüger KGJ. 21 265. Für die weitere Registerführung wird im Falle der Verlegung des Sitzes nach einem außerhalb des Bezirks des bisherigen Registergerichts befindlichen Ort das Registergericht dieses letzteren Ortes zuständig. Es bedarf aber nicht einer besonderen Anmeldung, sondern nur eines Antrags auf Übernahme der G. in dieses Register (Parisius-Crüger § 6⁷). Das neue Registergericht hat sich die Unterlagen von dem bisher zuständigen Gericht zu beschaffen. Wird der Sitz in das Ausland verlegt, so hat dies zur Folge, daß die Gesellschaft den Charakter als inländische G. verliert. Dem Inland steht gleich das Ausland, insoweit in demselben die Konsulargerichtsbarkeit gestattet ist.

³) Muß ein individuelles Gepräge haben. Für die Eintragungsfähigkeit ist entscheidend die Tendenz der Genossen-

schaft (1[2], RGJ. **14** 52, **34** 149, RG. **62** 169); es kann die Minderheit durch die Mehrheit nicht gezwungen werden, der G. einen ganz anderen Charakter zu geben. Gegen Dritte (in der Vertretung der G.) sind Beschränkungen unerheblich.

[4]) 38, 44—46. Daß für diese Berufung öffentliche Blätter bestimmt werden, ist nicht notwendig, jedoch zweckmäßig, da die Rechtsgültigkeit der Beschlüsse von der ordnungsmäßigen Berufung abhängt (51, 95). Vgl. FB. 21. Die Generalversammlung muß an dem statutarisch bestimmten Sitz abgehalten werden, doch ist abweichende Regelung durch das Statut zulässig.

[5]) Beurkundung durch Eintragung in das Protokollbuch 47. Statut muß vorschreiben, wer das Protokoll zu unterschreiben hat. Handhabung der Geschäfte in der Generalversammlung nach parlamentarischem Gebrauch (Parisius-Crüger § 43[17] ff.).

[6]) Die öffentlichen Blätter (eine oder mehrere Zeitungen) sind im Statut namhaft zu machen. Jede Änderung, also auch der Ersatz eines eingegangenen Blattes ist eine Statutänderung, die nur von der Generalversammlung beschlossen werden kann (16). Die für die Mitglieder bestimmten Bekanntmachungen, z. B. Einladungen, brauchen nicht in deutscher Sprache zu erfolgen, wohl aber die allgemeinen Bekanntmachungen, z. B. die Bilanz. Es kommt nicht auf die Sprache an, in der das Blatt erscheint, wenn nur die Bekanntmachung selbst deutsch erfolgt (Parisius-Crüger).

§ 7. Das Statut muß ferner[1]) bestimmen:

1. ob die Genossen der unbeschränkten Haftpflicht oder nur der unbeschränkten Nachschußpflicht oder der beschränkten Haftpflicht unterliegen sollen[2]);
2. den Betrag, bis zu welchem sich die einzelnen Genossen mit Einlagen beteiligen können (Geschäftsanteil)[3]),

sowie die Einzahlungen auf den Geschäftsanteil, zu welchen jeder Genosse verpflichtet ist; dieselben müssen bis zu einem Gesamtbetrage von mindestens einem Zehnteile des Geschäftsanteils nach Betrag und Zeit bestimmt sein[4]);

3. die Grundsätze für die Aufstellung und die Prüfung der Bilanz[5]);

4. die Bildung eines Reservefonds[6]), welcher zur Deckung eines aus der Bilanz sich ergebenden Verlustes zu dienen hat, sowie die Art dieser Bildung, insbesondere den Teil des jährlichen Reingewinns, welcher in den Reservefonds einzustellen ist, und den Mindestbetrag des letzteren, bis zu dessen Erreichung die Einstellung zu erfolgen hat.

[1]) Außerdem 36 Abs. 1, 131 Abs. 2, 76, 31.

[2]) Nur unter einer der drei Haftformen darf sich die eingetragene G. konstituieren. Wird im Statut eine andere Haftpflicht festgesetzt, darf dies nicht eingetragen werden; und ist es doch eingetragen, ist die G. nichtig (94 ff.).

[3]) Gz. gebrauchte die Ausdrücke „Geschäftsanteil" und „Geschäftsguthaben" als gleichbedeutend. Jetzt streng geschieden: Geschäftsanteil bedeutet den Höchstbetrag der statthaften Mitgliedereinlagen, wogegen der jeweilige Betrag, welchen die Einlagen eines Genossen erreichen, mit „Geschäftsguthaben" bezeichnet wird (KommBer. 5); zu den Einlagen gehören zugeschriebene Dividenden, andrerseits sind abgeschriebene Verluste zu berücksichtigen. „Geschäftsguthaben" ist also der sich hiernach ergebende Betrag des Geschäftsanteils (73). Das Geschäftsguthaben bildet eine bedingte Forderung an die Genossenschaft und gehört im übrigen während der Mitgliedschaft zu deren Vermögen. Die Rechtsnatur ist nicht unbestritten, vgl. Parisius-Crüger § 7[3–8]. Unzulässig Verfügung der Genossenschaft über das

Geschäftsguthaben zur Sicherung bestimmter Gläubiger (Parisius-Crüger § 7[10]). Das Geschäftsguthaben ist pfändbar (66), es kann verpfändet (nur nicht an die Genossenschaft, 22) und abgetreten werden, doch ist diese Abtretung nicht zu verwechseln mit dem Ausscheiden durch Übertragung des Geschäftsguthabens (76). Vereinbarung zwischen Mitglied und Genossenschaft, daß das Geschäftsguthaben nicht abgetreten werden darf, zulässig (BlfG. 1918 S. 576). Dadurch wird aber das Geschäftsguthaben nicht der Pfändung entzogen. Über das Aufrechnungsrecht der G. mit dem Geschäftsguthaben wegen ihrer Forderungen Parisius-Crüger 92[9]. Der Geschäftsanteil muß im Statut ziffernmäßig bestimmt sein, eine Grenze nach oben oder unten ist nicht gezogen. Über die Festsetzung des Geschäftsanteils in Rentenmark vgl. die 2. Durchführungsbestimmung zur Rentenbankverordnung vom 17. 12. 1923 (unten S 218). Der Geschäftsanteil muß für alle Mitglieder gleich bemessen sein (JW. 01 S. 83, RG. **64** 187). — Erhöhung des Geschäftsanteils 16 Abs. 2; Herabsetzung 22 Abs. 1, Zuschreibung des Gewinns 19. — Das Geschäftsguthabenbuch ist nach dem Zweck eine Bescheinigung über geleistete Einzahlungen (vgl. aber ROHG. **24** 268). — Über Zusammenlegung der Geschäftsanteile (Parisius-Crüger § 7[35]).

[4]) Statut hat zu bestimmen: a) Höhe des Geschäftsanteils, b) Gesamtbetrag der obligatorischen Einzahlungen (z. B. 50%), c) Beiträge und Fristen für ratenweise Einzahlungen, mindestens für 10% des Geschäftsanteils. Sacheinlagen sind ausgeschlossen. Beispiel: „Der Geschäftsanteil beträgt 500 Mk., die Genossen sind verpflichtet, bis zur Höhe von 250 Mk. bare Einzahlungen zu leisten, bis zur Höhe von 50 Mk. monatlich eine Mark." Vgl. FB. 26. Die Festsetzung von Einzahlungen nach Betrag und Zeit bis zur Erreichung eines Geschäftsguthabens von 250 Mk. bleibt dann der Generalversammlung vorbehalten (50); im übrigen erfordert die Änderung des Geschäftsanteils oder

der Einzahlungen eine Statutenänderung, bei Herabsetzung ist überdies 22 zu beachten. Mindestbetrag des Geschäftsanteils ist nicht vorgeschrieben. Im Konkurse der Genossenschaft hört die Verpflichtung zur Leistung von Einzahlungen auf (RG. 73 410). Das gleiche gilt für den Fall der Auflösung. Gerät das Mitglied in Konkurs, so sind die fälligen Einzahlungen auf Geschäftsanteil als Konkursforderungen anzumelden. Tritt nach dem Konkurs Erhöhung des Geschäftsanteils ein, so kann entsprechende Forderung im Konkurse des Mitgliedes nicht geltend gemacht werden. — Die Einzahlungen sind nicht pfändbar. Abschreibung des Geschäftsguthabens ist nicht gleichbedeutend mit der Herabsetzung des Geschäftsanteils.

Verpflichtung zur Zahlung rückständiger Einzahlungen bleibt auch nach Ausschluß bestehen; es sind Verzugszinsen zu zahlen (Parisius-Crüger § 7[29]). Für die Bilanz kommen nur die Geschäftsguthaben in Betracht, nicht die Einzahlungen, zu denen die Mitglieder künftig noch verpflichtet sein werden. Rückstände auf Geschäftsanteil sind nicht als Forderungen für die Bilanz zu betrachten (Parisius-Crüger § 7[29]), anders bei Liquidationsbilanz. Niemals können Mitglieder auf Geschäftsguthaben ins Debet kommen, dasselbe kann nicht in der Weise belastet werden, daß ein Verlust auf die Mitglieder verteilt wird. Nur das vorhandene Geschäftsguthaben ist zum Zweck der Verlustdeckung mittels Abschreibung heranzuziehen. Über die Sanierung einer G. durch Neubildung von Vermögen Parisius-Crüger § 7[31] ff. Ist das Geschäftsguthaben infolge Abschreibungen ganz oder zum Teil verloren, so beginnt für die Mitglieder von neuem die Einzahlungspflicht, anderer Ansicht zum Teil die Rechtsprechung (RG. 47 141, 68 93; vgl. über die sich vielfach widersprechende Rechtsprechung Parisius-Crüger § 7[30]). Die Frage, ob und inwieweit Geschäftsanteil bezw. Geschäftsguthaben von der Aufwertung betroffen sind, hängt davon ab, ob die Bestimmungen der 3. Steuernotverordnung vom

14. 2. 1924 (RGBl. I S. 74) insbesondere § 12 Abs. 2 auf den Geschäftsanteil der Genossenschaft anwendbar sind. Die Frage kann hier nicht geprüft werden, sondern nur im Zusammenhange mit der erwähnten 3. Steuernotverordnung. Dazu kommt noch, daß es sich hier um Bestimmungen vorübergehender Natur handelt, die möglicherweise auch schon während des Druckes dieser Seiten durch neuere Bestimmungen überholt sind. Alle derartigen Vorschriften haben Augenblickswert.

[5]) Über die Aufstellung der Bilanz 33, Prüfung der Bilanz 38, 43, 48.

[6]) Bildung des Reservefonds obligatorisch. Statut oder Generalversammlung haben nach Begr. II 67 bei Verlusten zu bestimmen, ob der Reservefonds allein zur Deckung zu verwenden, oder ob ein Teil des Verlustes unter Schonung des Reservefonds durch Abschreibung von dem Geschäftsguthaben der Genossen zu decken ist, vgl. 20, 73, 156 (Übergangsbestimmung). Hier handelt es sich um den obligatorischen Reservefonds zu dem im Gesetze vorgeschriebenen Zweck (KGJ. **17** 16). Es bleibt dem Statut oder einfachen Generalversammlungsbeschlüssen überlassen, daneben noch sog. Spezialreservefonds (Rücklagen zu besonderem Zweck) zu bilden. — Der Ausscheidende hat keinen Anteil am Reservefonds (73). — Über Verteilung des den statutarisch bestimmten Betrag übersteigenden Reservefonds RG. **28** 45, Parisius-Crüger § 7[39]. — Über die Heranziehung von Spezialreserven zur Verlustdeckung entscheidet die Generalversammlung, wenn nicht darüber Entschließung dem Vorstand und Aufsichtsrat besonders vorbehalten ist. Das Delkrederekonto kann ohne weiteres zur Verlustdeckung herangezogen werden. Über stille Reserven RG. Strafsachen **38** 1.

§ 8. Der Aufnahme in das Statut bedürfen [1]) Bestimmungen, nach welchen:

1. die Genossenschaft auf eine bestimmte Zeit beschränkt wird [2]);

2. Erwerb und Fortdauer der Mitgliedschaft an den Wohnsitz innerhalb eines bestimmten Bezirks geknüpft wird[3]);

3. das Geschäftsjahr, insbesondere das erste, auf ein mit dem Kalenderjahre nicht zusammenfallendes Jahr oder auf eine kürzere Dauer, als auf ein Jahr, bemessen wird[4]);

4. über gewisse Gegenstände die Generalversammlung nicht schon durch einfache Stimmenmehrheit, sondern nur durch eine größere Stimmenmehrheit oder nach anderen Erfordernissen Beschluß fassen kann[5]);

5. die Ausdehnung des Geschäftsbetriebes auf Personen, welche nicht Mitglieder der Genossenschaft sind, zugelassen wird[6]).

Genossenschaften[7]), bei welchen die Gewährung von Darlehen Zweck des Unternehmens ist, dürfen ihren Geschäftsbetrieb, soweit er in einer diesen Zweck verfolgenden Darlehnsgewährung besteht, nicht auf andere Personen außer den Mitgliedern ausdehnen. Darlehnsgewährungen, welche nur die Anlegung von Geldbeständen bezwecken, fallen nicht unter dieses Verbot.

Als Ausdehnung des Geschäftsbetriebes gilt nicht der Abschluß von Geschäften mit Personen, welche bereits die Erklärung des Beitritts zur Genossenschaft unterzeichnet haben und von derselben zugelassen sind[8]).

[9]) Konsumvereine (§ 1 Nr. 5) dürfen im regelmäßigen Geschäftsverkehr[10]) Waren nur an ihre Mitglieder oder deren Vertreter verkaufen. Diese Beschränkung findet auf landwirtschaftliche Konsumvereine[11]), welche ohne Haltung eines offenen Ladens[12]) die Vermittlung des Bezugs von ihrer Natur nach ausschließlich für den land-

wirtschaftlichen Betrieb bestimmten Waren besorgen, hinsichtlich dieser Waren keine Anwendung.

¹) — wenn sie überhaupt getroffen werden. Diese Art Bestimmungen werden hier nicht erschöpft. Andere s. 36, 65, 68, 76. Vgl. FB. 24ff.

²) Gz. 3 Ziff. 3. An den Zeitablauf hat sich die Liquidation anzuschließen. Fortsetzung nur nach rechtzeitiger Statutänderung möglich, also Beschluß der Generalversammlung und Eintragung in das Register vor Ablauf der Zeit erforderlich (16 Abs. 1, Abs. 4). Bestimmungen der Zeitdauer durch Angabe des Zwecks erscheint wegen zu großer Unbestimmtheit unzulässig.

³) Zugunsten einer Einrichtung der Raiffeisenschen Vereine beschloß die Kommission Einschaltung der Ziff. 2 (KommBer. 7) — Ausschluß 67.

⁴) Längere Rechnungsperiode als ein Jahr durch HGB. 39 verboten. Kürzere Rechnungsperiode als „Geschäftsjahr" zulässig und z. B. bei Konsumvereinen vielfach üblich. Bilanzziehung am Schlusse jeder Rechnungsperiode. Die Worte „auf ein mit dem Kalenderjahr" bis „oder" sind erst in III. Beratung vom Reichstag eingeschoben (StenBer. 1291, Rtg. 4. April).

⁵) 16, 36, 78, 132, 144. Unter einfacher Stimmenmehrheit ist nach HGB 251 die Mehrheit der abgegebenen Stimmen zu verstehen, es ist dies die sog. absolute Mehrheit und es dürfte die Auslegung auch für Genossenschaften gelten. Bei Wahlen ist Entscheidung nach verhältnismäßiger (relativer) Mehrheit möglich, aber nicht zweckmäßig. Erfordernisse, die über die absolute Mehrheit hinausgehen, führen zur qualifizierten Mehrheit. Bei Wahlen durch die Generalversammlung kann bestimmt werden, daß bei Stimmengleichheit das Los entscheidet. Generalversammlungsbeschluß und Wahl sind verschiedene Begriffe (Parisius-Crüger § 8[14]). Bei Auszählung werden nur die gültigen Stimmen gezählt. Bei Stimmabgabe durch Handaufheben werden nur die

Stimmen gezählt, die sich durch Handaufheben bemerkbar machen; in Fällen, in denen möglicherweise Stimmenenthaltungen in größerer Zahl vorliegen, muß daher das Resultat durch Gegenprobe festgestellt werden.

6) Vgl. Deklarationsgesetz vom 19. 5. 1871. Was unter Ausdehnung des Geschäftsbetriebes zu verstehen, Begr. II 64, 51. Die Ausdehnung des Geschäftsbetriebes auf Nichtmitglieder bleibt grundsätzlich zulässig. Hier ist nur an den Geschäftsbetrieb gedacht, in dem der Zweck der Genossenschaft sich betätigt. Wird der Geschäftsbetrieb, ohne daß es im Statut zugelassen ist, auf Nichtmitglieder ausgedehnt, so machen sich die Mitglieder des Vorstandes und des Aufsichtsrates nach 34, 41 für entstehenden Schaden der Genossenschaft verantwortlich.

7) Begr. I 75ff., 94ff., Begr. II 51ff., 64ff., Komm.-Ber. 7—10. Das Verbot bezieht sich nur auf Darlehnsgeschäfte, nicht auf sonstige Geschäftszweige; untersagt ist die Darlehnsgewährung nur insoweit, als sie den Zweck des Unternehmens bildet. Zulässig sind als Geschäfte mit Nichtmitgliedern ohne weiteres Ankauf von Wechseln, sofern die Diskontierung nicht bloß als Form erscheint, unter welcher eine Darlehnsgewährung verwirklicht werden soll, Ankauf und Verkauf von Wertpapieren oder Kaufgelderrestforderungen, Unterbringung von Geldern bei Banken oder bei anderen Genossenschaften, wenn es sich um Anlage müßiger Gelder handelt. Die Kommission lehnt die 2. Bestimmung des Entwurfs 77 ab, wonach die Genossenschaft wegen Zuwiderhandlungen gegen das Verbot aufgelöst werden konnte, nahm dagegen 8 Abs. 2 unter denjenigen Vorschriften auf, zu deren Befolgung die Mitglieder des Vorstandes nach 152 durch Ordnungsstrafen anzuhalten sind. — Das entgegen dem Verbot vorgenommene Geschäft ist gültig (Begr. II 52, 64). Übergangsbestimmungen 157.

8) Ausnahme wegen 15 Abs. 3 (Begr. II 65).

[9]) Der Abs. 4 rührt in der jetzigen Fassung aus dem Ges. v. 1896 her, im GenG. lautete er: „Konsumvereine (§ 1 Ziff. 5) dürfen im regelmäßigen Geschäftsverkehr Waren nur an Personen verkaufen, welche als Mitglieder oder deren Vertreter bekannt sind oder sich als solche in der durch das Statut vorgeschriebenen Weise legitimieren."

Die Bestimmung bezieht sich nur auf eingetragene Genossenschaften. Wegen der Anwendung auf andere Gesellschaften, nicht eingetragene Genossenschaften, vgl. Art. 2 des Gesetzes v. 12. 8. 1896, abgedruckt am Schluß nach dem Genossenschaftsgesetz.

[10]) Das Verbot betrifft nicht bloß Lebens- sondern auch Wirtschaftsbedürfnisse. Auch Rohstoffvereine führen Wirtschaftsbedürfnisse; während die Abgabe an Nichtmitglieder den Konsumvereinen untersagt ist, ist sie den Rostoffvereinen gestattet. Konsumvereine (s. Begriff 1 Ziff. 5), die zugleich produzieren, verarbeiten, zubereiten, z. B. Brot backen, Vieh ausschlachten, Kraut einmachen, Pflaumenmus einkochen, Obst dörren, Branntwein destillieren, Apfelmost oder Wein keltern, jungen Wein lagern und behandeln, dürfen so gewonnene Waren an jedermann verkaufen (Parisius-Crüger § 8[29], daselbst auch die Rechtsprechung). Auch Weinachtsausverkäufe (a. A. OLG. Marienwerder in BlfG. 03 S. 475), Verkäufe von Waren, die zu verderben drohen u. dgl., Verkauf von Fastagen fallen nicht unter das Verbot (OLG. Köln in BlfG. 05 S. 108). Nicht dahin gehören die Sammelbestellungen, die ohne Verdienst ausgeführt werden. Zulässig ist die Abhaltung von Auktionen. Verhältnisse des Krieges haben sogar Verkauf gewisser Waren an Nichtmitglieder verlangt. Es ist bei staatlich bewirtschafteten Waren oft den Konsumvereinen zur Aufgabe gemacht, bestimmte Waren auch an Nichtmitglieder abzugeben (BlfG. 1916 S. 149). Den Mitgliedern war es natürlich gestattet, sich in die Kundenlisten bei Händlern einzutragen. Das gab nicht ohne weiteres den Konsumvereinen das Recht, das Mitglied auszuschließen.

Das Merkmal des regelmäßigen Geschäftsbetriebes läßt das Verbot enden mit der Auflösung der Genossenschaft. Bis zum 1. 1. 1897 fehlte es an einer Strafbestimmung für das Verbot.

„Im großen" kann der Konsumverein an Nichtmitglieder Waren abgeben; zulässig erscheint, daß ein Gewerbetreibender aus dem Konsumverein Rohmaterialien bezieht und die daraus hergestellten Produkte an jedermann verkauft.

[11]) „Landwirtschaftliche Konsumvereine" sind keine Konsumvereine, d. h. „Vereine zum gemeinschaftlichen Einkaufe von Lebens- oder Wirtschaftsbedürfnissen im großen und Ablaß im kleinen" (1 Ziff. 5), sondern „Rohstoffvereine" und fallen unter 1 Ziff. 2, sie unterliegen dem Verbot nur dann nicht, wenn sie keinen „offenen Laden" haben und ausschließlich für den landwirtschaftlichen Betrieb bestimmte Waren führen. Landwirtschaftliche Konsumvereine fallen unter das Verbot hinsichtlich solcher Warengattungen, die ihrer Natur nach nicht ausschließlich dem landwirtschaftlichen Betrieb dienen. Daher dürfen sie z. B. Kohle, Futtermittel nicht an Nichtmitglieder abgeben. Gewerbliche Rohstoffvereine fallen auch dann nicht unter das Gesetz, wenn sie einen „offenen Laden" haben, sie sind also frei in dem Verkauf an Nichtmitglieder.

[12]) „Offener Laden" ist jeder Laden, dessen Zutritt nicht durch physisches Hindernis geschlossen ist. Das Ges. enthält keine Definition. In der Reichstagskommission erklärte ein Regierungsvertreter: „Nach den Entscheidungen des Preußischen Oberverwaltungsgerichts sei unter einem „offenen Laden" im allgemeinen ein zum Verkaufe im Kleinverkehr dienendes, mit Warenvorräten zur sofortigen Entnahme ohne vorgängige Bestellung versehenes Geschäftslokal zu verstehen, sofern jedermann der Eintritt offen stehe, d. h. sofern keine Einrichtungen getroffen seien, die den freien Zugang für jedermann tatsächlich derart ausschlössen, daß nur die zum Eintritt Befugten denselben erlangen könnten. Es sei anzu-

nehmen, daß die Gerichte von dieser, der Sache entsprechenden, in der Literatur gleichfalls vertretenen Auffassung auch bei der Anwendung des gegenwärtigen Gesetzes ausgehen würden. Eine Definition im Gesetz selbst zu geben, erscheine untunlich." Über die Rechtsprechung Parisius-Crüger § 8[30].

§ 9. Die Genossenschaft muß einen Vorstand[1]) und einen Aufsichtsrat[2]) haben.

Die Mitglieder des Vorstandes und des Aufsichtsrats müssen Genossen sein[3]). Gehören der Genossenschaft einzelne eingetragene Genossenschaften als Mitglieder an, oder besteht die Genossenschaft ausschließlich aus solchen[4]), so können Mitglieder der letzteren in den Vorstand und den Aufsichtsrat berufen werden[5]).

[1]) Vgl. 24 bis 35. BGB. 21 ff. gilt als subsidiäre Rechtsquelle. Soll eine G. verklagt werden, die keine Vertretung hat, bietet ZPO. 57 einen Ausweg. Für Akte der nichtstreitigen Gerichtsbarkeit kommt BGB. 29 in Betracht.

[2]) Der Aufsichtsrat (36—41) ist obligatorisch; ständiges Kontrollorgan. Vgl. Strafvorschrift 148, Übergangsbest. 158.

[3]) Vorstands- und Aufsichtsratsmitglieder müssen zwar während ihrer Amtsführung Genossen sein (der Grundsatz ist durch den folgenden Satz durchbrochen) aber nicht schon zur Zeit ihrer Wahl. Neu gewählte Vorstandsmitglieder, die noch nicht Genossen sind, dürfen ihre eigenen Beitrittserklärungen behufs ihrer Eintragung in die Genossenliste einreichen (KGJ. 18 32).

[4]) Nach dem Gz. war es nach richtiger Auslegung unzulässig, daß eingetragene Genossenschaften Mitglieder eingetragener Genossenschaften werden konnten; unbestritten war es, daß eine EG. nicht ausschließlich aus eingetragenen Genossenschaften bestehen durfte. Beides ist nach dem Gesetz nun gestattet. Die Bestimmung in Abs. 2 Satz 2 ist namentlich im Interesse landwirtschaftlicher Genossenschaften getroffen (Begr. II 35, vgl. 43 Abs. 4). Neuerdings ist die

Verquickung mehrerer Gesellschaftsarten vorgekommen, sogen. G. m. b. H. u. Co. RG. 105[102] hat sich für die Zulässigkeit ausgesprochen.

[5]) Es gilt dies nur für G. Ist z. B. ein Kommunalverband Mitglied der G. und sein Vertreter will in den Aufsichtsrat der G. gewählt werden, so muß er für seine Person die Mitgliedschaft bei der G. erwerben.

§ 10. Das Statut, sowie die Mitglieder des Vorstandes[1]) sind in das Genossenschaftsregister[2]) bei dem Gerichte einzutragen[3]), in dessen Bezirke die Genossenschaft ihren Sitz hat.

Das Genossenschaftsregister wird bei dem zur Führung des Handelsregisters zuständigen Gerichte geführt[4]).

[1]) Über die Eintragung der Vorstandsämter vgl. RG. 85[138, 143] u. Parisius-Crüger § 10[17].

[2]) Einheitliche Bestimmungen über die äußere Einrichtung und Führung des Registers enthält die AV. v. 1. 7. 1899. Vgl. FGG. 147. Beschwerde nach FGG. 19, 148 Abs. 1 (Parisius-Crüger § 10a). Für das Register gilt das in den einzelnen Bundesstaaten vorgeschriebene Formular. Eine besondere Beilage bildet die Liste der Genossen. Die einer Eintragung zugrunde liegende Erklärung stellt auch, wenn sie zu Protokoll abgegeben ist, „ein zum Handelsregister eingereichtes Schriftstück dar" (KGJ 22 89). Das Registergericht handelt, abgesehen von den Fällen, in denen ihm ein Aufsichtsrecht übertragen ist (160), nur auf Antrag. Im Prozeßwege kann nur entschieden werden, daß gewisse Anmeldungen zu bewirken sind, vgl. FGG. 147 betr. Aussetzung der Eintragung, bis ein streitiges Verhältnis entschieden ist. — Nichtige Eintragungen 94 ff., FGG. 142.

[3]) Über das Prüfungsrecht des Richters AV. 15 Abs. 1, Parisius-Crüger § 10[14], 78a, daselbst auch die Rechtsprechung. Das Gericht beurkundet nur Erklärungen über ihm gemeldete

Tatsachen. Das Gericht hat die materielle Prüfung des Statuts vorzunehmen. Die Prüfung ist eine rechtliche, daneben mit Bezug auf die vorgelegten Urkunden selbst eine formale auf ihre Ordnungsmäßigkeit. Die Eintragung erfolgt nur im Auszuge (AV. 15 Abs. 2) trotz des Wortlauts des Gesetzes. Über Eintragungen bei dem Gericht einer Zweigniederlassung AV. 19. Nichtige Eintragungen 94 ff. und FGG. 147.

[4]) In betreff der Gerichtszuständigkeit wird hier Entscheidung getroffen. Abschrift der Eintragungen 156, AV. 26. HGB. 9 Abs. 2. Einsicht jedem gestattet (HGB. 9 Abs. 1). Veröffentlichung 12, 131 Abs. 2, 132 Abs. 2 (Statut); 16, 22, 133 (Statutenänderung); 28 (Vorstandsmitglieder); 78 (Aufsicht); 14 (Zweigniederlassung); 143 (Umwandlung).

§ 11. Die Anmeldung behufs der Eintragung liegt dem Vorstande[1]) ob.

Der Anmeldung sind beizufügen:

1. das Statut, welches von den Genossen unterzeichnet sein muß, und eine Abschrift desselben[2]);
2. eine Liste der Genossen[3]);
3. eine Abschrift der Urkunden über die Bestellung[4]) des Vorstandes und des Aufsichtsrats[5]).

Die Mitglieder des Vorstandes haben zugleich ihre Unterschrift vor dem Gerichte zu zeichnen oder die Zeichnung in beglaubigter Form einzureichen[6]).

Die Abschrift des Statuts wird von dem Gerichte beglaubigt und, mit der Bescheinigung der erfolgten Eintragung versehen, zurückgegeben. Die übrigen Schriftstücke werden bei dem Gerichte aufbewahrt[7]).

[1]) Die Bestimmungen betreffen nur neugegründete G., für Statutänderungen ist 16 maßgebend. Die Anmeldung geschieht durch sämtliche Mitglieder des Vorstandes in Person

oder durch Einreichung in beglaubigter Form (157). Ist die Beglaubigung durch einen Notar erfolgt, so ist dieser zur Anmeldung berechtigt (FGG. 129, 147). Über Anmeldung zu dem Gericht der Zweigniederlassung 14, 157 Abs. 2.

[2]) Über Unterzeichnung des Statuts 15. Das Statut braucht nicht handschriftlich hergestellt zu sein. Einfache Abschrift genügt (AV. 8).

[3]) Die Liste der Genossen kann nur diejenigen aufführen, die das Statut unterzeichneten. Die Liste wird vom Gericht selbst weitergeführt, ist öffentlich (12 Abs. 3). Einheitliches Formular enthält die AV. (29).

[4]) Über die Bestellung des ersten Vorstandes und Aufsichtsrats enthält das Gesetz keine Bestimmung; üblich ist, die Wahlen nach den Bestimmungen des zur Eintragung kommenden Statuts vornehmen zu lassen.

[5]) Unbeglaubigte einfache Abschrift des Wahlprotokolls genügt. Aus der Abschrift der Urkunde muß sich die ordnungsmäßige Bestellung ergeben. Die Einreichung unrichtiger Abschriften unterliegt der Strafvorschrift 147. Nur über die erste Bestellung des Aufsichtsrats ist Abschrift der Urkunde einzureichen. Eintragung der Aufsichtsratsmitglieder erfolgt nicht. Veränderungen im Personalbestande des Aufsichtsrats sind nicht anzumelden.

[6]) Anmeldung und Zeichnung können durch eine Beglaubigung verbunden werden.

[7]) Die Beglaubigung der Unterschriften genügt. Diese Beglaubigung kann auch durch den Gemeindevorsteher oder die Polizeibehörde erfolgen (AV. 8).

§ 12. [1]) Das eingetragene Statut ist von dem Gerichte im Auszug zu veröffentlichen [2])[3])[4])[5]).

Die Veröffentlichung muß enthalten:

1. das Datum des Statuts,
2. die Firma und den Sitz der Genossenschaft,

3. den Gegenstand des Unternehmens,
4. die Zeitdauer der Genossenschaft, falls diese auf eine bestimmte Zeit beschränkt ist.

[1]) Die jetzige Fassung des § 12 beruht auf dem RG. vom 12. 5. 1923 (RGBl. S. 288). Über die bisherige Fassung vgl. die früheren Auflagen. Die Änderung bezweckt Ersparung von Kosten, vgl. Anm. 4.

[2]) Über die Blätter, in denen die Veröffentlichung erfolgt, 156, AB. 5. Nur der Auszug ist zu veröffentlichen.

[3]) Unter Bekanntmachungen sind hier die zu verstehen, die der Vorstand namens der Genossenschaft erläßt.

[4]) Gegen Erlegung der Kosten hat das Gericht Abschriften von Eintragungen in das Genossenschaftsregister (auch aus der Liste der Genossen) zu erteilen (10[3]). Die Liste der Genossen ist nicht ein Teil des Genossenschaftsregisters, sondern eine Beilage desselben (AB. 27), es gelten aber hierfür dieselben Grundsätze (AB. 26).

[5]) Andere Bestimmungen hat der zu veröffentlichende Auszug nicht zu enthalten; bloß bei G. mit beschränkter Haftpflicht außerdem die Höhe der Haftsumme (131) und im Falle 134 die höchste Zahl der Geschäftsanteile, auf welche sich der Genosse beteiligen kann. Über die Ersatzpflicht für die von dem Gericht zu Unrecht bewirkte Insertion KG.-Beschl. v. 9. 5. 1892, Preuß. JMBl. 92 S. 328ff; Beschl. v. 13. 1. 1902, JMBl. 02 S. 107. Im ersteren wird die Erstattungspflicht verneint, im letzteren bejaht auf Grund des neuen Gerichtskostengesetzes. Darüber, daß die Begründung nicht stichhaltig ist, Parisius-Crüger § 12[4]. In fast allen Bundesstaaten sind Erlasse bekanntgegeben, durch die den Gerichten zur Pflicht gemacht wird, bei den Veröffentlichungen den Genossenschaften keine unnötigen Kosten zu verursachen (mitgeteilt bei Parisius-Crüger § 12[4]).

§ 13. Vor der Eintragung in das Genossenschaftsregister ihres Sitzes hat die Genossenschaft die Rechte einer eingetragenen Genossenschaft nicht[1]).

[1]) Vor der Eintragung gelten für die Genossenschaft BGB. 705 ff. Vgl. 5 [2]. Die Vorschriften des BGB. haben für die eingetragene G. subsidiäre Bedeutung (vgl. KGJ. **23** 105; Parisius-Crüger § 13 [2]). Die erfolgte Eintragung ist nicht rückgängig zu machen, die Genossenschaft müßte sich auflösen oder für nichtig erklärt werden (94, FGG. 147).

§ 14. Jede Zweigniederlassung [1]) muß bei dem Gerichte [2]), in dessen Bezirke sie sich befindet, behufs Eintragung in das Genossenschaftsregister angemeldet werden.

Die Anmeldung hat die im § 12 vorgeschriebenen Angaben zu enthalten. Derselben sind zwei beglaubigte Abschriften des Statuts [3]) und eine durch das Gericht der Hauptniederlassung beglaubigte Abschrift der Liste der Genossen beizufügen [4]). Die Bestimmung im § 11 Absatz 3 findet Anwendung.

Das Gericht hat die eine Abschrift des Statuts, mit der Bescheinigung der erfolgten Eintragung versehen, zurückzugeben und von der Eintragung zu dem Genossenschaftsregister bei dem Gerichte der Hauptniederlassung Mitteilung zu machen.

[1]) Eine Zweigniederlassung setzt voraus, daß an dem Orte derselben selbständige Rechtsgeschäfte abgeschlossen werden; Zweigniederlassung muß mit dem Hauptgeschäft gleichartig sein. Es muß ein vom Sitz des Hauptgeschäfts verschiedener Ort sein (ROHG. **14** 402, **27** 315; RG. **2** 386; KGJ. **5** 22, **39** 117). Über Zweigniederlassungen, die sich in dem Gerichtsbezirke der Hauptniederlassung befinden AV. 19. Eine Genossenschaft als Zweigniederlassung einer Zentralgenossenschaft (BlfG. 1915 S. 527) ist rechtlich nicht möglich, da die Zweigniederlassung kein selbständiges Rechtssubjekt ist. Eine Zweigniederlassung einer AG. kann aber die Mitgliedschaft bei einer G. erwerben (S. 63). Die Firma darf sich von

der Firma des Hauptgeschäfts nur unterscheiden durch einen Zusatz, der den Charakter der Zweigniederlassung erkennen läßt. Errichtung ist Akt der Geschäftsführung. Das Vermögen der G. ist ein einheitliches; der Vorstand vertritt die gesamte G. Auflösung der Zweigniederlassung AB. 19 Abs. 4; das Gesetz selbst bestimmt nichts hierüber. Der Auflösung steht gleich die spätere Feststellung, daß die Niederlassung gar keine Zweigniederlassung ist und daher nicht hätte eingetragen werden dürfen (Parisius-Crüger § 14[12]). Fraglich kann sein, ob der Revisor die Zweigniederlassung einer besonderen Revision zu unterziehen hat und ob Zweigniederlassungen selbständig die Mitgliedschaft beim Revisionsverband erwerben können (Parisius-Crüger § 14[9]).

[2]) Über Prüfung seitens des Gerichts KGJ. **27** 210, **33** 117, nur die Formalitäten der Anmeldung sind zu prüfen. Anmeldungen und Anzeigen bei dem Gericht der Zweigniederlassung 157, 158, Ordnungsstrafen 160. Mit Ausnahme des Eintritts und Austritts von Genossen, des Erwerbs weiterer Geschäftsanteile und der Auflösung der Genossenschaft sind die dem Vorstande obliegenden Anmeldungen zum Genossenschaftsregister auch dem Gericht der Zweigniederlassung zu erstatten. Über die Einzelheiten der Anmeldung AB. 19.

[3]) Beglaubigung „durch eine zuständige Behörde oder einen zuständigen Beamten oder Notar" (AB. 8 Abs. 2).

[4]) Die Liste der Genossen wird vom Gericht der Zweigniederlassung weitergeführt (158, Begr. II 67).

§ 15[1]). Nach der Anmeldung des Statuts zum Genossenschaftsregister bedarf es zum Ermerbe der Mitgliedschaft einer von dem Beitretenden zu unterzeichnenden, unbedingten Erklärung des Beitritts[2])[3]).

Der Vorstand hat die Erklärung im Falle der Zulassung des Beitretenden behufs Eintragung desselben in die Liste der Genossen dem Gerichte (§ 10) einzureichen[4]). Die Eintragung ist unverzüglich vorzunehmen[5]).

Durch die Eintragung, welche auf Grund der Erklärung und deren Einreichung stattfindet, entsteht die Mitgliedschaft des Beitretenden.

Von der Eintragung hat das Gericht den Genossen und den Vorstand zu benachrichtigen[6]). Die Beitrittserklärung wird in Urschrift bei dem Gerichte aufbewahrt[7]). Wird die Eintragung versagt, so hat das Gericht hiervon den Antragsteller unter Rückgabe der Beitrittserklärung und den Vorstand in Kenntnis zu setzen[8]).

[1]) Nach dem früheren Gesetz bewirkten Beitrittserklärung und Aufnahme den Erwerb der Mitgliedschaft; nach Entscheidung höchster Gerichtshöfe mußten auch sonstige Bedingungen des Statuts erfüllt sein. Zum Ausscheiden genügte rechtzeitig erfolgte Kündigung. Die vierteljährlich dem Gericht einzureichenden Ab- und Zugangslisten, die danach zu ergänzende Mitgliederliste des Gerichts und die alljährlich einzureichende alphabetische Liste waren von keiner rechtlichen Bedeutung für die Mitglieder. — Nach dem GenG. sind Entstehung und Endigung der Mitgliedschaft an die Eintragung in die Liste geknüpft, abgesehen von dem Fall 77 (Tod). Unterschieden wird zwischen Erwerb (materielle Seite) und Entstehung der Mitgliedschaft (formelle Seite). Die Liste der Genossen (wie das Genossenschaftsregister) beweist nicht die eingetragene Tatsache, sondern durch die Eintragung wird nur festgestellt, daß in bezug auf diese von den Anmeldenden in der gesetzlich vorgeschriebenen Form gewisse Erklärungen abgegeben sind. Das RG. ist nach schwankender Rechtsprechung schließlich zu dem Ergebnis gelangt, daß, und zwar mit Rücksicht auf den öffentlichen Glauben, der der Liste der Genossen zukommen soll, die Beitrittserklärung, die, so wie sie vorliegt, gewollt ist, nicht angefochten werden kann (RG. **57** 292, **68** 90); vgl. Parisius-

Crüger § 15[16]. Anfechtung z. B. wenn die Beitrittserklärung nicht mit Willen des Betreffenden in den Besitz des Vorstandes gelangt ist (OLGRspr. **32** 124). Wirkungslos kann sie sein, weil sie den formalen Voraussetzungen nicht entspricht, unerheblich ist dabei die Beobachtung der statutarischen Bestimmungen über die Aufnahme (RG. **68** 349). Verstöße gegen die vorgeschriebene Form können nicht geheilt werden. Es ist zu unterscheiden: die Beitrittserklärung — die Zulassung — der Aufnahmevertrag. Ist die Mitgliedschaft erworben bei Ausscheiden durch Übertragung des Geschäftsguthabens, so kann sie nicht angefochten werden wegen Mängel in der Mitgliedschaft des Rechtsvorgängers. Bei Anfechtbarkeit der Mitgliedschaft bietet sich sowohl Klage- wie Beschwerdeweg. Vgl. hierzu die Entsch. in BlfG. 1916 S. 614.

[3]) Über Beitrittserklärungen vgl. 120, 127. Es ist eine einseitige empfangsbedürftige Willenserklärung. Die Beitrittserklärung, auch wenn sie eine Erklärung über die Haftpflicht enthält, hat nicht den Charakter einer Sicherheitsleistung. Die Erklärung muß in deutscher Sprache abgegeben sein; Vor- und Zuname sind auszuschreiben, Wohnort und Beruf anzugeben. Die Beitrittserklärung muß den Geburtsnamen der Ehefrau enthalten (AB. 29). Unbedingt, also nicht von der Aufnahme abhängig, muß der Beitritt erklärt werden. Ehefrauen bedürfen nicht der Genehmigung des Ehemannes. Ausstellung durch Bevollmächtigte zulässig, mündlicher Auftrag genügt (KGJ. **24** 74, JW. 1906 S. 39). Ist aus der Urkunde nicht ersichtlich, daß der Unterzeichner für einen anderen handelt, so erwirbt er die Mitgliedschaft (OLGRspr. **32** 123). Geschäftsunfähigkeit (BGB. 104) und Beschränkung in der Geschäftsfähigkeit (BGB. 106, 114, 1906) hindert den Erwerb der Mitgliedschaft nicht, der gesetzliche Vertreter hat den Beitritt zu erklären, er bedarf der vormundschaftsgerichtlichen Genehmigung, da der Vertrag zur Übernahme einer fremden Verbindlichkeit verpflichtet (BGB. 1822_{10}, KGJ. **30** 149). Ausländer können die Mitgliedschaft

erwerben. OLGRspr. **11** 401: Die Erfordernisse der Beitrittserklärung durch den gesetzlichen Vertreter und die vormundschaftsgerichtliche Genehmigung des Beitritts nicht entbehrlich bei denen, die nach BGB. 112 zum selbständigen Betrieb eines Erwerbsgeschäfts ermächtigt sind. Stillschweigende Genehmigung hinsichtlich der Beitrittserklärung zulässig (OLGRspr. **1**, 164). Beitritt von Analphabeten mit notarieller oder gerichtlicher Beglaubigung des Handzeichens. Über den Beitritt von Blinden, Tauben, Stummen Parisius-Crüger § 15[4]. Eine Einzelfirma kann nicht Mitglied werden (KGJ. **13** 51). Juristische Personen, Handelsgesellschaften können Mitgliedschaft erwerben. Rechtsfähige Vereine können Mitglieder werden, da sie verpflichtungsfähig sind. Verpflichtungsfähigkeit ist aber Voraussetzung (DJZ. 1908 Sp. 1285). Die Frage, ob eine Zweigniederlassung einer Gesellschaft Mitglied einer G. werden kann, wird in der Praxis der Registergerichte meist bejaht. Es handelt sich dabei um eine formale Erledigung, denn da die Zweigniederlassung nur ein Teil ihrer Gesellschaft oder G. ist, wird in Wirklichkeit durch den Erwerb der Mitgliedschaft seitens der Zweigniederlassung die Gesellschaft oder G. Mitglied der G. Gemeinden können beitreten, preußische Landgemeiden bedürfen hierzu nicht der behördlichen Genehmigung (KGJ. **34** 193, OLGRspr. **16** 106). Für Bayern vgl. OLGRspr. **23** 395. Änderungen in dem Namen der Mitglieder, z. B. bei Verheiratung, sind anzuzeigen. Tritt vor der Eintragung Konkurs der Genossenschaft ein, so kann die Eintragung nicht mehr erfolgen (RG. **50** 130); gleichwohl erfolgte Eintragung ist nichtig.

[3]) Der Beitretende gilt für die Genossenschaft als Dritter, Beschränkungen des Vorstandes in der Vertretungsbefugnis gelten daher ihm gegenüber nicht (RG. **60** 409). Eine Beschränkung in der Aufnahme hat nur dann nach außen Wirksamkeit, wenn die statutarische Bestimmung über die für die Zulassung der Mitglieder erforderlichen Eigenschaften der

Mitglieder die Bedeutung hätte, daß die G. andere Mitglieder nicht aufnehmen könnte, ohne selbst eine andere zu werden (RG. 60 409). Der Aufnahmevertrag hat obligatorische Wirkungen, vgl. RG. 50 127, auch 1 $_1$ über Ansprüche auf Aufnahme. Versprechen, einer G. beizutreten, gültig (RG. 40 46), wenn die in der Schriftlichkeit bestehende Form von 15 Abs. 1 gewahrt ist. Klage auf Eintragung zulässig. Stirbt der Zugelassene vor Eintragung, so kann diese gleichwohl herbeigeführt werden (Parisius-Crüger § 15[8]).

[4]) Über Einreichung AV. 7. Stellung eines besonderen Antrags nicht erforderlich RG. 60 409. Nachweis der Aufnahme nicht erforderlich. Der Vorstand hat pflichtmäßig zu ermessen, ob er die Beitrittserklärungen sofort oder, wie Begr. II 69 in der Regel als genügend annimmt, z. B. allmonatlich einreichen soll. — Die Einreichung kann mündlich oder schriftlich nach Maßgabe der auf die Form der Willenserklärungen des Vorstandes bezüglichen Bestimmungen des § 25 erfolgen (Begr. II 69, vgl. FB. 50).

[5]) Der Registerrichter hat nur die formale Prüfung (Parisius-Crüger § 15[13]). Im Falle des Beitritts einer Gesellschaft ist z. B. nicht zu prüfen die Legitimation der Vertreter (KGJ. 28 241). Gegen eine aus formalen Gründen verweigerte Eintragung findet Beschwerde statt (FGG. 19), eine aus materiellen Gründen (z. B. Fälschung, Dispositionsunfähigkeit) ungerechtfertigte Eintragung ist nur mittels Klage anfechtbar (KommBer. 15, AV. 29 Abs. 3 u. 4). Über die Anfechtung Anm. 1. Über Berichtigung der Mitgliederliste BlfG. 00 S. 352, 01 S. 142. Eintragung auf Grund falscher Namen ist einfach zu berichtigen (AV. 36).

[6]) Für die Benachrichtigung sind Schreibgebühren nicht zu berechnen (AV. 3 Abs. 2). OLG. Celle 30. 6. 22. Recht 1922 Entsch. Nr. 1629. Über zulässigen Verzicht auf die Benachrichtigung FGG. 130, 147. Postkarten mit gedrucktem Inhalte genügen. Porto ist zu erstatten.

7) Die Beitrittserklärungen gehören zu den Anlagen des Genossenschaftsregisters, deren Vorlegung jeder fordern kann.

8) Der letzte Satz war erst im Bundesrat beschlossen (Begr. II 68).

§ 16. Eine Abänderung des Statuts oder die Fortsetzung einer auf bestimmte Zeit beschränkten Genossenschaft kann nur durch die Generalversammlung beschlossen werden [1]).

Zu einer Abänderung des Gegenstandes des Unternehmens, sowie zur Erhöhung des Geschäftsanteils [2]), bedarf es einer Mehrheit von drei Vierteilen der erschienenen Genossen. Das Statut kann noch andere Erfordernisse aufstellen [3]). Zu sonstigen Änderungen des Statuts bedarf es einer Mehrheit von drei Vierteilen [4]) der erschienenen Genossen, sofern nicht das Statut andere Erfordernisse aufstellt [5]).

Auf die Anmeldung [6]) und Eintragung des Beschlusses finden die Vorschriften des § 11 mit der Maßgabe entsprechende Anwendung, daß der Anmeldung zwei Abschriften des Beschlusses beizufügen sind. Die Veröffentlichung des Beschlusses findet nur insoweit statt, als derselbe eine der im § 12 Absatz 2 [7]) bezeichneten Bestimmungen zum Gegenstande hat [8]).

Der Beschluß hat keine rechtliche Wirkung, bevor er in das Genossenschaftsregister des Sitzes der Genossenschaft eingetragen ist [9]).

1) Auf den Umfang der Statutenänderung kommt nichts an. Es bleibt eine Statutenänderung, auch wenn alle Paragraphen abgeändert sind; auch jede redaktionelle Änderung gehört hierher (KGJ. 5 32). Sonderrechte unterliegen der Statutenänderung, insoweit dieselbe nicht gegen 18 verstößt. Infolge der sich aus dem Gesetz ergebenden genossenschaftlichen

Duldungspflicht müssen sich die Mitglieder weitgehende Erhöhungen ihrer Leistungen durch Statutenänderungen gefallen lassen (Parisius-Crüger § 16[3]).

Hat die G. das Statut einer vollständigen Durcharbeitung unterzogen, so genügt es, wenn dem Gericht das „neue" Statut vorgelegt wird; der Antrag auf Eintragung braucht nicht eine genaue Bezeichnung der Abänderungen zu enthalten (Dtsche. landw. Genoss.-Presse 1915 S. 533).

Die Übertragung einer etwaigen Statutenänderung an Vorstand und Aufsichtsrat ist unzulässig (KGJ. **15** 19). Die Statutenänderung ist zu Protokoll zu nehmen, wie jeder andere Beschluß der Generalversammlung. Die Statutenänderung selbst kann als Anlage zum Protokoll genommen werden und ist dann ebenso wie dieses zu unterschreiben. Die Fortsetzung der Genossenschaft muß vor Ablauf der Zeit beschlossen und eingetragen sein (8_2). Abänderungen können nicht erzwungen werden, es können nur FGG. 147 Abs. 2 u. 3 zur Anwendung kommen. Nach Auflösung kann Änderung des Statuts nicht mehr beschlossen werden. Vgl. über die abweichende Rechtsprechung des RG. für den Fall, daß die Statutenänderung die Durchführung der Liquidation zum Zweck hat, Parisius-Crüger § 7[34].

²) Nicht zur Hinaufsetzung der Einzahlungen oder Verkürzung der Einzahlungsfristen (Begr. II 70).

³) „Noch andere Erfordernisse" — strengere Erfordernisse (KommBer. 16).

⁴) Drei Viertel Stimmen verlangt das Gesetz außerdem noch bei 36, 78 und 132.

⁵) „Andere Erfordernisse" können erleichternd oder erschwerend sein. „Erschienen" sind die Genossen, die sich an der Abstimmung beteiligt haben (RG. **20** 140). Zulässige Bestimmung, daß bei Statutenänderung alle Mitglieder zustimmen müssen; ein Beschluß, bei dem dann die Zustimmung aller Mitglieder nicht nachgewiesen wird, ist nichtig (RG. **76** 170, RJA. **14** 50). Nach einer Entsch. d. OLG. Dresden

(RJA. **15** 205) darf die Statutenänderung nicht abhängig gemacht werden von der Zustimmung Dritter, z. B. einer Behörde, RJA. 15[205]; vgl. hierzu Staub HGB. § 274, der es für AG. für statthaft erklärt, daß außer dem Beschluß der Generalversammlung noch die Zustimmung eines anderen Organs oder eines Nicht-Gesellschafters erfordert wird. Wenn für den Fall der Beschlußunfähigkeit einer Generalversammlung im Statut vorgeschrieben ist, daß eine zweite Generalversammlung entscheiden soll, so ist die erste Generalversammlung nicht befugt, Vertagung auf unbestimmte Zeit zu beschließen.

[6]) Die Anmeldung der Statutenänderung erfolgt durch den gesamten Vorstand (157 persönlich zu Protokoll oder schriftlich in beglaubigter Form). Die zwei beizufügenden Abschriften des Beschlusses bedürfen keiner Beglaubigung. Anmeldung zum Gericht der Zweigniederlassung 157 Abs. 2, 160. Über Formulare für Anmeldung, Eintragung und Veröffentlichung vgl. FB. 41 ff. Prüfungsrecht des Richters Parisius-Crüger § 16[12] ff.: der Richter hat die Legitimation der Anmeldenden zu prüfen und den zur Eintragung angemeldeten Beschluß darauf, ob er mit den Bestimmungen des GenG. verträglich ist; nicht zu prüfen ist, ob die Vorschriften betr. die ordnungsmäßige Beschlußfassung beobachtet sind (RG. **60** 414; **75** 241; RJA. **13** 31; KGJ. **14** 43, — weitergehend in dem Prüfungsrecht KGJ. **34** 220). Eine Verletzung der Ordnungsvorschriften zu rügen, ist Sache der Anfechtungsberechtigten. Das KG. hat in dem Beschl. vom 1. 12. 16 (BlfG. 1917 S. 8) ausdrücklich erklärt, daß es bei der Auffassung stehen bleibt, daß der Registerrichter wegen eines Mangels, der einen im Register einzutragenden Beschluß nicht nichtig, sondern nur anfechtbar macht, die Eintragung nicht mehr ablehnen darf, wenn die Anfechtungsfrist verstrichen ist, ohne daß die Anfechtungsklage erhoben ist. Innerhalb der Anfechtungsfrist wird es von den Umständen des Falles abhängen, ob der Registerrichter dem Eintragungsantrage

stattzugeben hat oder nicht. Das Anfechtungsrecht der Genossen nach 51 hat auf die Eintragung keine Wirkung, gibt insbesondere für die Anmeldung keinen Suspensiveffekt. Nicht in Widerspruch mit der hier vertretenen Auffassung steht, daß, falls das Statut Übereinstimmung aller Mitglieder für Änderungen verlangt, diese nachgewiesen werden muß (RG. **76** 170, OLGRspr. **32** 129).

Eintragung gesetzwidriger Bestimmungen verleiht keine Rechtswirksamkeit. Für die Beseitigung sind die gleichen Grundsätze maßgebend, die für nichtige Eintragungen gelten (RG. 23. 7. 14, Holdheims MSchr. 1914 S. 265).

[7]) Durch die Novelle vom 12. 5. 23 sind hinter den Worten „Absatz 2" die Worte „und 4" gestrichen.

[8]) KGJ. **46** 297. Sache der Generalversammlung wird es sein, durch präzise Beschlußfassung unnötige Druckkosten zu ersparen. Darüber, ob die G. zu Unrecht verursachte Insertionen zu bezahlen hat, Parisius-Crüger § 12[4]. Es bleibt nur der Regreßanspruch an die Beamten.

[9]) Im Beschluß kann für die Rechtswirksamkeit auch ein späterer Termin bestimmt werden. Dagegen hat eine Statutänderung keine rückwirkende Kraft. Es können mit der Statutänderung gleichzeitig die Ausführungsbeschlüsse gefaßt werden (Parisius-Crüger § 16[17]). Wird der Wahlmodus für die Vorstandsmitglieder abgeändert, so bedarf es keiner Neuwahl für die im Amte befindlichen Vorstandsmitglieder, sondern es genügt die entsprechende Abänderung des Anstellungsvertrages. Die die Statutenänderungsbeschlüsse ausführenden Beschlüsse können noch vor der Eintragung gefaßt werden.

Schuldhafte Verzögerung der Eintragung hat Schadenersatzansprüche zur Folge.

Zweiter Abschnitt.

Rechtsverhältnisse der Genossenschaft und der Genossen [1]).

[1]) Die im entsprechenden Abschnitte des Gz. enthaltenen §§ 13—15 sind als selbstverständlich fortgelassen (Begr. II 25).

§ 17. Die eingetragene Genossenschaft als solche[1]) hat selbständig ihre Rechte und Pflichten; sie kann Eigentum und andere dingliche Rechte an Grundstücken erwerben, vor Gericht klagen und verklagt werden.

Genossenschaften gelten als Kaufleute im Sinne des Handelsgesetzbuchs, soweit dieses Gesetz keine abweichenden Vorschriften enthält[2]).

[1]) Gz. und Entw. lauteten wörtlich wie HGB. 111, 164 für offene Handelsgesellschaften und für Kommanditgesellschaften. Die Komm. wollte klarlegen, daß eG. juristische Person sei. Das OVG. (14 165) hat ihr den Charakter der juristischen Person wegen der persönlichen Haftpflicht der Mitglieder abgesprochen. Mit Unrecht (Parisius-Crüger § 17[3]). Die eG. kann alle die Rechte ausüben, die nicht physische Persönlichkeit voraussetzen (vgl. jedoch 1_2). Die G. kann Gesellschafter einer offenen Handelsgesellschaft Komplementärin einer Kommanditgesellschaft sein (Parisius-Crüger § 17[5]). Die G. kann sich an Akt.-Ges., G. m. b. H. beteiligen (vgl. 149). G. ist nicht prozeßfähig, aber parteifähig. G. sind börsentermingeschäftsfähig, scheckfähig. Über Einsicht in das Grundbuch KGJ. 20 173. Ob die G. öffentlich-rechtliche Rechte und Pflichten haben, bestimmt sich nach den betreffenden Gesetzen (Parisius-Crüger § 17[5]). Über strafrechtliche und zivilrechtliche Verantwortung Parisius-Crüger § 17[7] ff.: Reichsstempelgesetz 96, Wechselstempelgesetz 21, preuß. Stempelsteuergesetz 17. Ordnungsstrafen können nur über die Vorstandsmitglieder persönlich verhängt werden. Genossenschaften sind erbfähig

BGB. 2101 Abs. 2). Über Erwerbsbeschränkungen EBGB. Art. 86. Die Genossenschaften unterstehen nach Maßgabe von 160 der Aufsicht des Gerichts. Die Polizei hat kein Aufsichtsrecht: mit Unrecht hat OVG. 29 447 die Anwendung polizeilicher Verfügungen auf die Versammlungen der G. ausgesprochen, ebenso mit Unrecht (DJZ. 96 S. 491) die Verpflichtung zur Einreichung eines Mitgliederverzeichnisses an die Behörde. Wie hier OVG. in DJZ. 01 S. 26. Vgl. über die Folgen von Rechtsgeschäften, die ein Delikt gegen Dritte in sich schließen, RG. 10 302 (unbefugter Gebrauch von Marken), 15 126 (Patentverletzung). Bei Übertretung gewerbepolizeilicher Vorschriften sind die Vorstandsmitglieder verantwortlich (RG. Strafs. 29 27). Anwendung findet BGB. 31: Die G. ist verantwortlich für schuldhafte Handlungen oder Unterlassungen ihrer Vorstandsmitglieder, vorausgesetzt, daß diese innerhalb des dem Vertreter zugewiesenen Geschäftskreises liegen. Parisius-Crüger § 17[12]. Duldet die G. ein Versehen, das sich im Widerspruch mit dem Statut befindet, so ist sie haftpflichtig (Parisius-Crüger § 25[1]). Die Haftpflicht für die Angestellten beschränkt sich nach Maßgabe von BGB. 831.

[2]) HGB. 343. Nur im Sinne des HGB. gelten die G. als Kaufleute. Insbesondere kommen zur Anwendung die Bestimmungen des HGB. zur Führung und Aufbewahrung der Bücher und Aufstellung der Bilanz. Abweichungen betr. Firma (3), Bevollmächtigte (42), Genossenschaftsregister (159). Die Bestimmung gilt, auch wenn die G. selbst kein „Handelsgewerbe" betreibt, keine Handelsgesellschaft im Sinne von HGB. 6 Abs. 1 ist (BlfG. 1918 S. 180).

§ 18. Das Rechtsverhältnis der Genossenschaft und der Genossen richtet sich zunächst nach dem Statut. Letzteres darf von den Bestimmungen dieses Gesetzes nur insoweit abweichen, als dies ausdrücklich für zulässig erklärt ist[1]).

[1]) Abweichungen sind für zulässig erklärt in 16 Abs. 2, 19 Abs. 2, 20, 24 Abs. 2, 25 Abs. 1, 27 Abs. 1, 36 Abs. 1, 38 Abs. 3, 39 Abs. 2, 43 Abs. 4, 44 Abs. 1 u. 2, 45 Abs. 1 u. 2, 46 Abs. 1 u. 2, 65 Abs. 2, 68, 73 Abs. 2, 76 Abs. 1, 78 Abs. 1, 83 Abs. 1, 85 Abs. 1, 89 Abs. 2, 91 Abs. 3, 93, 105 Abs. 2, 132, 134.

§ 19[1]). Der bei Genehmigung der Bilanz für die Genossen sich ergebende Gewinn oder Verlust des Geschäftsjahres ist auf diese zu verteilen[2]). Die Verteilung geschieht für das erste Geschäftsjahr nach dem Verhältnis ihrer auf den Geschäftsanteil geleisteten Einzahlungen, für jedes folgende nach dem Verhältnis ihrer durch die Zuschreibung von Gewinn oder die Abschreibung von Verlust zum Schlusse des vorhergegangenen Geschäftsjahres ermittelten Geschäftsguthaben. Die Zuschreibung des Gewinns erfolgt so lange, als nicht der Geschäftsanteil erreicht ist[3]).

Das Statut kann einen anderen Maßstab für die Verteilung von Gewinn und Verlust aufstellen, sowie Bestimmung darüber treffen, inwieweit der Gewinn vor Erreichung des Geschäftsanteils an die Genossen auszuzahlen ist[4]). Bis zur Wiederergänzung eines durch Verlust verminderten Guthabens findet eine Auszahlung des Gewinns nicht statt[5]).

[1]) 19 gilt für die bestehende G., nach Auflösung ist 91 maßgebend.

[2]) Die Fassung gestattet „einen größeren oder geringeren Teil des Gewinns zu anderen Zwecken“ (Dotierung des Reservefonds, Tantieme, Bildung einer besonderen Gewinnreserve) zu verwenden (Begr. II 71). Liberalitäten können beschlossen werden, wenn das Statut beliebige Verwendung nicht ausschließt. Die Generalversammlung hat darüber zu beschließen (48). Ausschließung der Gewinnverteilung 20.

Der Anspruch auf Feststellung des Reingewinns und des zur Verteilung kommenden Anteils ist kein klagbares Sonderrecht des einzelnen Mitgliedes, insoweit die Verteilung der Beschlußfassung der Generalversammlung unterliegt. Vgl. 48. Zulässig ist, im Statut die Gewährung eines bestimmten Rabatts festzusetzen, darin liegt eine vertragsmäßig zurückzu erstattende Vergütung.

[3]) Der Grundsatz, daß der Verlust nach Verhältnis der am Schluß des Vorjahres vorhandenen Geschäftsguthaben verteilt werden soll, kann zu großen Schwierigkeiten führen; vgl. darüber Parisius-Crüger § 19[20]. Insoweit die Dividende zugeschrieben werden muß, ist sie nur mit dem Geschäftsguthaben pfändbar. Für die Abhebung der Dividende kann Statut Präklusivfrist vorsehen, vgl. BGB. 801. Ob es zulässig ist, Gewinn oder Verlust im Laufe eines Geschäftsjahres zu verteilen, ist sehr bestritten; die Praxis bejaht die Zulässigkeit von Abschreibungen im Laufe eines Geschäftsjahres.

[4]) Über die Grundsätze für den Maßstab der Gewinn- und Verlustverteilung bei den verschiedenen Arten Genossenschaften vgl. Parisius-Crüger § 19[5] ff. Die Gleichmäßigkeit für den zugrunde gelegten Maßstab ist aber nicht als ein absoluter und rein rechnerisch-mechanischer Begriff aufzufassen, sie soll nur verhindern, daß einzelne Mitglieder aus anderen als in dem Rechtsverhältnis zwischen der Genossenschaft und Genossen ihre Rechtfertigung findenden Gründen den anderen gegenüber bevorzugt oder benachteiligt werden. Das Statut muß die Verlustdeckung so regeln, daß alle Mitglieder zu derselben heranzuziehen sind und die Verlustverteilung auch durchführbar ist. Unzulässig (für die Heranziehung aus den Geschäftsguthaben) die Bestimmung, daß Verlust verteilt werden soll „nach Verhältnis der Geschäftsanteile" oder „nach Verhältnis der Haftsummen". Denn dies führt unter Umständen zu einer Belastung der Geschäftsanteilkonti, die unvereinbar ist mit den Grundsätzen über Bildung der Geschäftsguthaben. Das sog. freiwillige Umlageverfahren, bei

dem ein durch das Vereinsvermögen nicht gedeckter Verlust bei bestehender Genossenschaft auf die Mitglieder „umgelegt" wird, ist nach dem G. nicht möglich (Parisius-Crüger § 19[15]). Wo die Gewinnverteilung wie z. B. bei Konsumvereinen und bei in der Art ähnlichen Genossenschaften nach Verhältnis der mit der Genossenschaft betätigten Geschäfte erfolgt, kann dieser Maßstab natürlich nicht auch für die Verlustverteilung gelten, so daß bei diesen Genossenschaften für Gewinn- und Verlustverteilung ein verschiedener Maßstab aufgestellt werden muß. Über die Anwendung der Bestimmungen der Verordnung über Goldbilanzen vgl. 33[2].

Die Grundsätze können durch Statutänderung abgeändert werden.

[5]) Vgl. 34, 41, Gz. 9 Abs. 3, Begr. II 72. Ist die Abschreibung auf ein aus mehreren Geschäftsanteilen (134) bestehendes Geschäftsguthaben erfolgt, so muß Zuschreibung erfolgen, bis das gesamte Geschäftsguthaben wieder erreicht ist.

§ 20. Durch das Statut kann festgesetzt werden, daß der Gewinn nicht verteilt, sondern dem Reservefonds zugeschrieben wird[1]).

[1]) Diese von der Reichstagskommission vorgeschlagene Bestimmung (KommBer. 11) ist eine Erweiterung im Interesse der Raiffeisenschen Darlehnskassenvereine (KommBer. 17).

Übrigens war durch § 20 GenG. nicht gehindert, durch Statut einen unteilbaren Stiftungsfonds zu bilden und die Mitglieder vom Gewinn auszuschließen.

§ 21. Für das Geschäftsguthaben werden Zinsen von bestimmter Höhe nicht vergütet, auch wenn der Genosse Einzahlungen in höheren als den geschuldeten Beträgen geleistet hat[1]).

Auch können Genossen, welche mehr als die geschuldeten Einzahlungen geleistet haben, im Falle eines Verlustes andere Genossen nicht aus dem Grunde in Anspruch nehmen, daß von letzteren nur diese Einzahlungen geleistet sind.

[1]) Es kann im Statut bestimmt werden, daß vom Reingewinn zunächst eine, durch einen Prozentsatz nach oben fixierte Kapitaldividende zur Verteilung kommt. Üblich bei allen G., die den Geschäftsgewinn nicht lediglich nach dem Geschäftsguthaben, sondern vorwiegend nach den bezogenen Waren (Lebensmittel bei Konsumvereinen, Rohstoffe bei Rohstoffvereinen) oder den gelieferten Produkten (Trauben bei Winzer-, Milch bei Molkerei-, Obst bei Obstverwertungsgenossenschaften) verteilen.

§ 22. Eine Herabsetzung des Geschäftsanteils oder der auf denselben zu leistenden Einzahlungen oder eine Verlängerung der für die letzteren festgesetzten Fristen kann nur unter Beobachtung der Bestimmungen erfolgen, welche für die Verteilung des Genossenschaftsvermögens im Falle der Auflösung maßgebend sind[1]).

Das Geschäftsguthaben eines Genossen darf, solange er nicht ausgeschieden ist[2]), von der Genossenschaft nicht ausgezahlt oder im geschäftlichen Betriebe zum Pfande genommen, eine geschuldete Einzahlung darf nicht erlassen werden[3]).

Gegen die letztere kann der Genosse eine Aufrechnung nicht geltend machen[4]).

[1]) Vgl. 105—133, 143, 16, 7, Begr. II 50, 73, KommBer. 18. — Eine Herabsetzung liegt auch dann vor, wenn eine G. m. u. H. beim Übergang zur b. H. den Geschäftsanteil in mehrere zerlegt. Verfahren ist auch dann zu beobachten, wenn kein Mitglied ein Geschäftsguthaben hat,

das über die Höhe des neuen Geschäftsanteils hinausgeht. Der Vorstand muß die beschlossene Herabsetzung zu drei verschiedenen Malen bekanntmachen und die Gläubiger auffordern, sich zu melden. Die Herabsetzung tritt in Wirksamkeit erst frühestens nach Ablauf eines Jahres seit der dritten Bekanntmachung. Die Gläubiger, welche sich bis zu diesem Zeitpunkt gemeldet haben, sind zu befriedigen; betagte, streitige Forderungen, schwebende Verbindlichkeiten sind sicherzustellen. Erst wenn hierdurch die Voraussetzungen der Herabsetzung erfüllt sind, ist der Beschluß und die sich daraus ergebende Statutenänderung zur Eintragung in das Register anzumelden; a. A. KGJ. **38** 170; das KG. läßt die Anmeldung sofort mit der beschlossenen Statutenänderung zu, vgl. Parisius-Crüger § 22[4]. Jedenfalls darf erst nach Ablauf des Sperrjahres die Auszahlung vorgenommen werden oder Verlängerung der Einzahlungsfristen erfolgen. Die im Falle von 133 verlangte Einreichung der Bekanntmachungen und Abgabe der Versicherung ist hier nicht vorgeschrieben. Die Herabsetzung des Geschäftsanteils schließt stets eine Statutenänderung in sich, da der Geschäftsanteil im Statut bestimmt ist. Das gleiche gilt für die Einzahlungen, insoweit sie durch das Statut festgesetzt sind. Insoweit das Statut über die Einzahlung nichts enthält, genügt Generalversammlungsbeschluß nach 50. Über Sicherheitsleistung BGB. 232ff. Falsche Anmeldung 147. Anmeldung zu dem Gericht der Zweigniederlassung 157 Abs. 2, 16, 160.

²) 73 Abs. 2.

³) Diese Bestimmung ist gegen die sog. Guthabenbeleihungen gerichtet. (Begr. II 74, KommBer. 18). Verboten ist nur die vertragsmäßige Verpfändung. Zulässig ist die Gewährung von Blankokredit. Der G. verbleibt das gesetzliche Aufrechnungsrecht. Hat das Mitglied auf den Geschäftsanteil größere Einzahlungen geleistet, als es verpflichtet war, so sind dieselben, wenn nichts anderes ver-

abredet oder im Statut bestimmt ist, auf die späteren Termine zu verrechnen. Für Zuwiderhandlungen haften Vorstand und Aufsichtsrat in Gemäßheit 34 Abs. 3, 41 Abs. 3. Erlaß BGB. 397. Anzunehmen ist, daß das Verbot einen Zwangsvergleich nicht berührt (Parisius-Crüger § 22[12]). Bei Nachlaß-Vergleich (BGB. 779) handelt es sich nicht um ein freiwilliges Aufgeben von Ansprüchen. Der Anspruch der G. auf Einzahlungen ist weder verpfändbar noch unterliegt er dem Pfandrecht (Parisius-Crüger § 7[16]) er ist auch nicht abtretbar (Parisius-Crüger 200_{12}).

[4]) Aufrechnung kann sich aber aus tatsächlichen Verhältnissen ergeben.

§ 23. Für die Verbindlichkeiten der Genossenschaft haften die Genossen nach Maßgabe dieses Gesetzes[1])[2]).

Wer in die Genossenschaft eintritt, haftet auch für die vor seinem Eintritt eingegangenen Verbindlichkeiten.

Ein den vorstehenden Bestimmungen zuwiderlaufender Vertrag ist ohne rechtliche Wirkung.

[1]) 122, 128, 141.

[2]) KommBer. 19.

Dritter Abschnitt.

Vertretung und Geschäftsführung.

§ 24. Die Genossenschaft wird durch den Vorstand gerichtlich und außergerichtlich vertreten[1]).

Der Vorstand besteht aus zwei Mitgliedern und wird von der Generalversammlung gewählt[2]). Durch das Statut kann eine höhere Mitgliederzahl sowie eine andere Art der Bestellung festgesetzt werden.

Die Mitglieder des Vorstandes können besoldet[3]) oder unbesoldet sein. Ihre Bestellung ist zu jeder Zeit widerruflich, unbeschadet der Entschädigungsansprüche aus bestehenden Verträgen[4]).

[1]) Der Vorstand ist Organ der Genossenschaft, er ist gesetzlicher Vertreter, es kommen daher auf ihn die Bestimmungen des HGB. über die Handlungsbevollmächtigten nicht zur Anwendung. Über die Versicherungspflicht Parisius-Crüger § 24[2]. HGB. 236 (Verbot, ein Handelsgewerbe zu betreiben) findet keine Anwendung. Die Vertretung ist unbeschränkt und unbeschränkbar (27, außer 39 Abs. 2). Die Vertretung geschieht in der in 25 vorgeschriebenen Form. Bei Ausübung politischer Rechte wird die G. immer nur durch eine Person vertreten.

Es gibt keine Filialkassenvorstände (RG. **22** 70 ff.).

Über Leistung von Eiden durch den Vorstand und über Zustellungen an die Genossenschaft vgl. ZPO. 473—476, 171, 183; für Zustellung an Aufsichtsrat 180. Die Vorstandsmitglieder können in Sachen der G. nicht Zeugen sein (RG. **17** 367). Über Recht auf Zeugnisverweigerung ZPO. 383_5; für die StPO. fehlt eine entsprechende Bestimmung. Über Wechselprotest vgl. RG. **24** 86; es genügt in der Regel Wechselprotest bei dem Beamten, der mit dem Kassenverkehr beauftragt ist (RG. **53** 227).

Für das Kontrahieren der Vorstandsmitglieder als Vertreter der Genossenschaft mit sich selbst oder als Vertreter Dritter (Parisius-Crüger § 24[9]) gelten die allgemeinen Rechtsgrundsätze, vgl. KGJ. **21** 106, OLGRspr. **15** 319, RG. **56** 104. Vorstand kann einem seiner Mitglieder Vollmacht erteilen; aber nicht zur ganzen Geschäftsführung. Das RG. (**80** 180) hat entschieden, daß der Wirksamkeit der Vorstandsvollmacht BGB. 181 nicht entgegensteht. Vgl. auch KGJ. **47** 147.

[2]) Begr. II 75. Im Statut braucht nicht eine bestimmte Zahl angegeben zu sein (KGJ. **34** 176). Über Stellvertreter 35. Das Gesetz geht von der Wahl aus, doch ist auch jede andere Art der Bestellung zulässig. Hat die Generalver-

sammlung es unterlassen, den Vorstand zu wählen, so kann das Registergericht auf Grund von BGB. 29 eingreifen. Zu unterscheiden ist zwischen der „Bestellung" und der „Anstellung", nach 39 wird bei dem Anstellungsvertrag die G. durch den Aufsichtsrat vertreten. Die Bestellung ist zunächst nur ein interner Akt. Der Vertrag ist Dienstvertrag (BGB. 611 ff., 662 ff.). Die Vorstandsmitglieder müssen physische Personen sein. Sind Frauen von der Teilnahme an der Generalversammlung ausgeschlossen (43), so sind sie nicht in den Vorstand wählbar. Verwandtschaftliche Beziehungen unter Vorstandsmitgliedern oder mit Aufsichtsratsmitgliedern beeinträchtigen nicht die Wählbarkeit. Beschränkte Geschäftsfähigkeit genügt, vgl. Parisius-Crüger § 24[15]. Wegfall einer jeden der in der Person des Vorstandsmitgliedes nach Gesetz oder Statut erforderlichen Voraussetzungen führt zur Beendigung des Vorstandsamts (RG. 88 195). Mit dem Ausschluß des Mitgliedes enden die Befugnisse nach Maßgabe von 68 Abs. 4. Satzungsbestimmung, wonach Ausschluß von Mitgliedern durch den Vorstand und Aufsichtsrat erfolgt, gilt auch für das Mitglied, das zum Vorstand gehört. Hat das Vorstandsmitglied den Ausschluß angefochten, so kann Amtsenthebung erfolgen. Dabei ist unerheblich, daß das Vorstandsmitglied infolge des Ausschlusses an der Generalversammlung nicht teilnehmen konnte. Dritten gegenüber verbleibt es bei 28, 29. Über Beamte, Notare als Vorstandsmitglieder Parisius-Crüger § 24[16]. Wahlperioden laufen mangels besonderer Bestimmung von Generalversammlung zu Generalversammlung.

[3]) Das Gehalt ist nicht ein Äquivalent für die in bestimmter Zeit geleisteten Dienste, es stehen sich vielmehr gegenüber: die Übernahme der Tätigkeit als Vorstandsmitglied und der Genuß des vereinbarten Gehalts. Besoldung wichtig für die Kündigung (Parisius-Crüger § 24[23]). In betreff der Berechnung der Tantieme findet HGB. 237 sinngemäße Anwendung. Das Gehalt läuft weiter auch während

der Krankheit. Andauernde Krankheit ein „wichtiger Grund" im Sinne des BGB. 626.

[4]) Der Ausdruck „Entschädigungsansprüche" ist ungenau, es bleiben Ansprüche aus bestehenden Verträgen (vgl. HGB. 231). Entscheidet sich nach BGB. 626, 671. Für den Rücktritt der Vorstandsmitglieder gilt BGB. 626 ff., 662, 671. Das Reichsgericht verneint in ständiger Rechtsprechung die Möglichkeit, die Kündigung aus einem wichtigen Grunde durch vorherigen Verzicht auszuschließen (RG. **69** 365; **75** 234). Statutarische Erschwernis der Amtsenthebung zulässig; auch in diesem Fall bleibt der G. das Recht der Ausschließung mit deren Folgen. Ausgeübt kann das Recht nur durch die Generalversammlung werden, denn dem Aufsichtsrat ist nur das Recht der vorläufigen Suspension erteilt (40). Anders liegen die Verhältnisse, wenn das Statut dem Aufsichtsrat das Recht der Ausschließung gibt. Ebenso wie die G. den Dienstvertrag aus wichtigen Gründen jederzeit aufheben kann, ist auch das Vorstandsmitglied dazu befugt (BGB. 626, 671, 622), auch BGB. 326 kommt zur Anwendung. Auflösung der Genossenschaft führt nicht zur Beendigung des Dienstvertrages, wenn nicht aus den Verhältnissen etwas anderes sich ergibt. Über die Folgen des Konkurses der G. Parisius-Crüger § 104[3]. Erst nach erteilter Entlastung ist die Kaution herauszugeben (ROHG. **24** 365). Über Rechnungslegung Parisius-Crüger § 33[11].

§ 25. Der Vorstand hat in der durch das Statut bestimmten Form seine Willenserklärungen kundzugeben und für die Genossenschaft zu zeichnen[1]). Ist nichts darüber bestimmt, so muß die Erklärung und Zeichnung durch sämtliche Mitglieder des Vorstandes erfolgen. Weniger als zwei Mitglieder dürfen hierfür[2]) nicht bestimmt werden.

Die Zeichnung geschieht in der Weise, daß die Zeichnenden zu der Firma der Genossenschaft oder zu der Benennung des Vorstandes ihre Namensunterschrift beifügen[3]).

[1]) Von der Zeichnung kann kein Vorstandsmitglied ausgeschlossen werden.

[2]) Grundsatz der Kollektivvertretung. Auch für mündliche Willenserklärungen (Begr. II 75). Der Grundsatz gilt nur für den Fall, daß ein „Handeln" in Betracht kommt, nicht aber für die Kenntnis von Tatumständen. Die Vorschrift hat Willenserklärungen im Auge, die die Genossenschaft verpflichten. Die Vertretung muß für den gesamten Geschäftsbetrieb in der gleichen Weise geordnet sein. Das RG. (**85** 139) hält es für zulässig, daß statutarisch die Mitwirkung bestimmter Vorstandsmitglieder bei bestimmten Geschäften vorgesehen wird (dagegen KGJ. **44** 154). Das RG. setzt sich damit in Widerspruch mit einem früheren Urteil (RG. **22** 70). Die Regelung kann nur im Statut erfolgen. Dem Grundsatz der Kollektivvertretung ist genügt, wenn die Genehmigung der anderen Vorstandsmitglieder nachträglich dazukommt. Das Verhalten kann als Genehmigung betrachtet werden (RG. **75** 419, JW. 1913 S. 650). Die Genehmigung muß zur Kenntnis des Vertragsgegners kommen. Über Mitwirken persönlich beteiligter Vorstandsmitglieder 24_1. Darüber, wie sich einzelne Vorstandsmitglieder gegen Maßnahmen des Vorstandes schützen können, entscheiden die tatsächlichen Verhältnisse, die Sorgfalt eines ordentlichen Geschäftsmanns kann es erforderlich machen, daß das Vorstandsmitglied sich nicht mit einem Protest begnügen darf. Die Genehmigung eines Vertrages, der nur von einem Teil der in ihrer Gesamtheit zur Vertretung berechtigten Vorstandsmitglieder abgeschlossen ist, bedarf der Erklärung der Genehmigung der übrigen gegenüber dem Vertragsgegner (RG. **61** 223). Der Vorstand ist nicht berechtigt, einem seiner Mitglieder die ganze Geschäftsführung zu übertragen. Parisius-Crüger 219^8 u. ^{9}. Vollmacht 24_1. Die Vollmacht wird durch den Tod der an der Erteilung der Vollmacht beteiligten Vor-

standsmitglieder nicht berührt. Für die Haftbarkeit der G. aus Handlungen ihrer Vertreter 17_1, insbes. wenn statutenwidriges Handeln geduldet wird; vgl. RG. **87** 306, Parisius-Crüger § 25[1].

[3]) Die Gültigkeit eines Rechtsgeschäfts ist nicht davon abhängig, daß die Vorstandsmitglieder zur Unterschrift die Firma hinzusetzen (KGJ. **21** 105). Unterschrift auf lithographischem Wege erscheint nicht zulässig (a. A. RG. **14** 97, wonach die Verkehrssitte entscheiden soll), wohl aber kann stets die Firma auf mechanischem Wege benutzt werden (RG. **47** 16).

§ 26. Die Genossenschaft wird durch die von dem Vorstande in ihrem Namen geschlossenen Rechtsgeschäfte berechtigt und verpflichtet; es ist gleichgültig, ob das Geschäft ausdrücklich im Namen der Genossenschaft geschlossen worden ist, oder ob die Umstände ergeben, daß es nach dem Willen der Vertragschließenden für die Genossenschaft geschlossen werden sollte[1]).

Zur Legitimation[2]) des Vorstandes Behörden gegenüber genügt eine Bescheinigung des Gerichts (§ 10), daß die darin zu bezeichnenden Personen als Mitglieder des Vorstandes in das Genossenschaftsregister eingetragen sind.

[1]) Der Vorstand ist der alleinige gesetzliche Vertreter. Ausnahmen für Vertretung durch den Aufsichtsrat 39. Die Generalversammlung kann auch nicht rechtsverbindlich Offerten annehmen. Schenkungen durch den Vorstand zulässig, soweit sie bei derartigen Unternehmungen üblich. Wieweit der Vorstand befugt, Vergleiche einzugehen, Schulden zu erlassen, ist Tatfrage. Gesetzliche Beschränkung betr. Kreditgewähr 39. Die Rechtsgültigkeit der Handlungen des Vorstandes wird nicht durch dessen Eintragung bedingt (RG. **9** 90). Andererseits kann die G. Rechtshandlungen eingetragener

Vorstandsmitglieder nicht aus dem Grunde anfechten, weil die Wahl nicht ordnungsgemäß erfolgt sei. Unbeschränkte Vertretung 27. Über die Verpflichtung des handelnden Vorstandsmitgliedes BGB. 179.

[2]) Darüber, daß es in der Regel eines Nachweises aus dem Handelsregister nicht bedarf, vgl. Preuß. JMBl. 1896 S. 117. Die Genossenschaft kann auch ein Negativattest fordern (HGB. 9 Abs. 6).

§ 27. Der Vorstand ist der Genossenschaft gegenüber verpflichtet, die Beschränkungen einzuhalten, welche für den Umfang seiner Befugnis, die Genossenschaft zu vertreten, durch das Statut oder durch Beschlüsse der Generalversammlung festgesetzt sind[1]).

Gegen dritte Personen hat eine Beschränkung der Befugnis des Vorstandes, die Genossenschaft zu vertreten, keine rechtliche Wirkung[2]). Dies gilt insbesondere für den Fall, daß die Vertretung sich nur auf gewisse Geschäfte oder Arten von Geschäften erstrecken oder nur unter gewissen Umständen oder für eine gewisse Zeit oder an einzelnen Orten stattfinden soll oder daß die Zustimmung der Generalversammlung, des Aufsichtsrats oder eines anderen Organs[3]) der Genossenschaft für einzelne Geschäfte erfordert ist.

[1]) Verantwortung 34. Der Vorstand ist an gesetz- oder statutenwidrige Beschlüsse der Generalversammlung oder des Aufsichtsrats nicht gebunden. Der Vorstand ist unter Umständen zur Anfechtung verpflichtet (RG. **46** 60). Über die von überstimmten Vorstandsmitgliedern angewendete Sorgfalt Konsumgenoss. Rundschau 16 S. 878. Im Falle der direkten Haftung der Vorstands- und Aufsichtsratsmitglieder (90, 142) keine Berufung auf Generalversammlungsbeschluß zulässig. Führt der Vorstand einen statutarisch erforderlichen

Beschluß der Generalversammlung nicht herbei, so macht er sich verantwortlich, es sei denn, er führt den Nachweis, die Generalversammlung hätte Vornahme des Geschäfts beschlossen. Das RG. (**35** 83 u. Urteil v. 3. 5. 1903 in Holdheims Mschr. 03 S. 197) fordert sogar, daß der Vorstand eine Generalversammlung einberuft, „so oft dies im Interesse der Gesellschaft erforderlich erscheint", und läßt ihn für Unterlassung haften. Das geht entschieden zu weit (Parisius-Crüger § 27 [7]).

[2]) Die Kenntnis des Dritten begründet die Exceptio doli für die G., wenn die Vorstandsmitglieder arglistig gegen sie handelten (RG. **45** 150). Mitglieder stehen hinsichtlich ihrer genossenschaftlichen Pflichten der Genossenschaft nicht als Dritte gegenüber. Über die Stellung des Grundbuchrichters und Registerrichters als eines Dritten (Parisius-Crüger § 27 [15]).

[3]) Die Genossenschaft kann also außer Vorstand und Aufsichtsrat noch andere Organe haben. Vorstand und Aufsichtsrat dürfen aber nicht zu einem Organ zusammengezogen werden, in den gemeinschaftlichen Sitzungen darf nicht nach Köpfen abgestimmt werden (RG. **73** 402).

§ 28. Jede Änderung des Vorstandes, sowie die Beendigung der Vertretungsbefugnis eines Vorstandsmitgliedes ist durch den Vorstand zur Eintragung in das Genossenschaftsregister anzumelden[1])[2]). Eine Abschrift der Urkunden über die Bestellung oder über die Beendigung der Vertretungsbefugnis[3]) eines Vorstandsmitgliedes ist der Anmeldung beizufügen und wird bei dem Gericht aufbewahrt.

Die Vorstandsmitglieder haben ihre Unterschrift vor dem Gerichte zu zeichnen oder die Zeichnung in beglaubigter Form einzureichen.

[1]) Nur die Änderung, nicht die Wiederwahl. Die Vorstandsmitglieder brauchen erst mit der Anmeldung Mitglieder

zu werden (KGJ. 18 32). Die Bestellungsurkunde ist von dem Gericht zu prüfen auf das statutengemäße Zustandekommen der Wahl (KGJ. 18 36). Annahme der Wahl ist nicht zu prüfen, sie liegt in der Anmeldung. Bei der Anmeldung des Ausscheidens eines Vorstandsmitgliedes hat das Gericht diese angemeldete Tatsache nicht nachzuprüfen. Für den Fall, daß schriftliche Kündigung zu erfolgen hat, ist das Kündigungsschreiben beizufügen, im anderen Falle genügt diejenige Unterlage, durch die die ordnungsmäßige Kündigung festgestellt wird z. B. Protokoll der Aufsichtsratssitzung, in welche das Vorstandsmitglied die Kündigung ausgesprochen hat. Die Anmeldung erfolgt durch die im Amte verbleibenden bezw. mit den hinzugewählten Vorstandsmitgliedern. Änderung in der Verteilung der Geschäfte mit Änderung des Titels erfordert keine Anmeldung.

Über die Mitwirkung der erforderlichen Zahl der Vorstandsmitglieder bei der Anmeldung 157.

[2]) Anmeldung und Eintragung der neugewählten Vorstandsmitglieder kann nicht vor Beginn ihres Amtes erfolgen (AB. 18). Beglaubigung AB. 8. Anmeldung zur Zweigniederlassung 157.

[3]) Beschluß des Aufsichtsrats über die vorläufige, der Generalversammlung über die definitive Suspension.

§ 29 [1]). Eine Änderung des Vorstandes, eine Beendigung der Vertretungsbefugnis eines Vorstandsmitgliedes, sowie eine Änderung des Statuts rücksichtlich der Form für Willenserklärungen des Vorstandes kann, solange sie nicht in das Genossenschaftsregister eingetragen ist, von der Genossenschaft einem Dritten nicht entgegengesetzt werden, es sei denn, daß dieser von der Änderung oder Beendigung Kenntnis hatte [2]).

Nach der Eintragung muß der Dritte die Änderung

oder Beendigung gegen sich gelten lassen, es sei denn, daß er sie weder kannte noch kennen mußte.

Für den Geschäftsverkehr mit einer in das Genossenschaftsregister eingetragenen Zweigniederlassung ist im Sinne dieser Vorschriften die Eintragung durch das Gericht der Zweigniederlassung entscheidend[3]).

[1]) Durch die Novelle vom 12. 5. 23 (RGBl. S. 288) sind folgende Worte gestrichen:

Abs. 1 „und öffentlich bekannt gemacht", (hinter: „in das Genossenschaftsregister eingetragen").

Abs. 2 „und Bekanntmachung", hinter: „Nach der Eintragung").

Abs. 3 „und Bekanntmachung", (hinter: „die Eintragung").

[2]) HGB. 15.

[3]) Für den Geschäftsverkehr mit der Zweigniederlassung soll, wenn es sich um die Frage handelt, ob eine eingetragene Tatsache Dritten entgegengesetzt werden kann (HGB. 15 Abs. 3), nicht die Eintragung in das Register der Hauptniederlassung, sondern in das der Zweigniederlassung entscheidend sein (Denkschrift zum HGB. 312).

§ 30. Der Vorstand hat ein Verzeichnis der Genossen zu führen und dasselbe mit der Liste in Übereinstimmung zu halten[1]).

[1]) Ordnungsstrafen 160. Das Gericht ist nicht befugt, dem Vorstand aufzugeben, die Liste regelmäßig vorzulegen.

§ 31. Für Konsumvereine, welche einen offenen Laden haben, hat der Vorstand, um die Beobachtung der Bestimmung des § 8 Absatz 4 zu sichern, Anweisung[1]) darüber zu erlassen, auf welche Weise sich die Vereinsmitglieder oder deren Vertreter den Warenverkäufern gegenüber zu legitimieren haben. Abschrift der Anweisung hat er der höheren Verwaltungsbehörde [2]), in deren Bezirk die Genossenschaft ihren Sitz hat, unverzüglich einzureichen.

Die höhere Verwaltungsbehörde ist befugt, die Mitglieder des Vorstandes zur Einreichung und nötigenfalls zur Abänderung oder Ergänzung der Anweisung durch Geldstrafen bis zum Betrage von je dreihundert Mark anzuhalten [3]).

Gegen die Anordnungen und Straffestsetzungen der höheren Verwaltungsbehörde findet binnen zwei Wochen die Beschwerde an die Landeszentralbehörde statt.

[1]) Über Anweisungen und Legitimationskarten Parisius-Crüger § 31[3], wo auch der Erlaß des preußischen Ministers für Handel und Gewerbe vom 6. 11. 1896 mitgeteilt ist. Die Bestimmung gilt für Konsumvereine mit offenem Laden (8_{12}), ist also enger als das Verbot in 8; aber auch für landwirtschaftliche Konsumvereine mit offenem Laden. Die Vorschrift gilt nur für den distributiven, nicht auch für den produktiven Teil der Genossenschaft, da dieser auch auf Nichtmitglieder erstreckt werden kann.

[2]) Höhere Verwaltungsbehörde 161.

[3]) Strafbestimmung 152 ff.

§ 32. Von Konsumvereinen oder von Gewerbetreibenden, welche mit solchen wegen Warenabgabe an die Mitglieder in Verbindung stehen, dürfen Marken oder sonstige nicht auf den Namen lautende Anweisungen oder Wertzeichen, welche anstatt baren Geldes die Mitglieder zum Warenbezug berechtigen sollen, nicht ausgegeben werden [1]).

[1]) Nicht die Ausgabe von Dividendenmarken (als Unterlage für die Verteilung von Dividenden), sondern „von

Marken als Zahlungssurrogate beim Einkauf von Waren" ist verboten, weil in der Ausgabe solcher Wertmarken ein Privilegium zu sehen sei, das den Konsumvereinen von vornherein einen Vorsprung vor dem Privatkaufmann gebe (KommBer. 6). Strafbestimmung 154.

§ 33. Der Vorstand ist verpflichtet, Sorge zu tragen, daß die erforderlichen Bücher der Genossenschaft geführt werden [1]).

Er muß binnen sechs Monaten nach Ablauf jedes Geschäftsjahres [2]) die Bilanz [3]) desselben, die Zahl der im Laufe des Jahres eingetretenen oder ausgeschiedenen, sowie die Zahl der am Jahresschlusse der Genossenschaft angehörigen Genossen veröffentlichen [4]). Die Bekanntmachung ist zu dem Genossenschaftsregister einzureichen [5]) [6]).

[7]) Bei kleineren Genossenschaften findet eine Veröffentlichung nicht statt. Im übrigen kann das Gericht, falls nicht nach den besonderen Umständen des Falles die Veröffentlichung geboten erscheint, den Vorstand auf seinen Antrag von der Verpflichtung zur Veröffentlichung befreien, sofern glaubhaft gemacht wird, daß die Kosten der Veröffentlichung in offenbarem Mißverhältnisse zu der Vermögenslage der Genossenschaft stehen würden. Findet eine Veröffentlichung gemäß Satz 3, 4 nicht statt, so sind an Stelle der Bekanntmachung eine Abschrift der Bilanz sowie eine Erklärung über die Zahl der Genossen nach Maßgabe des Satzes 1 zu dem Genossenschaftsregister einzureichen.

[1]) Einfache Buchführung genügt, da eine Gewinn- und Verlustrechnung nicht vorgeschrieben ist. Bücher: Grundbücher und Hauptbuch, Bankdepotbuch nach dem Depotgesetz.

Zu den Büchern (HGB. 38) gehören die Bilanz und die Inventarien. Über den Begriff „Buchführung" RG. Strafsachen **25** 364, **29** 222; die Übersicht des Vermögens muß sich aus den geführten Büchern selbst ergeben. „Lose Zettel" bilden niemals ein Handelsbuch. Unterlassung der Führung eines Kopierbuches nicht strafbar, wenn die übrigen Bücher die Vermögensübersicht bieten. Spätere Beseitigung der Fehler führt zur Beseitigung der strafrechtlichen Folgen (a. A. RG. **39** 217, vgl. aber DJZ. 07 S. 514). Die Strafvorschriften für Unterlassung genügender Buchführung (RKO. 244) treffen die Vorstandsmitglieder als solche, und nicht nur die, welche speziell die Sorge für die Buchführung haben (RG. Strafsachen **13** 237, 255).

[2]) D. h. Geschäftsperiode. Der Gewinn kann nicht verteilt werden, bevor er nicht auf Grund der Bilanz von der Generalversammlung festgesetzt ist.

[3]) Die Bilanz ist eine Zusammenstellung des aus dem Inventar sich ergebenden Standes der Aktiva und Passiva mit Fixierung des aus ihrer Vergleichung sich ergebenden Resultats; gleichzeitig ist die Bilanz auch Verteilungsbilanz. Für die Feststellung des Wertes ist vom Weiterbetrieb auszugehen. Anwendung der für AG. geltenden Sonderbestimmungen des HGB. (HGB. 40, 261; RG. Strafsachen **38** 1). Die Verordnung über Goldbilanzen vom 28. 12. 1923 kommt hier zur Anwendung (vgl. S. 222). Es handelt sich auch hier, wie bei der neueren Gesetzgebung vielfach, um Gesetzesbestimmungen, die nur vorübergehender Art sind und wirtschaftliche Unternehmungen an die Verhältnisse anpassen sollen. Auch auf die Goldmarkbilanz finden die Vorschriften des HGB. über die Bewertung der Vermögensgegenstände (§ 40 HGB.) Anwendung, d. h. eine zu hohe Bewertung ist unter allen Umständen verboten und gegebenenfalls strafbar. Dagegen ist eine zu niedrige Bewertung, die Bildung stiller Reserven nach wie vor gestattet und im Interesse einer soliden Bilanzierung sogar erwünscht. Darauf daß eine zu niedrige Be-

wertung für die Steuerbilanz natürlich nicht zulässig ist, braucht hier nicht näher eingegangen zu werden.

Dagegen sind auch für die Goldmarkbilanz die Mußvorschriften des § 261 Ziff. 1 und 3 HGB., die ja auch für die Genossenschaften Geltung haben, beseitigt, so daß eine G. Gegenstände der in § 261 Ziff. 1 und 3 erwähnten Art auch über den Anschaffungs- bezw. Herstellungspreis in die Bilanz einstellen kann. Für die Bewertung von Forderungen gelten die gleichen Grundsätze wie für die von Wertpapieren. Der Eigenart der Genossenschaft entspricht es, daß die durch das Ausscheiden von Mitgliedern beeinflußte Rentabilität der Anlagen einen bestimmenden Faktor abgeben kann (Parisius-Crüger § 33[15]). Rückständige Einzahlungen auf Geschäftsanteil 7_4; Parisius-Crüger § 7[29]. Über Wertzuwachs an Grundstücken vgl. RG. Strafsachen **36** 436. Delkrederekonto RG. **22** 160. Gründungskosten bleiben außer Ansatz. Über Berücksichtigung schwebender Geschäfte Parisius-Crüger § 33[7] ff. Abschreibungen rückgängig zu machen, widerspricht dem Handelsgewohnheitsrechte; immerhin sind besondere Verhältnisse von Bedeutung (Parisius-Crüger § 33[16]). Eröffnungsbilanz notwendig nach RG. Strafsachen **40** 242. Der Vorstand hat die Bilanz zu unterzeichnen (RG. **13** 238), d. h. die Vorstandsmitglieder, die für die Richtigkeit der Bilanz die Verantwortung tragen. Klage auf Entlastung. Bilanz nicht gleichbedeutend mit Rechnungslegung (RG. **49** 144, vgl. Parisius-Crüger § 33[11]).

[4]) Die Veröffentlichung geschieht in der für die Abgabe von Willenserklärungen vorgeschriebenen Form. Die Bilanz ist nach der Genehmigung durch die Generalversammlung in den statutarisch bestimmten Blättern zu veröffentlichen durch den zeitigen Vorstand. Bei der Entscheidung der Frage, ob eine Genossenschaft zu den kleineren zu rechnen ist, muß sowohl die Zahl der vorhandenen Mitglieder, als auch die Größe des Genossenschaftsvermögens, sowie Art und Umfang des Geschäftsbetriebes berücksichtigt werden. Zu den „am

Jahresschluß angehörigen Genossen" gehören nicht die Mitglieder, die zum Jahresschluß gekündigt haben, so hat das RG. **56** 425 entschieden im Gegensatz zu der früheren Rechtsprechung der Gerichte in den einzelnen Bundesstaaten. Wie das RG. jetzt auch das KG. (KGJ. **34** 206). Daraus folgt, daß in der Bilanz auch die Geschäftsguthaben der ausscheidenden Mitglieder auszusondern sind.

[5]) Auch zum Gericht der Zweigniederlassung 157, 160. — Es muß aber eine Bilanz im kaufmännischen Sinne sein, die veröffentlicht ist, sonst ist das Gericht zur Beanstandung verpflichtet (KGJ. **20** 60, **24** 200).

[6]) Ordnungsstrafe 160.

[7]) Zusatz der Novelle vom 12. 5. 23 (RGBl. S. 288).

§ 34. Die Mitglieder des Vorstandes haben die Sorgfalt eines ordentlichen Geschäftsmannes anzuwenden.

Mitglieder, welche ihre Obliegenheiten verletzen, haften der Genossenschaft[1]) persönlich und solidarisch für den dadurch entstandenen Schaden.

Insbesondere sind sie zum Ersatze der Zahlung verpflichtet, wenn entgegen den Vorschriften in §§ 19, 22 der Gewinn oder das Geschäftsguthaben ausgezahlt wird[2]).

Die Ansprüche auf Grund der vorstehenden Bestimmungen verjähren in fünf Jahren[3]).

[1]) Alle Vorstandsmitglieder haften, wo es sich um die Obliegenheiten handelt, die das Gesetz dem Vorstande als solchem zuweist; eine von den Vorstandsmitgliedern unter sich vorgenommene Teilung der Verwaltung ist der Genossenschaft gegenüber mit Rücksicht auf die gesetzliche Haftung unverbindlich. Die Genossenschaft hat nachzuweisen, welchen Pflichten die Vorstandsmitglieder obzuliegen haben und daß zwischen den Pflichten und dem Schaden ein Kausalzusammenhang besteht. Der Ersatzanspruch gehört zum Vermögen der Genossenschaft (RG. **39** 62). Mit der Entlastungserteilung begibt sich die Generalversammlung nicht ohne weiteres aller

Regreßansprüche (RG. 12 77, 18 63, 68 317). Das RG. läßt Entlastung nur dem Organ erteilen (55 75), dagegen Parisius-Crüger § 34[9]. Nur nachträglich kann Generalversammlung auf Entschädigungsansprüche verzichten (JW. 03 S. 396). Über Deckung der Vorstandsmitglieder durch Beschlüsse der Generalversammlung 27[1]. Raterteilung bei Spekulationsgeschäften (BlfG. 1917 S. 280). Über Stimmrecht der Vorstands- und Aufsichtsratsmitglieder 43_4. Der bevollmächtigte Geschäftsführer ist schadenersatzpflichtig, wenn er bei Abschluß des Geschäfts nicht die nötige Sorgfalt beobachtet hat, obwohl bei Abschluß der Geschäfte zwei Vorstandsmitglieder mitgewirkt haben (RG. 29. 1. 18; Konsumgenoss. Rundschau 18 S. 329). Den Gläubigern haften die Vorstandsmitglieder nur in den Fällen 90 Abs. 3 u. 142 direkt, sonst außerkontraktlich (RG. 59 49). Den Genossen haften die Vorstandsmitglieder nur außerkontraktlich (RG. 59 49, BGB. 816, 829, 852). 34 Abs. 1 keine Schutzbestimmung (vgl. RG. 63 324, 73 392), daher findet BGB. 823 keine Anwendung. Die Genossen sind für Wahrnehmung ihrer Rechte auf die Generalversammlung angewiesen.

[2]) Ohne besonderen Schadensnachweis 99, ebenso 40 Aufsichtsrat.

[3]) Vgl. Begr. II 78. Anspruchs-, nicht Klageverjährung. Die Verjährung beginnt mit dem Eintritt des Schadens aus der schädigenden Handlung, d. h. mit der Entstehung eines klagbaren Anspruchs auf eine Leistung. Verjährung beginnt ohne Rücksicht auf Kenntnis des Schadens und der Schadensersatzpflicht (RG. 87 306). Bei der Kreditbewilligung entsteht z. B. der Schaden erst dann, wenn feststeht, daß der kreditierte Betrag nicht eingeht. Das RG. („Recht" 1908 Nr. 866) läßt die Verjährung mit der Geldhingabe beginnen. Dies geht zu weit. Das RG. (JW. 1914 S. 310) läßt Verjährung beginnen, wenn die Möglichkeit einer die Verjährung unterbrechenden Feststellungsklage gegeben ist.

Daneben kommt noch BGB. 852 zur Anwendung bei Deliktsansprüchen. Unterbrechung der Verjährung nach BGB. 208 ff.

§ 35. Die für Mitglieder des Vorstandes gegebenen Vorschriften gelten auch für Stellvertreter von Mitgliedern [1]).

[1]) Für AG. hat das Kammergericht (KGJ. **24** 194) ausgesprochen, daß stellvertretende Vorstandsmitglieder unter Kennzeichnung dieser Eigenschaft einzutragen sind. Der gleiche Grundsatz wird für G. gelten.

§ 36 [1]). Der Aufsichtsrat [2]) besteht, sofern nicht das Statut eine höhere Zahl festsetzt, aus drei von der Generalversammlung zu wählenden Mitgliedern [3]). Die zu einer Beschlußfassung erforderliche Zahl ist durch das Statut zu bestimmen.

Die Mitglieder dürfen keine nach dem Geschäftsergebnis bemessene Vergütung (Tantieme) beziehen [4]).

Die Bestellung zum Mitgliede des Aufsichtsrats kann auch vor Ablauf des Zeitraums, für welchen dasselbe gewählt ist, durch die Generalversammlung widerrufen werden. Der Beschluß bedarf einer Mehrheit von drei Vierteilen der erschienenen Genossen [5]).

[1]) 36—41 „enthalten in Verbindung mit 9 die Bestimmungen über den obligatorischen Aufsichtsrat. Sie lehnen sich in den meisten Beziehungen an die Artikel 19 Abs. 1 u. 4, 192, 225, 225a u. 226 des Aktiengesetzes an" (Begr. II 76).

[2]) Strafvorschrift 148.

[3]) Die Vorstandsmitglieder dürfen wählen. Für Wahl und Anmeldung des ersten Aufsichtsrates Formulare in FB. 14. 36 geht weiter als HGB. 243, da auch Bestimmung über die Beschlußfähigkeit erforderlich. Bestimmung ist auch wichtig wegen der Frage, ob beim Ausscheiden

von Aufsichtsratsmitgliedern Neuwahlen erforderlich sind. Die Aufsichtsratsmitglieder müssen physische und mindestens beschränkt geschäftsfähige Personen sein. Sie müssen Genossen sein, es genügt, wenn die Gewählten vor Antritt des Amts die Mitgliedschaft erwerben. Sind Frauen von der Teilnahme an der Generalversammlung ausgeschlossen, so können sie nicht Mitglieder des Aufsichtsrats sein. Blinde können infolge ihres Gebrechens nicht Mitglieder des Aufsichtsrats sein, vgl. Parisius-Crüger § 36[2] — auch in betreff der Wählbarkeit von Beamten. Über die Form, in der der Aufsichtsrat Erklärungen abgibt, JW. 07 S. 716, Holdheims MSchr. 04 S. 75, Parisius-Crüger § 36[6]. Ob statutarische Beschränkungen für die Wählbarkeit der Aufsichtsratsmitglieder zulässig sind, ist bestritten, vgl. Bayer. OLG. 7. 2. 1921 JW. 1921 S. 580. Die Annahme der Wahl führt zum Dienstvertrag (BGB. 611, 662, KGJ. **29** 98, OLGRspr. **11** 398, RG. **68** 223), dessen Grundsätze auch für das Rücktrittsrecht der Aufsichtsratsmitglieder maßgebend sind. — Über die Anwendung des BGB. 29 (Bestellung von Aufsichtsratsmitgliedern durch das Gericht) Holdheims MSchr. 11 S. 243. Von einer Anwendung bei Genossenschaften könnte nur die Rede sein, wenn die Genossenschaft keinen beschlußfähigen Aufsichtsrat hat. Für die Zusammensetzung des Aufsichtsrats ist das Betriebsrätegesetz vom 4. 2. 1920 von Bedeutung geworden; näheres vgl. unten S. 214.

⁴) Jede andere Art der Vergütung, z. B. feste Besoldung, Sitzungsgelder, Zeitversäumnisgelder, Stundengelder u. dgl., ist gestattet. Auch ist, wie in der Kommission „ohne Widerspruch konstatiert" wurde, nicht ausgeschlossen, daß eine etwaige feste Besoldung der Aufsichtsratsmitglieder nach Maßgabe des erzielten Geschäftsgewinnes nachträglich erhöht oder daß am Schlusse des Geschäftsjahres denselben mit Rücksicht auf den erzielten Gewinn eine Remuneration zugebilligt wird (KommBer. 22).

[5]) Das Statut kann den Beschluß des Widerrufs nicht von weiteren Voraussetzungen abhängig machen. Mit dem Widerruf erlischt das durch die Bestellung geschaffene Rechtsverhältnis (RG. **68** 223). Ausschluß als Mitglied führt zum Verlust der Zugehörigkeit zum Aufsichtsrat. Wird der Ausschluß infolge von Anfechtung aufgehoben, so tritt der Betreffende wieder in den Aufsichtsrat ein.

§ 37. Die Mitglieder des Aufsichtsrats dürfen nicht zugleich Mitglieder des Vorstandes oder dauernd Stellvertreter derselben sein, auch nicht als Beamte die Geschäfte der Genossenschaft führen[1]). Nur für einen im voraus begrenzten Zeitraum kann der Aufsichtsrat einzelne seiner Mitglieder zu Stellvertretern von behinderten Mitgliedern des Vorstandes bestellen[2]); während dieses Zeitraums und bis zur erteilten Entlastung des Vertreters darf der letztere eine Tätigkeit als Mitglied des Aufsichtsrats nicht ausüben[3]).

Scheiden aus dem Vorstande Mitglieder aus, so dürfen dieselben nicht vor erteilter Entlastung in den Aufsichtsrat gewählt werden[4]).

[1]) Es ist nicht zulässig, im Statut einzelnen Mitgliedern des Aufsichtsrats die Stellvertretung behinderter Vorstandsmitglieder zu übertragen. Aufsichtsratsmitglieder dürfen auch nicht die Bücher der Genossenschaft führen.

[2]) Es ist nur der Fall getroffen, daß Aufsichtsratsmitglieder bestellt werden sollen; ungelöst ist die Frage, wer für den Stellvertreter zu sorgen hat, sie wird nur in 40 behandelt. Dritten gegenüber ist die Beschränkung bedeutungslos. Die Bestellung darf nur auf einen im voraus begrenzten Zeitraum und für bestimmte, bereits gegebene, nicht aber für alle möglichen künftigen Behinderungsfälle erfolgen (KGJ. **15** 30). Dem Richter kann die Prüfung,

ob ein Fall der Behinderung vorliegt und ob die zeitliche Beschränkung gegeben ist, nicht zugewiesen werden.

[3]) Das betr. Aufsichtsratsmitglied kann während seiner Tätigkeit als stellvertretendes Vorstandsmitglied in den Aufsichtsrat wieder gewählt werden.

[4]) Die Entlastung kann nur durch die Generalversammlung erfolgen.

§ 38. Der Aufsichtsrat[1]) hat den Vorstand bei seiner Geschäftsführung in allen Zweigen der Verwaltung zu überwachen und zu dem Zweck sich von dem Gange der Angelegenheiten der Genossenschaft zu unterrichten. Er[2]) kann jederzeit über dieselben Berichterstattung von dem Vorstande verlangen und selbst oder durch einzelne von ihm zu bestimmende Mitglieder die Bücher und Schriften der Genossenschaft einsehen, sowie den Bestand der Genossenschaftskasse und die Bestände an Effekten, Handelspapieren und Waren untersuchen. Er hat die Jahresrechnung, die Bilanzen[3]) und die Vorschläge zur Verteilung von Gewinn und Verlust zu prüfen und darüber der Generalversammlung vor Genehmigung der Bilanz Bericht zu erstatten.

Er hat eine Generalversammlung zu berufen, wenn dies im Interesse der Genossenschaft erforderlich ist[4]).

Weitere Obliegenheiten des Aufsichtsrats werden durch das Statut bestimmt[5]).

Die Mitglieder des Aufsichtsrats können die Ausübung ihrer Obliegenheiten nicht anderen Personen übertragen[6]).

[1]) Die Trennung der Geschäftsführung von der Kontrolle ist scharf zum Ausdruck gebracht. Der Aufsichtsrat wird der Verantwortlichkeit für die ihm hier übertragenen Obliegenheiten nicht ohne weiteres dadurch enthoben, daß

das Statut für dieselben noch andere Personen bestellt. Über das Entscheidungsrecht der Generalversammlung, falls im Aufsichtsrat wegen Stimmengleichheit kein Beschluß zustande kommt, BlfG. 1911 S. 654.

[2]) Der Aufsichtsrat, nicht die einzelnen Mitglieder desselben. Ermächtigung auch durch konkludente Handlungen. In der Wahl zum Vorsitzenden dürfte sie liegen.

[3]) Aus der Verpflichtung zur Prüfung der Bilanz (RG. Strafsachen **14** 80ff.) ergibt sich auch die Pflicht zur Prüfung der Inventuraufnahme. Über den Umfang der kalkulatorischen Prüfung vgl. Parisius-Crüger § 38[4]: der notwendige Umfang dieser Tätigkeit wird sich nur nach der Lage des Falles beurteilen lassen. Dem Aufsichtsrat ist nicht Entlastung zu erteilen.

[4]) Für einen Irrtum in der Beurteilung der Notwendigkeit der Berufung der Generalversammlung ist der Aufsichtsrat nicht verantwortlich. Weitere durch das Gesetz überwiesene Obliegenheiten 40, 41 Abs. 3, 39, 51, 83, 90.

[5]) Es genügt, wenn das Statut die Bestimmung weiterer als der gesetzlichen Obliegenheiten der Geschäftsanweisung vorbehält (KGJ. **15** 55). Die Befugnisse des Aufsichtsrats dürfen im Statut nicht so weit bestimmt werden, daß die Verwaltung in seine Hände gelegt wird. Zu einem gültigen Beschluß in einer gemeinsamen Sitzung des Vorstandes und Aufsichtsrats ist erforderlich die Beschlußfähigkeit sowohl des Vorstandes als des Aufsichtsrats und die Zustimmung der Mehrheit der anwesenden Mitglieder, sowohl des Vorstandes wie des Aufsichtsrats (27_3).

[6]) D. h. nicht solchen Personen, die nicht dem Aufsichtsrat angehören; sachverständige Hilfskräfte darf er selbstverständlich hinzuziehen.

§ 39. Der Aufsichtsrat ist ermächtigt, die Genossenschaft bei Abschließung von Verträgen mit dem Vorstande zu vertreten und gegen die Mitglieder desselben die Prozesse zu führen, welche die Generalversammlung beschließt[1]).

Der Genehmigung des Aufsichtsrats bedarf jede Gewährung von Kredit[2]) an ein Mitglied des Vorstandes, soweit letztere nicht durch das Statut an noch andere Erfordernisse geknüpft oder ausgeschlossen ist. Das gleiche gilt von der Annahme eines Vorstandsmitgliedes als Bürgen für eine Kreditgewährung.

In Prozessen gegen die Mitglieder des Aufsichtsrats wird die Genossenschaft durch Bevollmächtigte vertreten, welche in der Generalversammlung gewählt werden[3]).

[1]) Die einzigen Fälle, in denen nach dem Gesetz der Aufsichtsrat (und zwar als solcher) die Vertretung hat; insoweit ist die Vertretung eine unbeschränkte. Er ist ferner für alle Handlungen zuständig, die sich aus den gesetzlichen und statutarischen Obliegenheiten des Aufsichtsrats ergeben. „Von Verträgen", also nicht nur Anstellungsverträgen. Bei den Prozessen, von denen die Rede ist, handelt es sich um Regreßprozesse, vgl. OLGRspr. 28 355. Nur die von der Generalversammlung beschlossenen Prozesse; weitergehend HGB. 247. Legitimation wird durch Nachweis der Wahl geführt. Interventionsrecht der einzelnen Genossen besteht nach ZPO. 66. Im Konkurs der Genossenschaft führt der Konkursverwalter die Prozesse, der zur Geltendmachung der Regreßansprüche nicht der Genehmigung der Generalversammlung bedarf.

In Gemeinschaft mit dem Vorstand vertritt der Aufsichtsrat die Genossenschaft in Anfechtungsprozessen (51). Der Aufsichtsrat hat auch die Prozesse zu führen, in denen die Genossenschaft Beklagte und der Vorstand Kläger ist.

[2]) Unter Gewährung von Kredit fällt auch die Anlage müßiger Gelder (Begr. II 80, KommBer. 22). Die Bestimmung bezieht sich auf alle Arten von Genossenschaften.

Besteht der Vorstand nur aus zwei Mitgliedern, so müßte im Falle der Kreditgewährung an ein Vorstandsmitglied für das beteiligte Vorstandsmitglied ein Stellvertreter bestellt werden.

[3]) Es handelt sich um Regreßprozesse. Auch der Vorstand kann bevollmächtigt werden.

§ 40. Der Aufsichtsrat ist befugt, nach seinem Ermessen Mitglieder des Vorstandes[1]) vorläufig, bis zur Entscheidung der ohne Verzug zu berufenden Generalversammlung, von ihren Geschäften zu entheben und wegen einstweiliger Fortführung derselben das Erforderliche zu veranlassen[2]).

[1]) Das Gz. hatte dasselbe Recht dem Aufsichtsrat auch bezüglich der Beamten gegeben (Begr. II 81). Die definitive Entscheidung hat die Generalversammlung und kann ihr nicht genommen werden (KGJ. 19 27). Dadurch ist aber nicht ausgeschlossen, daß der Aufsichtsrat nach Statut und Anstellungsvertrag das Recht der Kündigung hat. Dazu kommt noch die Wirkung des Ausschlusses (68 Abs. 4), falls das Statut dem Aufsichtsrat das Recht der Ausschließung gibt.

[2]) 37, 35, 28.

§ 41. Die Mitglieder des Aufsichtsrats haben die Sorgfalt eines ordentlichen Geschäftsmannes anzuwenden[1]).

Mitglieder, welche ihre Obliegenheiten verletzen, haften der Genossenschaft persönlich und solidarisch für den dadurch entstandenen Schaden[2]).

Insbesondere sind sie in den Fällen des § 34 Absatz 3 zum Ersatze der Zahlung verpflichtet, wenn diese mit ihrem Wissen und ohne ihr Einschreiten erfolgt ist[3]).

Die Ansprüche auf Grund der vorstehenden Bestimmungen verjähren in fünf Jahren[4]).

[1]) Die Haftpflicht ist keine subsidiäre (RG. **13** 51). Strafrechtliche Verantwortung 146 ff. Für die Berufung auf Beschlüsse der Generalversammlung gelten die gleichen Grundsätze wie für die Vorstandsmitglieder (27_1, 34_1). Über die Haftpflicht gegenüber Gläubigern und Genossen vgl. 34_1.

[2]) Beweislast wie im Fall von 34.

[3]) Wie bei dem Vorstand 34 (Begr. II 81).

[4]) 34.

§ 42. Der Betrieb von Geschäften der Genossenschaft, sowie die Vertretung der letzteren in bezug auf diese Geschäftsführung kann auch sonstigen Bevollmächtigten oder Beamten der Genossenschaft zugewiesen werden. In diesem Falle bestimmt sich die Befugnis derselben nach der ihnen erteilten Vollmacht; sie erstreckt sich im Zweifel auf alle Rechtshandlungen, welche die Ausführung derartiger Geschäfte gewöhnlich mit sich bringt[1]).

Die Bestellung von Prokuristen oder von Handlungsbevollmächtigten zum gesamten Geschäftsbetriebe findet nicht statt[2]).

[1]) Zwingendes Recht. Deutet auf eine erkennbare Begrenzung der Geschäfte hin. Auch Vorstandsmitglieder können Vollmacht erhalten (17_1, 24_1). Fälle der Vollmacht durch die Generalversammlung 39. Sonst kann nur durch den Vorstand die Vollmacht ausgestellt werden, Beschränkungen des Vorstandes in der Vollmachtserteilung sind Dritten gegenüber bedeutungslos. Stillschweigende Erweiterung der Vollmacht ist Dritten gegenüber verbindlich (RG. **22** 70). Keine Vollmacht zur Berufung der Generalversammlung und für den Verkehr mit dem Registergericht. Die Dauer der

Vollmacht ist nicht von der Amtsdauer des Vorstandes abhängig, der die Vollmacht erteilt hat. Filialkassenvorstände als Bevollmächtigte RG. 22 70. Die Rechte und Pflichten zwischen Bevollmächtigten und Dritten richten sich nach BGB. 179. Vollmacht darf nicht dazu führen, die Tätigkeit des Vorstandes ganz oder zum wesentlichen Teile auszuschalten.

[2]) Durch den Abs. 2 wird die Streitfrage, übereinstimmend mit Schulze-D. Antrag (Mat. 9, 27), dahin entschieden, daß, entgegen AG., Prokuristen usw. ausgeschlossen werden (Begr. II 81).

§ 43. Die Rechte[1]), welche den Genossen in den Angelegenheiten der Genossenschaft, insbesondere in bezug auf die Führung der Geschäfte, die Prüfung der Bilanz und die Verteilung von Gewinn und Verlust zustehen, werden in der Generalversammlung durch Beschlußfassung der erschienenen Genossen ausgeübt[2]).

Jeder Genosse hat eine Stimme[3]).

Ein Genosse, welcher durch die Beschlußfassung entlastet oder von einer Verpflichtung befreit werden soll, hat hierbei kein Stimmrecht. Dasselbe gilt von einer Beschlußfassung, welche den Abschluß eines Rechtsgeschäfts mit einem Genossen betrifft[4]).

Die Genossen können das Stimmrecht nicht durch Bevollmächtigte ausüben[5]). Diese Bestimmung findet auf handlungsunfähige Personen, Korporationen, Handelsgesellschaften, Genossenschaften oder andere Personenvereine und, wenn das Statut die Teilnahme von Frauen an der Generalversammlung ausschließt, auf Frauen keine Anwendung. Ein Bevollmächtigter kann nicht mehr als einen Genossen vertreten[6]).

43a. Bei Genossenschaften mit mehr als zehntausend Mitgliedern besteht die Generalversammlung aus

Vertretern der Genossen (Vertreterversammlung)[7]). Für den Fall, daß die Mitgliederzahl mehr als dreitausend beträgt, kann das Statut bestimmen, daß die Generalversammlung aus Vertretern der Genossen bestehen soll. Die Vertreter müssen Genossen sein.

Das Statut trifft die näheren Bestimmungen über die Zahl der Vertreter, die Voraussetzungen der Wählbarkeit, die Durchführung der Wahl sowie den Nachweis und die Dauer der Vertretungsbefugnis.

Ges. zur Änderung des Ges. betr. Erwerbs- und Wirtschaftsgenossenschaften vom 1. Juli 1922 Artikel I.

[1]) Der einzelne Genosse kann keine Rechte ausüben, — bis auf 47. Die Rechtslage der Genossen grundsätzlich eine gleiche, vgl. OLGRspr. **28** 357. Individualrechte (Rechte der Minderheit) nur in 45 Abs. 3, 47, 48, 51. Auch Sonderrechte der Mitglieder können durch Statut abgeändert werden, insoweit nicht 18 entgegensteht; der für Aktiengesellschaften geltende Grundsatz, daß Sonderrechte der Beschlußfassung der Generalversammlung entzogen sind, ist unvereinbar mit dem Charakter der G. als Personalgesellschaft. Ausfall von Generalversammlungen infolge Verbot von Versammlungen. In RG. **51** 91 ist das Recht auf Mitgliedschaft als eine Art von Sonderrecht bezeichnet. Gewisse Rechte sind unentziehbar, infolge von 18 z. B. der Anspruch auf das Geschäftsguthaben (73). Wenn eine G. eins ihrer Mitglieder infolge behördlicher Anordnung von der Belieferung ausschließt, so kann die G. dafür nicht ersatzpflichtig gemacht werden. Vermögensrechte, Pflichten aus der Mitgliedschaft 7. Geändert durch Statut können dagegen werden die Bestimmungen über Gewinnverteilung, über Rechte auf das Vermögen im Falle der Auflösung. „Genossenschaftliche Duldungspflichten" Parisius-Crüger § 6[8]. — Beschwerderecht des Mitglieds bei dem Gericht an sich ausgeschlossen (KGJ. **38** 141), es sei denn

daß es sich um Verletzung der Sonderrechte handelt (KGJ. **41** 157). Über den Fall des Nichtigkeitsverfahrens RJA. **9** 254. Ferner Beschwerderecht bei Verweigerung der Bilanzabschrift (48). — Über die von Vorstand und Aufsichtsrat zu erteilende Auskunft OLGRspr. **14** 351.

Berufung 6, 44. — Tagesordnung 46. — Anfechtung der Beschlüsse 51. — Der Vorsitzende hat nur die formelle Leitung; nicht z. B. das Recht der Vertagung vgl. jedoch OLG. Rspr. **40** 200 u. 202. Präsenzliste ist überflüssig. — Handhabung der Ordnung nach parlamentarischem Brauch (Parisius-Crüger § 43[18]). Es kann der Fall eintreten, daß am Ort kein Lokal so groß ist, daß es alle Mitglieder faßt; dieser in den früheren Auflagen erörterte Fall hat jetzt durch § 43a seine Lösung gefunden. — Die Generalversammlung muß am Sitz der Genossenschaft abgehalten werden, wenn das Statut nicht anderes bestimmt. Vertagung ist gleichbedeutend mit neuer Berufung. — Abhaltung der Generalversammlung in zeitlich oder örtlich getrennten Abteilungen ist nicht zulässig. — Anwesenheit von Nichtmitgliedern hat nicht die Ungültigkeit der Beschlüsse zur Folge, selbst das Mitstimmen von Nichtmitgliedern nur, wenn der Beschluß dadurch beeinträchtigt sein kann. — Beschränkung der Sprechzeit insoweit unzulässig, als sie sachgemäße Behandlung unmöglich macht (RG. **36** 24). — Entziehung des Stimmrechts hat Ungültigkeit des Beschlusses zur Folge, falls sie auf das Ergebnis von Einfluß sein kann. — Fernhaltung von der Generalversammlung kann einen Umfang annehmen (auch z. B. durch gesetzwidrigen Ausschluß), daß der Generalversammlung der Charakter einer solchen genommen wird. — Kausalzusammenhang RG. **44** 10: „Bedeutung der Einflußlosigkeit" Parisius-Crüger § 51[3]. — Beratung unzulässiger Anträge 149. — Hat ein Mitglied den Ausschluß mit Erfolg angefochten, muß es die in der Zwischenzeit gefaßten Beschlüsse der Generalversammlung gegen sich gelten lassen. — Das gleiche gilt im Falle von 75.

— Anfechtung im Falle von 51 hat Ungültigkeit der betreffenden Beschlüsse zur Folge.

[2]) Rechte der Generalversammlung in 44 Abs. 2, 48, 27 Abs. 1, 36 Abs. 2 u. 3, 83 Abs. 1 u. 4, 39, 78 Abs. 1, 49, 89 Abs. 2. Die Generalversammlung kann nicht Schiedsrichter in Sachen der G. sein (RG. **55** 326), ist aber nach Maßgabe der Satzung zur Auslegung der Satzung befugt.

[3]) Und nur eine Stimme (Begr. II 82). Stichentscheid durch den Vorsitzenden daher unzulässig. Rechtslage der Genossen nach dem Gesetz eine gleiche. Abstimmung nach bestimmten Weisungen nicht ohne weiteres unzulässig (OLG-Rspr. **24** 258). Zur Beschlußfähigkeit wird die Anwesenheit von drei Genossen erforderlich sein (bezw. drei Stimmen). Über die Feststellung der Mehrheit vgl. 8_3. Bei Abstimmung mittels Stimmzettel werden unbeschriebene Stimmzettel nur zur Feststellung der Beschlußfähigkeit gezählt, dagegen nicht bei Feststellung der Stimmenmehrheit.

[4]) Zu den „Rechtsgeschäften" gehört nicht das Recht der Mitglieder, bei gewissen Entschließungen mitzuwirken, mögen sie auch persönlich davon betroffen werden, z. B. das Recht der Generalversammlung einer Baugenossenschaft, Mietssteigerung zu beschließen. Vorstand hat bei Abstimmung über die Entlastung kein Stimmrecht, wohl aber bei Bilanzgenehmigung (RG. **49** 126). Wegen des Stimmrechts der Aufsichtsratsmitglieder vgl. Parisius-Crüger § 43^{28}. Bei Wahl von Vorstand und Aufsichtsrat, Amtsenthebung sind die Beteiligten stimmberechtigt (Parisius-Crüger § 43^{29}, vgl. RG. **60** 172, RJA. **10** 264). Auch bei Gehaltsfestsetzung und bei Abberufung sind die beteiligten Vorstands-(Aufsichtsrats-)mitglieder stimmberechtigt (RG. **74** 276).

[5]) Über Rechte der Erben 77.

[6]) Der Bevollmächtigte kann auch Genosse sein. Voraussetzung ist, daß der persönlichen Teilnahme des Genossen kein Hindernis entgegensteht, das würde z. B. der Fall sein, wenn er ausgeschlossen ist. Beschränkungen hinsichtlich der

Person durch das Statut erscheinen unzulässig. Die Verordnung über Vertretung eines Genossen in der Generalversammlung vom 17. 12. 14 (vgl. unten S. 209) besteht zwar noch formell, ist aber praktisch bedeutungslos geworden.

[7]) Um die Mitwirkung aller Genossen an der Verwaltung der G. zu sichern, muß bei größeren G. zu einer Umgestaltung der Generalversammlung geschritten werden. Die Versammlung der Genossen wird zu einer solchen der Vertreter der Genossen. Die Vertreter müssen Genossen sein. Zulässig ist auch eine Bestimmung, wonach Mitglieder des Aufsichtsrats nicht als Vertreter zur Vertreterversammlung gezählt werden können; Verbindung der Ämter kann zu Kollisionen führen. Die Vorschriften des Ges. oder Statuts über die Generalversammlung finden auf die Vertreterversammlung entsprechende Anwendung. — Die Vorschrift ist am 1. 1. 23 in Kraft getreten.

§ 44. Die Generalversammlung wird durch den Vorstand berufen, soweit nicht nach dem Statut oder diesem Gesetze[1]) auch andere Personen dazu befugt sind[2]).

Eine Generalversammlung ist außer den im Statut oder in diesem Gesetze ausdrücklich bestimmten Fällen zu berufen, wenn dies im Interesse[3]) der Genossenschaft erforderlich erscheint.

[1]) 38 Abs. 2, 45 Abs. 3.

[2]) Das Statut wird bestimmen, ob in erster Reihe der Vorstand oder der Aufsichtsrat die Generalversammlung zu berufen hat. Ist bei der Berufung die Form nicht gehörig gewahrt, so beeinflußt dies die Gültigkeit der Beschlüsse nicht, wenn nur kein Zweifel über die Abhaltung der Generalversammlung besteht.

[3]) 38 Abs. 2 (Parisius-Crüger § 38[9]).

§ 45. Die Generalversammlung muß ohne Verzug berufen werden, wenn der zehnte Teil oder der im

Statut hierfür bezeichnete geringere Teil[1]) der Genossen in einer von ihnen unterschriebenen Eingabe unter Anführung des Zwecks und der Gründe die Berufung verlangt.

In gleicher Weise sind die Genossen berechtigt, zu verlangen, daß Gegenstände zur Beschlußfassung einer Generalversammlung angekündigt werden.

Wird dem Verlangen nicht entsprochen, so kann das Gericht (§ 10) die Genossen, welche das Verlangen gestellt haben, zur Berufung der Generalversammlung oder zur Ankündigung des Gegenstandes ermächtigen[2]). Mit der Berufung oder Ankündigung ist die gerichtliche Ermächtigung bekanntzumachen.

[1]) Einen größeren Teil als $1/_{10}$ darf das Statut nicht hierfür bezeichnen. Trotz des „muß" wird Ablehnung des Antrages zulässig sein, da auch das Gericht (Abs. 3) nach freiem Ermessen entscheidet. Die Eingabe ist an die Genossenschaft oder eins der Organe (Vorstand, Aufsichtsrat) zu richten. Dieser Antrag (nach Maßgabe des Statuts) muß dem bei Gerichte vorangehen (Besch. des Thür. OLG. 21. 4. 1911 BlfG. 11 S. 413). Mitglieder, die inzwischen ausgeschlossen sind, zählen für die Berufung nicht mit. Anwesenheit des Antragstellers in der Generalversammlung nicht erforderlich; der Antrag muß zur Verhandlung gestellt werden.

[2]) Das Gericht kann den Antrag nach Prüfung aus materiellen Gründen zurückweisen (KGJ. 28 58; der Vorstand ist zu hören). Sofortige Beschwerde nach FGG. 148, 146 Abs. 2. In der Ermächtigung wird zweckmäßigerweise für die Berufung eine Frist gesetzt werden. Ist die Ermächtigung erteilt, dann kann nach ihr verfahren werden, mag nun auch die Zahl der Einberufer durch Tod, Ausschluß usw. zurückgegangen sein — selbst hinter die vorgeschriebene Zahl.

§ 46. Die Berufung der Generalversammlung muß[1] in der durch das Statut bestimmten Weise mit einer Frist von mindestens einer Woche erfolgen.

Der Zweck der Generalversammlung soll jederzeit bei der Berufung[2] bekanntgemacht werden. Über Gegenstände, deren Verhandlung nicht in der durch das Statut oder durch § 45 Absatz 3 vorgesehenen Weise mindestens drei Tage vor der Generalversammlung angekündigt ist, können Beschlüsse nicht gefaßt werden; hiervon sind jedoch Beschlüsse über die Leitung der Versammlung, sowie über Anträge auf Berufung einer außerordentlichen Generalversammlung ausgenommen[3].

Zur Stellung von Anträgen und zu Verhandlungen ohne Beschlußfassung bedarf es der Ankündigung nicht.

[1]) Komm. beschloß „muß erfolgen" statt „hat zu erfolgen" des Entw., um anzudeuten, daß Verletzung der Vorschrift einen Grund zur Anfechtung der Beschlüsse bildet (Komm=Ber. 23). Bei Einberufung der Generalversammlung begangene Fehler geben nur den Nichtvertretenen Recht zur Anfechtung (RJA. **14** 289). Nach BGB. 187 wird bei der Berechnung der Frist — eine Woche = sieben Tage — der Tag nicht mitgerechnet, in welchen das Ereignis oder der Zeitpunkt fällt (HGB. 255, BGB. 188). Es müssen sieben Tage liegen zwischen dem Tag der Berufung und dem Tag der Generalversammlung. Über die Berechnung der Frist bei mehrmaliger Bekanntmachung Parisius=Crüger 306_1, die Frist beginnt von der letzten statutengemäß erfolgten Bekanntgabe. Im Falle schriftlicher Einladung gilt die Berufung nicht bereits mit der Aufgabe zur Post erfolgt.

Nur eine ordnungsmäßig berufene Generalversammlung kann gültige Beschlüsse fassen. Eine Ausnahme dann, wenn alle Mitglieder erschienen und mit der Abhaltung der Generalversammlung einverstanden sind. Über den Fall, daß eine solche Berufung nicht möglich ist Parisius=Crüger § 6^{12}.

²) Zu beachten ist hier das „soll" — nicht „muß" und die verschiedene Frist. Die Tagesordnung braucht nicht gleichzeitig mit der Berufung bekanntgemacht zu werden. Das Statut wird die obligatorische Frist für die Bekanntmachung der Beratungsgegenstände kürzer setzen müssen als die Frist für die Berufung, damit den Genossen die Möglichkeit gewahrt bleibt, noch rechtzeitig Anträge zu stellen.

Der Zweck muß so deutlich angegeben sein, daß sich der Gegenstand der Verhandlung erkennen läßt (vgl. RG. **68** 235). So folgt aus „Wahl des Direktors" noch nicht, daß der bisherige vom Amte enthoben werden soll JW. 1901[659] u. 1915 S. 1366[12]. Die Ausschließung eines dem Vorstand oder Aufsichtsrat angehörigen Genossen kann erfolgen, auch wenn die Zugehörigkeit zu Vorstand oder Aufsichtsrat sich nicht aus der Tagesordnung ergibt.

³) Der Beschluß braucht nicht mit der nach Abs. 1 erforderlichen Anzahl der Mitglieder gefaßt zu sein. Führen Vorstand und Aufsichtsrat den Beschluß nicht aus, so bleibt es weiter bei Abs. 1.

§ 47. Die Beschlüsse der Generalversammlung sind in ein Protokollbuch einzutragen, dessen Einsicht jedem Genossen und der Staatsbehörde¹) gestattet werden muß²).

¹) „Staatsbehörde" 161. Dahin gehören nicht die Gerichte.

²) Ordnungsstrafen 160. Regelmäßiges Aufsichtsrecht folgt hieraus nicht. Das Zwangsrecht des Registerrichters soll sich nach einer Erklärung in der Komm. (KommBer. 24) auch auf die Eintragung der Beschlüsse in das Protokollbuch beziehen. Recht auf Einsicht kein höchstpersönliches Recht (KGJ. **31** 201). Nur im Geschäftslokal der Genossenschaft (KGJ. **41** 154). Die zur Einsicht Berechtigten können Abschrift nehmen (RJA. **14** 14).

§ 48. Die Generalversammlung hat über die Genehmigung der Bilanz zu beschließen und von dem Gewinn oder Verlust den auf die Genossen fallenden Betrag festzusetzen [1]).

Die Bilanz, sowie eine den Gewinn und Verlust des Jahres [2]) zusammenstellende Berechnung (Jahresrechnung) sollen mindestens eine Woche vor der Versammlung in dem Geschäftslokale der Genossenschaft oder an einer anderen, durch den Vorstand bekanntzumachenden, geeigneten Stelle zur Einsicht der Genossen ausgelegt oder sonst denselben zur Kenntnis gebracht werden. Jeder Genosse ist berechtigt, auf seine Kosten eine Abschrift der Bilanz, sowie der Jahresrechnung zu verlangen [3]).

[1]) 19. Ausschließliches Recht der Generalversammlung (RG. **13** 26). Nach dem Gesetz beschränkt sich das Recht der Generalversammlung auf die Verteilung von Gewinn und Verlust. Es kann daher die weitere Verfügung Vorstand und Aufsichtsrat überlassen werden, oder einem der beiden Organe. Der Vorstand ist befugt, auf Erteilung der Entlastung zu klagen. Wird die Verhandlung über die Bilanz vertagt, so kann über die Entlastung nicht beschlossen werden (vgl. RG. **44** 66). Über Stimmrecht der Vorstands- und Aufsichtsratsmitglieder 43. In der Genehmigung der Bilanz soll die Entlastung liegen (JW. 98 S. 609); dies entspricht wohl der Praxis, doch braucht sich die Folge nicht unbedingt zu ergeben (RG. **44** 69). Es ist zu unterscheiden: Entlastung, Genehmigung der Bilanz, Gewinn- oder Verlustverteilung. Es kann die Genehmigung der Bilanz ausgesprochen und die Entlastung abgelehnt werden (RG. **44** 69, **49** 146). Nach RG. **22** 161 bezieht sich Widerspruch gegen die Gewinnverteilung auch auf die Bilanz. Es braucht dies aber nicht der Fall zu sein. Der Anspruch auf Reingewinn setzt einen Beschluß der Generalversammlung voraus (RG. **15** 99, **37** 62). Anspruch auf Feststellung kein klagbares Sonderrecht (JW. 1916 S. 409). Der Beschluß keine Willenshandlung zur Schaffung von Rechten und Pflichten, sondern ein Ausdruck des Willens,

daß der vorgelegte Bilanzentwurf fortan als Bilanz gelten soll (KG. 1. 3. 18, BlfG. 1918 S. 180). Über Anwendung der Verordnung über Goldbilanzen vgl. 33².

Betreffs Verwendung des Reingewinns sind 81, 149 zu berücksichtigen: die sozialpolitischen Aufgaben dürfen bei der Beurteilung der Zufälligkeit der Verwendung nicht unberücksichtigt bleiben. Übliche remuneratorische Schenkungen zulässig, ebenso Zuweisungen an Pensionsfonds (a. A. RG. **40** 35). Bildung von Spezialreserven (ROHG. **24** 420, RG. **4** 102). Abschlagsdividenden sind unzulässig (KGJ. **36** 142); die Frage verliert an Bedeutung, nachdem die Konsumvereine mehr und mehr zur Rabattgewähr übergehen (KG. 22. 1. 1909, BlfG. 09 S. 151). Erlaß von Ansprüchen usw. fällt unter die Zuständigkeit der Generalversammlung, sofern es sich nicht um reine Verwaltungsangelegenheiten handelt.

Die Berichtigung materiell unrichtiger Bilanzen hat zu einer umfangreichen Rechtsprechung geführt (Parisius-Crüger § 48[11] ff.). Es ist zu unterscheiden: Nichtigkeit, Anfechtbarkeit, Bilanzberichtigung. Nichtig ist die Bilanz, die gegen zwingende Bestimmungen verstößt (RG. **68** 243, 316; **72** 37). Die Voraussetzungen der Anfechtbarkeit bestimmen sich nach 51. Über Bilanzberichtigung RG. **32** 95. Der Bilanzbeschluß kann nicht willkürlich geändert werden. Eine Bilanz, die ordnungsmäßig aufgestellt ist, ist als richtige Bilanz anzusprechen, auch wenn sich nachträglich ihre objektive Unrichtigkeit herausstellt (RG. **68** 3). Von besonderer Bedeutung ist 73. Eine Berichtigung der Bilanz beseitigt die Grundlage der Auseinandersetzung. Keinen Anspruch, wenn die Auseinandersetzung nach 73 erfolgt ist, falls der Vorstand wußte, daß die Bilanz und damit die Auseinandersetzung unrichtig war (Parisius-Crüger § 48[11]). Das Gesetz enthält keine Schutzvorschriften für die gutgläubigen Empfänger der Dividende.

Für die Verteilung des Verlustes ist zu beachten,

daß ein Umlageverfahren nicht zulässig ist, bei bestehender Genossenschaft die Mitglieder nur im Falle des Ausscheidens aus ihrer persönlichen Haftpflicht in Anspruch genommen werden können, ein Verlust also, soweit das vorhandene Vermögen (Reserven und Geschäftsguthaben) nicht reicht, nur durch Neubildung des Vermögens gedeckt werden kann, Parisius-Crüger § 7[31].

[2]) D. h. Geschäftsperiode.

[3]) Ordnungsstrafen 160.

Das Recht bezieht sich auf die Zeit vor Genehmigung der Bilanz (KGJ. **13** 7).

§ 49. Die Generalversammlung hat festzusetzen[1]):

1. den Gesamtbetrag[2]), welchen Anleihen der Genossenschaft und Spareinlagen bei derselben nicht überschreiten sollen;
2. die Grenzen, welche bei Kreditgewährungen an Genossen eingehalten werden sollen[3]).

[1]) 49 bezieht sich auf alle Arten EG. (Begr. II 84).

[2]) Es muß eine bestimmte Summe sein: über die Berücksichtigung der Giroverbindlichkeiten bei Festsetzung der Grenze vgl. Mitt. über Allg. Gen.-Tg. Cassel 1906 S. 147. Über die Berechtigung der Genossenschaften, für diesen Teil des Betriebs sich der Bezeichnung „Sparkasse" zu bedienen, vgl. RG. vom 13. 11. 17 (BlfG. 18 S. 6).

[3]) Wohl nur auf einer Inkorrektheit beruht es, wenn hier der Plural „die Grenzen" gewählt ist. Für die verschiedenen Arten der Kreditgewährung können freilich verschiedene Grenzen festgesetzt werden, gleichzeitig muß aber auch für die Gesamtkreditgewährung eine Grenze gezogen sein. Unter Kreditgewährung fällt jede Art von Kredit, gleichgültig, ob er gedeckt oder ungedeckt ist und welcher Art die Deckung ist. Die Belastung eines Genossen durch Übernahme einer Bürgschaft gilt nicht als Kreditentnahme, bleibt

daher unberücksichtigt. Überschreitung der Grenzen ist ohne Einfluß auf die Gültigkeit der einzelnen Geschäfte.

§ 50. Soweit das Statut die Genossen zu Einzahlungen auf den Geschäftsanteil verpflichtet, ohne dieselben nach Betrag und Zeit festzusetzen, unterliegt ihre Festsetzung der Beschlußfassung durch die Generalversammlung [1].

[1]) Neu. Vgl. 7 Ziff. 2.

§ 51. Ein Beschluß der Generalversammlung kann wegen Verletzung des Gesetzes oder des Statuts im Wege der Klage angefochten werden. Die Klage muß binnen einem Monat erhoben werden [1]).

Zur Anfechtung befugt ist jeder in der Generalversammlung erschienene Genosse, sofern er gegen den Beschluß Widerspruch zum Protokoll erklärt hat, und jeder nicht erschienene Genosse [2]), sofern er zu der Generalversammlung unberechtigterweise nicht zugelassen worden ist oder sofern er die Anfechtung darauf gründet, daß die Berufung der Versammlung oder die Ankündigung des Gegenstandes der Beschlußfassung nicht gehörig erfolgt sei. Außerdem ist der Vorstand [3]) und, wenn der Beschluß eine Maßregel zum Gegenstande hat, durch deren Ausführung sich die Mitglieder [4]) des Vorstandes und des Aufsichtsrats strafbar oder den Gläubigern der Genossenschaft haftbar machen würden, jedes Mitglied des Vorstandes und des Aufsichtsrats zur Anfechtung befugt.

Die Klage ist gegen die Genossenschaft zu richten. Die Genossenschaft wird durch den Vorstand, sofern dieser nicht selbst klagt [5]), und durch den Aufsichtsrat vertreten. Zuständig für die Klage ist ausschließlich das Landgericht, in dessen Bezirke die Genossenschaft ihren Sitz hat. Die mündliche Verhandlung erfolgt nicht vor Ablauf der im ersten Absatz bezeichneten Frist. Mehrere Anfechtungsprozesse sind zur gleichzeitigen Verhandlung und Entscheidung zu verbinden.

Die Erhebung der Klage sowie der Termin zur mündlichen Verhandlung sind ohne Verzug von dem Vorstande in den für die Bekanntmachungen der Genossenschaft bestimmten Blättern zu veröffentlichen.

Soweit durch ein Urteil rechtskräftig der Beschluß für nichtig erklärt ist, wirkt es auch gegenüber den Genossen, welche nicht Partei sind. War der Beschluß in das Genossenschaftsregister eingetragen, so hat der Vorstand dem Gerichte (§ 10) das Urteil behufs der Eintragung einzureichen. Die öffentliche Bekanntmachung der letzteren erfolgt, soweit der eingetragene Beschluß veröffentlicht war[6]).

[1]) Es handelt sich um Individualrechte der Genossen, wodurch der Kreis der Anfechtungsklagen bestimmt wird (KGJ. 32 303, RG. 66 134). Nicht berührt werden Rechte, die auf besonderem Vertragsverhältnis beruhen (vgl. RG. 17 17), auch nicht etwaige Ansprüche auf Aufnahme (RG. 47 76). Eine Heilung von Mängeln ist nur ausgeschlossen, wenn eine Maßregel getroffen wird, die nach dem Gesetz keine Rechtswirksamkeit haben kann. Zwingende Bestimmungen sind der Parteidisposition entzogen. Nur insoweit das öffentliche Interesse in Frage kommt, hat daher das Gericht die Eintragungsfähigkeit zu prüfen. Nicht im Wege der Einrede. Über die Bemessung des Werts des Streitgegenstandes KG. 16. 7. 1904, BlfG. 1905 S. 140. Das RG. (JW. 08 S. 250, 350) gewährt dem Ausgeschlossenen

bei Anfechtung des Ausschlusses Revision ohne Rücksicht auf die Höhe des Streitgegenstandes, aber nur bei Klage aus 51 (Parisius-Crüger § 68[9]). Die Anfechtung hat ihre Grenze in der Einflußlosigkeit der Verletzung des Gesetzes und des Statuts (43_1). Ein ungültiger Beschluß kann die Anfechtung weiterer Beschlüsse begründen, wenn sie ein einheitliches Ganzes bilden. Fordert die Satzung Zustimmung sämtlicher Genossen, so ist ein Beschluß einer nicht vollzählig besuchten Versammlung nichtig, einer Anfechtung bedarf es nicht. OLG. Rspr. **38**[183].

Es ist eine Ausschlußfrist, sie läuft also auch gegen die nicht erschienenen Genossen vom Tage der Generalversammlung ab (RG. **66** 128).

OLG. Kolmar (Ztschr. für Akt.-Ges. XVII S. 6) hat erkannt, daß über Gültigkeit eines Generalversammlungsbeschlusses nicht durch Schiedsgericht entschieden werden könne, da 51 zwingendes Recht (Parisius-Crüger § 51[10]).

²) Ein Genosse, der zwar zur Zeit der Generalversammlung noch Mitglied war, aber vor Erhebung der Klage oder während des Prozesses ausscheidet, bleibt anfechtungsberechtigt (RG. **66** 134). Der Erklärung steht es gleich, wenn die Aufnahme in das Protokoll verweigert oder das Mitglied an der Ausübung seines Rechts behindert ist (RG. **53** 293). Dahin gehören die Fälle, in denen das Mitglied unberechtigterweise aus dem Versammlungslokal verwiesen ist. Der Widerspruch muß vor Schluß der Generalversammlung eingelegt sein, nicht vor der Beschlußfassung (RG. **53** 239). Der Genosse ist an die Begründung des Widerspruchs, der zu Protokoll gegeben ist, nicht gebunden (RG. **20** 141). Die Klage muß die bestimmte Angabe des Grundes des erhobenen Anspruches enthalten (DJZ. 1903 S. 525). Ergänzungen oder Berichtigungen zulässig, sofern der Klagegrund der nämliche bleibt.

³) Der Vorstand verliert in den Fällen, in denen seine Verantwortung in Frage kommt, das Recht der Anfechtung

dadurch nicht, daß seine Mitglieder für den Beschluß gestimmt haben.

[4]) Ist durch EHGB. eingefügt.

[5]) Dann Vertretung der Genossenschaft durch den Aufsichtsrat (37). Klage ist Vorstand und Aufsichtsrat zuzustellen (RG. **14** 142). Auch im Konkurse der Genossenschaft. Der Beschluß aber besteht, solange er nicht für ungültig erklärt ist; handelt es sich z. B. um die Anfechtung eines Beschlusses betreff. Wahl von Aufsichtsratsmitgliedern, so ist für die Vertretung zuständig der Aufsichtsrat, dessen Wahl angefochten wird.

[6]) Zweigniederlassung 157. Ordnungsstrafe 160.

§ 52. Für einen durch unbegründete Anfechtung des Beschlusses der Genossenschaft entstandenen Schaden haften ihr solidarisch die Kläger, welchen bei Erhebung der Klage eine bösliche Handlungsweise zur Last fällt.

Vierter Abschnitt.

Revision.

Vorbemerkung.

Über die Entstehung dieses neuen Abschnittes (53—64) siehe Einleitung. Vgl. Begr. II 47—50, 85—89, Komm.-Ber. 25—38, Parisius-Crüger Vorbemerkung zum vierten Abschnitt. FB. 122 ff.

§ 53. Die Einrichtungen der Genossenschaft und die Geschäftsführung derselben in allen Zweigen der Verwaltung[1]) sind mindestens in jedem zweiten Jahre[2]) der Prüfung durch einen der Genossenschaft nicht angehörigen, sachverständigen Revisor[3]) zu unterwerfen[4]).

Auf Grund des Ermächtigungsgesetzes vom 8. Dezember 1923 (RGBl. I S. 1179) ist am 27. Dezember 1923 folgende

Verordnung über die Revision der eingetragenen Genossenschaften ergangen (RGBl. I S. 1252):

Artikel I.

Die Frist innerhalb deren nach § 53 des Gesetzes betreffend die Erwerbs- und Wirtschaftsgenossenschaften (RGBl. 1898 S. 810), die Einrichtungen und die Geschäftsführung der eingetragenen Genossenschaften einer Prüfung durch einen Revisor zu unterwerfen sind, wird für Genossenschaften, die einem Revisionsverband angehören, auf drei Jahre verlängert.

Auf Antrag des Verbandes kann die oberste Landesbehörde des Landes, in dem die Genossenschaft ihren Sitz hat, die Frist um ein weiteres Jahr verlängern.

Artikel II.

Die Reichsregierung wird ermächtigt, mit Zustimmung des Reichsrats weitere Bestimmungen über die Revision der eingetragenen Genossenschaft zu treffen[5]).

[1]) „Die periodische Revision" (Begr. II 85) „darf sich keineswegs auf eine bloß kalkulatorische Kontrolle der Bilanzen und Geschäftsbücher der Genossenschaft beschränken . . . die Untersuchung des Revisors muß sich wesentlich auf die materielle Seite der Geschäftsführung und die hierbei befolgten Grundsätze, sowie auf das Funktionieren der Genossenschaftsorgane und die sonstigen Einrichtungen der Genossenschaft richten." Dem Wesen dieser Revision entsprechend wird sich der Revisor zur Revision bei der Genossenschaft anmelden. Die kalkulatorische Prüfung und die Prüfung der Sicherheiten auf ihren Wert bleibt Aufgabe des Aufsichtsrats; der Revisor hat sich davon zu überzeugen, daß der Aufsichtsrat seinen Obliegenheiten in sachgemäßer Weise nachkommt. Auf die kalkulatorische Prüfung erstreckt sich seine Aufgabe, wenn Anzeichen für Unregelmäßigkeiten vorliegen. Die gesetzliche Revision hat einen wesentlich instruk-

tiven Charakter. Vgl. die Verhandlungen auf den Allg. Genossenschaftstagen Kassel (1906, Mitt. S. 299) Posen (1913 Mitt. S. 145). Die Revision erstreckt sich auch auf die Zweigniederlassung (vgl. 157 Abs. 2). Auf die aufgelösten G. kommen die Vorschriften nicht zur Anwendung, wohl aber auf die G. die unter Geschäftsaufsicht steht. (S. 212.)

[2]) Zu häufigeren als zweijährigen Revisionen kann die G. nicht gezwungen werden. Die Frist läuft zunächst von der Eintragung der Genossenschaft ab, dann von Revision zu Revision (KGJ. 46 166), natürlich kann das Gericht kurze Nachfrist bewilligen. Jetzt vergleiche Ermächtigungsgesetz vom 27. XII. 23, unten Anm. 5.

[3]) Sachverständig ist der Revisor, der genossenschaftlich geschult ist und kaufmännisch so weit, um den Geschäftsbetrieb der zu revidierenden Genossenschaften mit der nötigen Sachkenntnis auf die dabei beobachteten geschäftlichen Grundsätze beurteilen zu können. Selbstverständlich muß er zur Prüfung der Buchführung die geeignete Sachkunde besitzen.

[4]) Strafvorschrift 61 Abs. 2, 63 Abs. 2, 160.

[5]) Die neue Verordnung charakterisiert sich als Notverordnung, die den Zeitverhältnissen Rechnung zu tragen sucht. Durch sie ist die Bekanntmachung vom 8. September 1914, durch welche die Revisionsfrist um vier Monate verlängert wurde, überholt.

§ 54. Für Genossenschaften, welche einem den nachfolgenden Anforderungen genügenden Verbande angehören, ist diesem das Recht zu verleihen, den Revisor zu bestellen[1]).

[1]) Es ist nur zu prüfen, ob das Statut den gesetzlichen Bestimmungen entspricht. Der Verband ist dann in der Bestellung unbeschränkt. Das Gesetz regelt das Rechtsverhältnis der Verbände als solcher nicht. Der Revisionsverband kann sich nicht als eingetragene Genossenschaft konsti-

tuieren (vgl. 60 Ziff. 1; ferner liegt auch die Revision nicht im Rahmen von 1; Parisius-Crüger § 55 [1]). Die Rechtsverhältnisse des Verbandes regeln sich im übrigen nach dem BGB., entweder ist er „eingetragener Verein" (BGB 55 ff.) oder untersteht den Bestimmungen über Gesellschaften (BGB. 705 ff.). Durch staatliche Verleihung kann ihm Rechtspersönlichkeit nicht verliehen werden (BGB. 21, 22).

Über den Verkehr mit dem Gericht und den Behörden 58, 63 Abs. 2, 160; 57 Abs. 2, 59.

§ 55. Der Verband muß die Revision der ihm angehörigen Genossenschaften und kann auch sonst die gemeinsame Wahrnehmung ihrer im § 1 bezeichneten Interessen, insbesondere die Unterhaltung gegenseitiger Geschäftsbeziehungen zum Zweck haben. Andere Zwecke darf er nicht verfolgen [1]).

[1]) Der Zweck des Verbandes ist die Revision der Genossenschaften und nicht nur die Bestellung des Revisors (Parisius-Crüger § 55 [4], RG. **78** 143). Vor allem hat der Verband den Revisor auch zu beaufsichtigen. Ferner gehört zu den Zwecken des Verbandes die gemeinsame Wahrnehmung der in 1 bezeichneten Interessen der Genossenschaften und die Unterhaltung gegenseitiger Geschäftsbeziehungen. Zwischen der Handhabung der Revision durch den Verband und der Revision durch den vom Gericht bestellten Revisor ist ein grundsätzlicher Unterschied, wie sich schon daraus ergibt, daß der Revisor des Verbandes dem Vorstand des Verbandes Abschrift des Revisionsberichts zuzustellen hat (63 Abs. 3). Das RG. a. a. O. nimmt ein „gesetzliches Schuldverhältnis" zwischen dem Revisionsverband und der ihm angeschlossenen G. an, dessen Inhalt sich in der bloßen Bestellung des Revisors nicht erschöpft. Der Verband ist also dafür verantwortlich, daß die Revision ordnungsmäßig durchgeführt wird. Das RG. a. a. O. verneint

die Haftpflicht des Verbandes für die von dem Revisor trotz der Aufsicht begangenen Pflichtwidrigkeiten, da der Revisor nicht Vertreter im Sinne von BGB. 31 ist. Auch BGB. 278 soll nicht zur Anwendung kommen, da der Verband nicht selbst Träger der Revisionspflicht ist.

Volle Verantwortung des Revisors gegenüber der G. (Parisius-Crüger § 55[8]).

In dem Zweck unterliegen die Verbände den gleichen Beschränkungen wie die Genossenschaft. Es muß aber im übrigen die Verhandlung über alles gestattet sein, was die Wahrnehmung der Interessen, die Aufklärung der Genossenschaften in allen sie berührenden Angelegenheiten betrifft, es handelt sich dabei immer um die inneren Angelegenheiten der Genossenschaft. Polizeiliche Anmeldung ist für die Versammlungen des Verbandes ebensowenig erforderlich wie für die Generalversammlungen der Genossenschaft. Hat sich der Verband als eingetragener Verein konstituiert, kann er keine wirtschaftlichen Zwecke verfolgen (BGB. 55 ff.).

§ 56. Die Zwecke des Verbandes müssen in dem Statut desselben angegeben sein. Der Inhalt des Statuts muß erkennen lassen, daß der Verband imstande ist, der Revisionspflicht zu genügen[1]). Das Statut hat insbesondere den Verbandsbezirk sowie die höchste und die geringste Zahl von Genossenschaften, welche der Verband umfassen kann, festzusetzen und die Bestimmungen über Auswahl und Bestellung der Revisoren, Art und Umfang der Revisionen sowie über Bildung, Sitz und Befugnisse des Vorstandes und über die sonstigen Organe des Verbandes zu enthalten.

[1]) Nach dem Statut dürfen nicht Tatsachen vorliegen, welche es als zweifelhaft erscheinen lassen, daß eine ausreichende Revisionskontrolle durch den Verband geübt werden kann.

§ 57. Die Verleihung des Rechts zur Bestellung des Revisors erfolgt, wenn der Bezirk des Verbandes sich über mehrere Bundesstaaten erstreckt, durch den Bundesrat, anderenfalls durch die Zentralbehörde des Bundesstaates[1]).

Änderungen des Verbandsstatuts sind der nach Absatz 1 zuständigen Stelle einzureichen[2]).

[1]) An die Stelle des Bundesrates ist jetzt der Reichsrat getreten. Wird der Bezirk erst später auf mehrere Länder erstreckt, so tritt die Zuständigkeit des Reichsrats ein; wird der Bezirk später auf ein Land beschränkt, so bedarf es nicht noch einer weiteren Verleihung durch die Zentralbehörde des Landes.

[2]) Genehmigung der Statutenänderung hat nicht zu erfolgen.

§ 58. Der Verbandsvorstand hat das Statut mit einer beglaubigten Abschrift[1]) der Verleihungsurkunde, sowie alljährlich im Monat Januar ein Verzeichnis der dem Verbande angehörigen Genossenschaften den Gerichten (§ 10), in deren Bezirke diese ihren Sitz haben[2]), sowie der höheren Verwaltungsbehörde, in deren Bezirke der Vorstand seinen Sitz hat, einzureichen.

[1]) Beglaubigung „durch eine zuständige Behörde oder einen zuständigen Beamten" genügt (AB. 8 Abs. 2).

[2]) Nur den Gerichten, welche mit der Führung des Genossenschaftsregisters betraut sind. Das KG. (KGJ. 22 117) hat entschieden, daß das Verzeichnis nur die im Gerichtsbezirk gelegenen Genossenschaften zu umfassen hat. Obgleich eine 57 Abs. 2 entsprechende Vorschrift fehlt, werden auch Statutenänderungen zur Kenntnis der Gerichte und Verwaltungsbehörden zu bringen sein.

§ 59[1]). Generalversammlungen des Verbandes dürfen nur innerhalb des Verbandsbezirks abgehalten werden.

Sie sind der höheren Verwaltungsbehörde, in deren Bezirke der Vorstand seinen Sitz hat, sowie der höheren Verwaltungsbehörde, in deren Bezirke die Versammlung abgehalten werden soll, unter Einreichung der Tagesordnung mindestens eine Woche vorher anzuzeigen.

Der letzteren Behörde steht das Recht zu, in die Versammlung einen Vertreter zu entsenden.

[1]) Dieser Paragraph fehlt im ersten Entwurf. Der Bundesrat hatte Bestimmungen vorgeschlagen, welche, entsprechend 104e (Gesetz v. 18. 7. 1881) der Reichsgewerbeordnung, die Versammlungen des Vorstandes und die Generalversammlungen der Genossenschaftsverbände unter polizeiliche Aufsicht stellten und den höheren Verwaltungsbehörden sogar das Recht verliehen, Versammlungen zu untersagen und zu schließen. Die Kommission und das Plenum haben davon vieles gestrichen (Begr. II 87, KommBer. 32). Strafvorschrift 50.

§ 60. Das Recht zur Bestellung des Revisors kann dem Verbande entzogen werden[1]),

1. wenn er sich gesetzwidriger Handlungen schuldig macht, durch welche das Gemeinwohl gefährdet wird, oder wenn er andere als die im § 55 bezeichneten Zwecke[2]) verfolgt;
2. wenn der Verband der ihm obliegenden Pflicht der Revision nicht genügt[3]).

Die Entziehung wird nach Anhörung des Verbandsvorstandes durch die für die Verleihung zuständige Stelle ausgesprochen[4]).

Von der Entziehung ist den im § 58 bezeichneten Gerichten Mitteilung zu machen.

[1]) Vgl. 57. Das Gesetz enthält keine Kautelen zum Schutz des Verbandes gegen willkürliche Entscheidungen. Es muß aus der gesamten Tätigkeit sich der Tatbestand von 60 ergeben. Innerhalb des Verbandsbezirks vorgekommene Zusammenbrüche von G. lassen noch nicht einen Schluß auf Versäumnisse zu. — [2]) Vgl. 55. — [3]) Vgl. 53. [4]) Vgl. 55.

§ 61. Für Genossenschaften, welche einem Revisionsverbande (§§ 55 bis 57) nicht angehören, wird der Revisor durch das Gericht (§ 10) bestellt.

Der Vorstand der Genossenschaft hat die Bestellung zu beantragen [1]).

Die Bestellung erfolgt, nachdem die höhere Verwaltungsbehörde über die Person des Revisors gehört ist. Erklärt die Behörde sich mit einer von der Genossenschaft vorgeschlagenen Person einverstanden, so ist diese zum Revisor zu bestellen [2]).

[1]) Ordnungsstrafe bei Versäumnis 160. Das Recht des Gerichts beschränkt sich auf die Ordnungsstrafen, es kann ohne Antrag der Genossenschaft keinen Revisor bestellen. Nach dem Beschluß des KG. (JMBl. 00 S. 59) ist die Bestellung gebührenpflichtig.

[2]) Der letzte Absatz ist in Entw. II hinzugefügt. Vgl. Begr. I 131, II 87, KommBer. 34—36. Über das Verfahren vgl. FGG. 149.

§ 62. Der Revisor hat gegen die Genossenschaft Anspruch auf Erstattung angemessener barer Auslagen und auf Vergütung für seine Leistung nach Maßgabe der erforderlichen Zeitversäumnis.

Dem vom Gerichte bestellten Revisor werden in Ermangelung einer Einigung die Auslagen und die Vergütung durch das Gericht festgesetzt. Die Vorschriften im § 104 Absatz 2, § 105, § 794 Nr. 3 der Zivilprozeßordnung finden Anwendung [1]).

[1]) Den letzten Satz hat die Kommission des Reichstages vorgeschlagen, um klarzustellen, „daß zur Bezahlung der dem Revisor zustehenden Gebührnisse die Genossenschaft, nicht aber die Staatskasse verpflichtet ist und daß wegen Einziehung dieser Gebührnisse nicht der Weg der Klage stattfindet, sondern daß die Bestimmungen der ZPO. über die Geltendmachung von Ansprüchen auf Erstattung der Prozeßkosten Anwendung zu finden haben".

§ 63. Der Vorstand der Genossenschaft [1]) hat dem Revisor die Einsicht der Bücher und Schriften der Genossenschaft und die Untersuchung des Bestandes der Genossenschaftskasse, sowie der Bestände an Effekten, Handelspapieren und Waren zu gestatten. Zu der Revision ist der Aufsichtsrat zuzuziehen [2]).

Der Vorstand hat eine Bescheinigung des Revisors, daß die Revision stattgefunden hat, zum Genossenschaftsregister einzureichen [3]) und den Bericht über die Revision bei der Berufung der nächsten Generalversammlung als Gegenstand der Beschlußfassung anzukündigen [4]). In der Generalversammlung hat der Aufsichtsrat sich über das Ergebnis der Revision zu erklären [5]).

Der von einem Verbande bestellte Revisor hat eine Abschrift des Revisionsberichts dem Verbandsvorstande einzureichen.

[1]) Ordnungsstrafen 160.

[2]) Nicht notwendig ist, daß der ganze Aufsichtsrat der Revision beiwohnt, er muß aber vertreten sein.

[3]) Auch zur Zweigniederlassung 157. Das Gericht hat nicht zu prüfen, ob der Bescheinigende ordnungsgemäß als Revisor des Verbandes bestellt ist. Der Vorstand haftet nach 147. Strafvorschrift 160.

[4]) Ordnungsstrafen 160. Nach den Ausführungen der Regierungsvertreter in der Kommission kann auf Antrag

einzelner Genossen oder auf Vorschlag des Vorstandes die Generalversammlung beschließen, wie mit dem Bericht zu verfahren sei, keinesfalls hat ein einzelnes Mitglied das Recht der Einsicht oder der Mitteilung des Berichtes usw. (KommBer. 36—38, Begr. II 88).

[5]) „Erklären über das Ergebnis" soll sich der Aufsichtsrat, eine Verlesung des Revisionsprotokolls genügt nicht. Strafvorschrift 147.

§ 64. Der Reichskanzler ist ermächtigt, allgemeine Anweisungen [1]) zu erlassen, nach welchen die Revisionsberichte anzufertigen sind.

[1]) Sind bisher nicht ergangen. Vgl. den preußischen Ministerialerlaß vom 24. 5. 1897, Parisius-Crüger § 64.

Fünfter Abschnitt.

Ausscheiden einzelner Genossen.

Vorbemerkung.

Das Ausscheiden erfolgt a) durch Aufkündigung, 65, 66, b) durch Ausschluß, 68, c) durch Tod, 77, d) durch Verlegung des Wohnsitzes, falls dies im Statut vorgeschrieben ist, 67, e) durch Übertragung des Geschäftsguthabens, 76. Das Ausscheiden erfolgt mit Ausnahme zu e stets zum Schlusse des Geschäftsjahres. Das Ausscheiden ist mit Ausnahme des Falles zu c bedingt durch die Eintragung. Die Fälle a, b, d und e sind die materiellen Gründe für Beendigung der Mitgliedschaft. Die Eintragung ist anfechtbar, sie schafft nicht Recht. Vgl. Begr. II 89—91. Statutarische Festsetzung anderer Gründe des Ausscheidens ist unzulässig (KGJ. 11 48).

§ 65. Jeder Genosse hat das Recht, mittels Aufkündigung seinen Austritt aus der Genossenschaft zu erklären [1]).

Die Aufkündigung findet nur zum Schlusse eines Geschäftsjahres statt. Sie muß mindestens drei Monate vorher schriftlich erfolgen [2]. Durch das Statut kann eine längere, jedoch höchstens zweijährige Kündigungsfrist festgesetzt werden. Besteht die Genossenschaft ausschließlich oder überwiegend aus eingetragenen Genossenschaften, so kann das Statut die Kündigungsfrist bis zu fünf Jahren erstrecken [3].

Ein den vorstehenden Bestimmungen zuwiderlaufendes Abkommen ist ohne rechtliche Wirkung [4].

[1]) Erschwernis der Kündigung über 65 hinaus ist unzulässig (RG. **30** 83, **33** 65). Unzulässig ist ein Austrittsgeld oder Beitrag zu einem Amortisationsfonds (RG. **42** 79). Unzulässig ist die Bestimmung, daß das Geschäftsguthaben bei dem Ausscheiden an die G. oder einen Dritten fällt (KGJ. **34** 186). RG. **71** 388 erklärt einen Vertrag für ungültig, durch den sich ein Genosse zu einer Leistung an die Genossenschaft über die in 65 vorgesehene Frist hinaus verpflichtet RG. **85** 304 bezeichnet es als unzulässige Beschränkung, wenn sich die Genossen gegenüber der Genossenschaft vertraglich verpflichten, während des ersten Jahres nach dem Ausscheiden sich des Wettbewerbs zu enthalten. Unzulässig ist, daß Kündigung abhängig gemacht wird von der Erfüllung der Pflichten gegenüber der Genossenschaft. Die Vorschrift aber, daß beim Ausscheiden des Darlehnsnehmers die G. zur Kündigung des Darlehns berechtigt ist, ist gültig RG. **91** 335. — Verlegung des Geschäftsjahres oder Änderung der Kündigungsfrist müssen die Mitglieder hinnehmen, es sei denn, daß ihre Kündigung bereits erfolgt ist. — Kündigung schließt weitergehende Rechte, wie Ausschluß seitens der Genossenschaft, nicht aus. Kündigungsfrist muß für alle Mitglieder gleich sein (RG. **36** 264). Auch wenn die Genossenschaft auf bestimmte Zeit beschränkt ist, ist Kündigung zulässig. Ehefrauen können selbständig kündigen, nicht der

Ehemann für die Ehefrau. Während des Konkurses eines Mitgliedes geht das Kündigungsrecht auf den Konkursverwalter über. Nach 76 der Geschäftsaufsichtsverordnung ist während der Dauer der Geschäftsaufsicht das Ausscheiden nicht zulässig. Einem Genossen, dem die freie Willensbestimmung fehlt, der aber nicht entmündigt ist, wird nach Maßgabe des BGB. 1910 Abs. 2 das Kündigungsrecht geboten (Pflegschaft). Kündigung durch Bevollmächtigte KGJ. **27** 67. Die Ehefrau ist zur Kündigung für den Ehemann nur berechtigt, wenn Vollmacht vorliegt. Vollmacht braucht nicht schriftlich zu sein. Kündigung kann, solange sie nicht eingetragen, bei Einverständnis zwischen Mitglied und Genossenschaft zurückgenommen werden, KG. Beschl. v. 26. 9. 17. (BlfG. 1918 S. 52), wo insbesondere auch Stellung genommen ist zu RG. **49** 29. Pfändung des Geschäftsguthabens hindert nicht die Rückgängigmachung der Kündigung.

Verlängerung der Kündigungsfrist hat keinen Einfluß auf die Mitglieder, die auf Grund der früheren Bestimmung gekündigt haben (RJA. **14** 160).

²) Kündigung in deutscher Sprache (KGJ. **39** 133). 114 des Gesetzes von 1889 ist durch Gesetz vom 12. 8. 1896 aufgehoben. Als Tag der Kündigung gilt der Eingang derselben bei der Genossenschaft. Kündigung zum 31. 12. müßte am 30. 9. bei der Genossenschaft sein. Ist der letzte Tag ein Sonntag, gilt nach BGB. 193 der nächste Werktag.

³) Zusatz laut Novelle vom 12. 5. 1923 (RGBl. S. 288). Der Zusatz ist erfolgt, um das Bestehen von Zentralgenossenschaften auf eine möglichst sichere Grundlage zu stellen und sie vor den Gefahren einer Mitgliederflucht zu schützen.

⁴) Vgl. 18.

§ 66. Der Gläubiger eines Genossen, welcher, nachdem innerhalb der letzten sechs Monate eine Zwangsvollstreckung in das Vermögen des Genossen fruchtlos versucht ist[1]), die Pfändung und Überweisung des demselben bei der Auseinandersetzung mit der Genossenschaft zukommenden Guthabens erwirkt hat, kann behufs seiner Befriedigung das Kündigungsrecht des Genossen an dessen Stelle ausüben, sofern der Schuldtitel nicht bloß vorläufig vollstreckbar ist.

Der Aufkündigung muß eine beglaubigte[2]) Abschrift des Schuldtitels und der Urkunden über die fruchtlose Zwangsvollstreckung beigefügt sein.

[1]) Pfändung des Kündigungsrechtes gibt es nicht. Gläubiger kann auch die Genossenschaft sein, die dann die gleichen Rechte hat, doch wird für solche Fälle das Statut wohl den einfacheren Weg des Ausschlusses zulassen. Der fruchtlose Versuch einer Zwangsvollstreckung braucht nicht vom kündigenden Gläubiger gemacht zu sein (Begr. II 92), er muß der Pfändung und Überweisung des Geschäftsguthabens vorausgegangen sein. Zahlungseinstellung ersetzt die erfolglose Zwangsvollstreckung nicht. Bei nachträglicher Konkurseröffnung muß die Überweisung neuerlich erwirkt werden. OLG. Rspr. **40** 203. Der Schuldtitel muß vollstreckbar sein. — BGB 393, ZPO. 851 Abs. 2, 857 Abs. 3. Kündigung durch den Gläubiger nach Pfändung des Geschäftsguthabens auch zulässig, wenn die Abtretung des Geschäftsguthabens durch Vereinbarung der G. mit dem Mitgliede ausgeschlossen ist. Durch Pfändung und Überweisung des Auseinandersetzungsguthabens als solche scheidet der Schuldner noch nicht aus der Genossenschaft aus. Die Kündigung muß durch den Gläubiger erfolgen; die Kündigung des Konkursverwalters des Genossen kann nicht die Kündigung des Pfändungsgläubigers und deren Voraussetzungen ersetzen. OLG. Rspr. **40** 203.

[2]) Beglaubigung durch einen zuständigen Beamten oder eine zuständige Behörde genügt, AB. 8 Abs. 2.

§ 67. Ist durch das Statut die Mitgliedschaft an den Wohnsitz innerhalb eines bestimmten Bezirks[1]) geknüpft (§ 8 Nr. 2), so kann ein Genosse, welcher den Wohnsitz in dem Bezirke aufgibt, zum Schlusse des Geschäftsjahres seinen Austritt schriftlich erklären[2]).

Imgleichen kann die Genossenschaft dem Genossen schriftlich erklären, daß er zum Schlusse des Geschäftsjahres auszuscheiden habe[3])[4]).

Über die Aufgabe des Wohnsitzes ist die Bescheinigung einer öffentlichen Behörde beizubringen.

[1]) Unter „Bezirk" sind hier kleinere Gebiete (Gemeinde, Pfarrei) zu verstehen (Begr. II 56, 93, Komm.Ber. 7).

[2]) Ohne Kündigungsfrist.

[3]) 69 Abs. 2, 70.

[4]) Verlegung des Wohnsitzes kann auch im Statut ganz allgemein als Ausschließungsgrund aufgeführt werden, 68.

§ 68. Ein Genosse kann wegen des Verlustes der bürgerlichen Ehrenrechte, sowie wegen der Mitgliedschaft in einer anderen Genossenschaft, welche an demselben Orte ein gleichartiges Geschäft betreibt[1]), zum Schlusse des Geschäftsjahres aus der Genossenschaft ausgeschlossen werden[2]). Aus Vorschuß- und Kreditvereinen kann die Ausschließung wegen der Mitgliedschaft in einer anderen solchen Genossenschaft auch dann erfolgen, wenn die letztere ihr Geschäft nicht an demselben Orte betreibt.

Durch das Statut können sonstige Gründe der Ausschließung festgesetzt werden[3]).

Der Beschluß, durch welchen der Genosse ausgeschlossen wird, ist diesem von dem Vorstande ohne Verzug mittels eingeschriebenen Briefes mitzuteilen[4]).

Von dem Zeitpunkte der Absendung desselben kann der Genosse nicht mehr an der Generalversammlung teilnehmen, auch nicht Mitglied des Vorstandes oder des Aufsichtsrats sein[5]).

[1]) Übergangsbestimmung 159.

[2]) Von welchem Organ, ist dem Statut überlassen. Beim Fehlen einer solchen Bestimmung durch den Vorstand als dem gesetzlichen Vertreter (Begr. II 99). Wenn mit dem Verlust der Mitgliedschaft kraft Gesetzes das Vorstandsamt erlischt, so folgert daraus nicht, daß für die Ausschließung auch entsprechend das gleiche Organ zuständig ist, es gilt die allgemeine statutarische Bestimmung (RG. **88** 193). Ist das Vorstandsmitglied als Mitglied ausgeschlossen, kann die Generalversammlung auch noch Amtsenthebung beschließen (vgl. BlfG. 1917, S. 355.) Ist im Statut Anfechtung des Beschlusses bei der Generalversammlung vorgesehen, so hält Anfechtung die Eintragung nicht auf (KGJ. **15** 59), doch kann das Registergericht nach FGG. 127 die Entscheidung aussetzen. Der Ausschluß kann im Wege der Klage angefochten werden (KGJ. **32** 303, RG. **51** 89, vgl. auch 51[1], keine vermögensrechtliche Streitigkeit). Vorher Erschöpfung der statutarischen Instanzen. OLG. Rspr. **34** 352. Wegen Teilnahme des Ausgeschlossenen an der Generalversammlung, falls das Statut Berufung an diese gewährt, vgl. OLG. Rspr. **32** 125 u. Parisius-Crüger § 68 Anm. 11. Ausschluß des Rechtswegs unzulässig (RG. **57** 154), doch kann schiedsgerichtliche Entscheidung vorbehalten bleiben, nur kann kein Organ der G. Schiedsrichter sein. Anfechtung im Wege der Klage hat für die Eintragung keinen Suspensiveffekt (KGJ. **15** 59), Eintragung muß erfolgen. Zurücknahme des Ausschlusses führt zu „Unwirksamkeit" der Eintragung, AV. 36, Abs. 1. Das RG. (**57** 154) hat entschieden, daß das Gericht auch die materiellen Ausschließungsgründe nachzuprüfen hat. Der Ausschließungsbeschluß braucht nicht erkennen zu lassen, auf Grund welcher Tatsachen der Aus-

schluß erfolgt ist (Seuffert **64** 461). In dem Prozeß kann die G. weitere Gründe geltend machen, wenn der Beschluß keine angibt (RG. 16. 10. 1909 Holdheims Mschr. 10 S. 41). Es genügt, wenn im Prozeß über die Rechtmäßigkeit der Ausschließung nicht geheim gebliebene Tatsachen nachgewiesen werden, die zeitlich vor der Beschlußfassung liegen und den gesetzlichen oder statutarischen Tatbestand erfüllen. Bis zum Beweise des Gegenteils ist dann anzunehmen, daß diese Tatsachen die Ausschließung herbeigeführt haben (RG. **88** 193). Über Haftung bei Mißbrauch des Ausschließungsrechts RG. **72** 2; ebenda hält das RG. den Grundsatz aufrecht, daß der späteren Aufhebung der Ausschließung nicht die Bedeutung beizumessen ist, daß der Genosse während der Zwischenzeit rückwärts wieder in jeder Beziehung als vollberechtigtes Genossenschaftsmitglied angesehen werden müßte. Die nach dem Ausschluß gefaßten Beschlüsse haben für den Ausgeschlossenen bindende Kraft (RG. **72** 10). — Zurücknahme des Ausschlusses führt zur Unwirksamkeit der Eintragung (AV. 36 Abs. 1).

Der Ausschluß ist ein weitergehendes Recht als die Kündigung. Ob, wenn der Ausschluß aufgehoben wird, das Mitglied wieder in die Rechte eines Vorstands- und Aufsichtsrats tritt, bestritten. Rückwirkende Kraft hat die Aufhebung des Ausschlusses nicht.

[3]) Ausschluß eines Genossen darf nur aus den im Gesetz und im Statut vorgesehenen Gründen stattfinden (KGJ. **11** 48).

Verschollenheit kann nur Ausschließungsgrund sein. Todeserklärung steht dem Tod gleich (77). Konkurs kann nur als Ausschließungsgrund vorgesehen werden, um zur Beendigung der Mitgliedschaft zu führen.

[4]) Auch dann, wenn der Wohnsitz nicht bekannt ist, in solchem Falle an dem letzten bekannten Wohnsitz.

[5]) Wird der Brief sofort nach dem Beschlusse während der Generalversammlung abgesendet, so kann der ausgeschlossene Genosse noch aus derselben entfernt werden. Auch das Recht, Anträge zu stellen, oder sich an der Stellung von Anträgen zu beteiligen, hat ein Ausgeschlossener wohl verloren. Durch das Statut können die im Gesetz an den Ausschluß geknüpften Rechtsnachteile erweitert werden. In der Entsch. des RG. vom 26. 9. 16 (JW. 1916 S. 1478) ist ausgesprochen, daß der Eintritt der im Abs. 4 festgesetzten Wirkung nicht vom tatsächlichen Vorliegen eines rechtmäßigen Ausschließungsgrundes abhängt.

§ 69. Der Vorstand ist verpflichtet, die Aufkündigung des Genossen oder des Gläubigers mindestens sechs Wochen vor dem Ende des Geschäftsjahres, zu dessen Schlusse sie stattgefunden hat, dem Gerichte[1]) (§ 10) zur Liste der Genossen einzureichen. Er hat zugleich die schriftliche Versicherung abzugeben, daß die Aufkündigung rechtzeitig erfolgt ist. Der Aufkündigung des Gläubigers sind die im § 66 Absatz 2 bezeichneten Urkunden, sowie eine beglaubigte Abschrift des Pfändungs- und Überweisungsbeschlusses beizufügen[2]).

Imgleichen hat der Vorstand im Falle des § 67 mit der Bescheinigung die Erklärung des Genossen oder Abschrift der Erklärung der Genossenschaft, sowie im Falle der Ausschließung Abschrift des Beschlusses dem Gerichte einzureichen[3]). Die Einreichung ist bis zu dem im ersten Absatz bezeichneten Zeitpunkte und, wenn die Erklärung oder der Beschluß später erfolgt, ohne Verzug zu bewirken.

[1]) Zweigniederlassung 158.

[2]) Bei Versäumnis der Einreichung wird an der Mitgliedschaft trotz ordnungsmäßiger Kündigung nichts geändert. In dem Urt. 8. 5. 1908 (RG. 68 348) hat sich das RG. zu dem zu 15 ergangenen Plenarbeschlusse (57 292) auch für

den Verlust der Mitgliedschaft bekannt, vgl. Parisius-Crüger § 69⁵. Regreßpflichtig sind die Vorstandsmitglieder (RG. 59 49), 69 gilt als Schutzgesetz im Sinne von BGB 823 Abs. 2. Es ist konkurrierendes Verschulden der Ausgeschiedenen möglich OLGRspr. 32 128).

[3]) Nähere Bestimmungen über die beizubringenden Urkunden in AV. 31, vgl. FB. 56 ff., KG. 12. 3. 1900 (BlfG. 00 S. 222), verlangt vollständige Abschrift des protokollarischen Beschlusses über Ausschluß. Die einzureichende beglaubigte Abschrift des Pfändungs- und Überweisungsbeschlusses kann nicht durch die der Genossenschaft zugestellte Pfändung und Überweisung ersetzt werden (KGJ. 37 173).

§ 70. In die Liste ist die das Ausscheiden des Genossen begründende Tatsache und der aus den Urkunden hervorgehende Jahresschluß unverzüglich einzutragen[1]).

Infolge der Eintragung scheidet der Genosse mit dem in der Liste vermerkten Jahresschlusse[2]), wenn jedoch die Eintragung erst im Laufe eines späteren Geschäftsjahres bewirkt wird, mit dem Schlusse des letzteren aus der Genossenschaft aus.

[1]) Kriegsnotgesetz vgl. unten S. 210. Nachträgliche Eintragung mit Zurückbeziehung ihrer Wirkung auf einen früheren Zeitpunkt ist nicht zugelassen. Die Eintragung allein bestimmt das Erlöschen der Mitgliedschaft und den Zeitpunkt desselben. Die Prüfung hat sich nur darauf zu erstrecken, daß die Urkunden vorschriftsmäßig und vollständig vorliegen, nicht aber auf die Richtigkeit und Rechtmäßigkeit der einzutragenden Tatsachen (Begr. II 95, OLGRspr. 4 309). Vgl. über Prüfungsrecht des Richters und Anfechtung der Eintragung AV. 32 Abs. 5. Haftpflicht des Richters BGB. 839, des Staates EBGB. 77; Urt. d. RG. v. 8. 10. 15. (Konsumgenoss. Praxis 15 S. 385).

²) Anfechtung der Eintragung, weil das Ausscheiden nicht rechtmäßig erfolgt sei (Begr. I 144, II 96, KGJ. **11** 48, **27** 67); durch die Eintragung des Ausscheidens, ungeachtet des Mangels der gesetzlichen Voraussetzungen, erlischt die Mitgliedschaft nicht. Behauptet die Genossenschaft, daß die Eintragung trotz Nichtvorliegens der gesetzlichen Voraussetzungen erfolgt sei, so hat sie den Beweis der Unrichtigkeit zu führen (15_1). Über das Verfahren zwecks Beseitigung der Eintragung Parisius-Crüger § 70⁷.

§ 71. Auf Antrag des Genossen, im Falle des § 66 auf Antrag des Gläubigers, hat das Gericht die Tatsache[1]), auf Grund deren das Ausscheiden, und den Jahresschluß, zu welchem dasselbe beansprucht wird, ohne Verzug in der Liste vorzumerken[2]).

Erkennt der Vorstand den Anspruch in beglaubigter Form an oder wird er zur Anerkennung rechtskräftig verurteilt, so ist dies bei Einreichung des Anerkenntnisses oder Urteils der Vormerkung hinzuzufügen. Infolgedessen gilt der Austritt oder die Ausschließung als am Tage der Vormerkung eingetragen[3]).

¹) Für den Antrag vgl. AV. 35 Abs. 1. Gilt auch für den Fall des Ausschlusses.

²) Vgl. FB. 68.

³) Beglaubigung AV. 8 Abs. 1. OLGRspr. **16** 111; die Eintragung hat rechtliche Wirkung, auch wenn die Form nicht beobachtet ist. Über Rechtsmittel FGG. 19. Eintragung AV. 24, 36.

§ 72. Von der Eintragung, sowie der Vormerkung oder von deren Versagung hat das Gericht den Vorstand und den Genossen, im Falle des § 66 auch den Gläubiger, zu benachrichtigen[1]).

Die behufs der Eintragung oder der Vormerkung eingereichten Urkunden bleiben in der Verwahrung des Gerichts.

[1]) 156.

§ 73. Die Auseinandersetzung des Ausgeschiedenen mit der Genossenschaft bestimmt sich nach der Vermögenslage derselben und dem Bestande der Mitglieder zur Zeit seines Ausscheidens[1]).

Die Auseinandersetzung erfolgt auf Grund der Bilanz[2]). Das Geschäftsguthaben des Genossen ist binnen sechs Monaten nach dem Ausscheiden auszuzahlen[3]); an den Reservefonds und das sonstige Vermögen der Genossenschaft hat er keinen Anspruch[4]). Reicht das Vermögen einschließlich des Reservefonds und aller Geschäftsguthaben zur Deckung der Schulden nicht aus, so hat der Ausgeschiedene von dem Fehlbetrage den ihn treffenden Anteil an die Genossenschaft zu zahlen[5]); der Anteil wird in Ermangelung einer anderen Bestimmung des Statuts nach der Kopfzahl der Mitglieder berechnet[6]).

[1]) Das Ausscheiden (im Fall des Todes ist das Todesjahr maßgebend) führt zur Auflösung des Rechtsverhältnisses in einem dem Genossen oder der Genossenschaft zustehenden Anspruch auf Zahlung einer Geldsumme, deren Höhe sich aus den in 73 angegebenen Verhältnissen ergibt. In der Feststellung und Berichtigung dieses Anspruchs des Genossen oder der G. besteht die Auseinandersetzung zwischen denselben. Klage auf Auseinandersetzung, wenn die Genehmigung der Bilanz nicht erfolgt. Über den Einfluß späterer Bilanzberichtigung 48_1. Über Austrittsgeld, Erhebung von Beiträgen ausscheidender Mitglieder zu einem Amortisationsfonds 65_1. Wegen der Folgen der unterlassenen Auseinandersetzung Parisius-Crüger § 73^{15}.

[2]) Es ist die Bilanz, die die wirkliche Vermögenslage der Genossenschaft darstellt, bei deren Genehmigung der Ausgeschiedene nicht mitwirkt. Über den Einfluß der Geldentwertung vgl. Parisius-Crüger § 73[5].

[3]) Das Geschäftsguthaben ist dem Ausgeschiedenen auf seine Gefahr und Kosten zu übermitteln (BGB. 270). Verlust des sog. Guthabenbuches hindert nicht die Auszahlung, da dasselbe nur Quittungsschein oder Sammlung von einzelnen Quittungen ist. Verjährung 74. Beginn der Verjährung setzt voraus, daß die Genossenschaft zur Zahlung bereit ist. Über das Aufrechnungsrecht der Genossenschaft mit ihren Forderungen RG. **26** 110, **37** 15, Neumann Jahrbuch IV 139 (Parisius-Crüger § 73[7]); durch Beteiligung am Konkurse oder Zwangsvergleich geht das Aufrechnungsrecht nicht verloren (RG. **80** 407.)

[4]) Gedacht ist hier nur an den Reservefonds, den die Genossenschaft nach 7 bilden muß; für andere Fonds kann Anteil des Ausscheidenden vorgesehen werden.

[5]) Ergibt sich aus der endgültigen Auseinandersetzung zwischen dem Genossen und der Genossenschaft. Kein Anspruch des Ausgeschiedenen auf Sicherstellung (Parisius-Crüger § 73[12]). Beseitigung der Wirkung der Auseinandersetzung durch Gesetz: 75, 128.

[6]) Hier sind zum Unterschied von 33 die am Jahresschluß ausscheidenden Mitglieder zur Berechnung des Geschäftsguthabens (und Verlustanteils) mitzuzählen.

§ 74[1]). Die Klage[2]) des ausgeschiedenen Genossen auf Auszahlung des Geschäftsguthabens verjährt in zwei Jahren[3]).

[1]) Zur Beseitigung der Mißstände, welche die Verpflichtung der Genossenschaft, nicht abgehobene Guthaben ausgeschiedener, namentlich verstorbener Genossen bis zum Ablauf der ordentlichen Verjährung zur Verfügung zu halten, mit sich führt (KommBer. 39).

[2]) Klage ist wohl nichts anderes als der Anspruch im Sinne von BGB. 194.

[3]) Die Verjährung beginnt mit Ablauf von sechs Monaten seit dem Ausscheiden.

§ 75. Wird die Genossenschaft binnen sechs Monaten nach dem Ausscheiden des Genossen aufgelöst, so gilt dasselbe als nicht erfolgt [1]).

[1]) Die auf Grund der Auseinandersetzung geleisteten Zahlungen sind zurückzugewähren. In der Zwischenzeit gefaßte Beschlüsse sind für die, die zum Jahresschluß ausgeschieden waren und nun wieder als zur G. gehörig betrachtet werden, bindend.

§ 76. Ein Genosse kann zu jeder Zeit, auch im Laufe des Geschäftsjahres, sein Geschäftsguthaben mittels schriftlicher Übereinkunft [1]) einem anderen übertragen und hierdurch aus der Genossenschaft ohne Auseinandersetzung mit ihr austreten, sofern der Erwerber an seiner Stelle Genosse wird oder sofern derselbe schon Genosse ist und dessen bisheriges Guthaben mit dem ihm zuzuschreibenden Betrage den Geschäftsanteil nicht übersteigt. Das Statut kann eine solche Übertragung ausschließen oder an weitere Voraussetzungen knüpfen [2]).

Der Vorstand hat die Übereinkunft dem Gerichte (§ 10) ohne Verzug einzureichen und, falls der Erwerber schon Genosse ist, zugleich die schriftliche Versicherung abzugeben, daß dessen bisheriges Guthaben mit dem zuzuschreibenden Betrage den Geschäftsanteil nicht übersteigt.

Die Übertragung ist in die Liste bei dem veräußernden Genossen unverzüglich einzutragen. Als Zeitpunkt des Ausscheidens gilt der Tag der Eintragung. Dieselbe darf, falls der Erwerber noch nicht Genosse ist, nur zugleich mit der Eintragung des letzteren erfolgen. Die Vorschriften der §§ 15, 71 und 72 finden entsprechende Anwendung.

Wird die Genossenschaft binnen sechs Monaten nach dem Ausscheiden des Genossen aufgelöst, so hat dieser im Falle der Eröffnung des Konkursverfahrens die Nachschüsse, zu deren Zahlung er verpflichtet gewesen sein würde, insoweit zu leisten, als zu derselben der Erwerber unvermögend ist [3]).

[1]) „Schriftliche Übereinkunft" ist notwendig. Die notwendige Beitrittserklärung kann in der „Übereinkunft" abgegeben werden. Im Konkurse des Mitglieds ist der Konkursverwalter berechtigt, das Ausscheiden nach 76 herbeizuführen. Die Übertragung des Geschäftsguthabens durch Testament, mit der Wirkung, daß der Erwerber Mitglied wird, ist unzulässig; über abweichende Ansicht Parisius-Crüger § 76[7]. Ist bei Genossenschaften mit beschränkter Haftpflicht der Erwerb mehrerer Geschäftsanteile zugelassen, so ist Geschäftsguthaben im Sinne von 76 das sich aus der Gesamtbeteiligung des Mitgliedes ergebende Geschäftsguthaben. Ein Mitglied kann nicht mit einem Geschäftsanteil ausscheiden und mit den übrigen Mitglied bleiben (KGJ. **15** 58). Das Geschäftsguthaben kann nur in seinem ganzen Betrage zum Zwecke des Ausscheidens übertragen werden; Deumer (S. 234) hält die Übertragung des Geschäftsguthabens zu bestimmten Quoten an mehrere Genossen für zulässig. Erfordert die Zuschreibung die Bildung weiterer Geschäftsanteile, so ist die Erklärung des Genossen (137 Abs. 1) und die Versicherung des Vorstandes (76, 138) einzureichen. Das Bayer. Oberste LG. (KGJ. **30** 310) verlangt ein Erklärung des Vorstandes nach 137 Abs. 2, „daß durch die Zuschreibung des übertragenen Guthabens die übrigen Geschäftsanteile des Genossen erreicht werden"; das KG. (KGJ. **20** 58) dagegen fordert die Erklärung, „daß jeder Geschäftsanteil, welcher dem letzten des übernommenen vorhergeht, erreicht sei". Vgl. Parisius-Crüger § 76[11]. Ebenda (§ 76[12]) ist der Fall behandelt, daß eine Übertragung stattfindet nach Abschreibung der Geschäftsguthaben zur Verlustdeckung. Über die Anmeldung 137. Für

die Gewinnverteilung (19) kommt das Geschäftsguthaben bei der Übertragung so weit in Betracht, als es am Schlusse des Vorjahres bereits bestand.

[2]) Die im Statut vorbehaltene Genehmigung hat nicht die Bedeutung einer Genehmigung im Sinne von BGB. 184, die „Übereinkunft" hat bereits volle obligatorische Kraft zwischen Veräußerer und Erwerber des Geschäftsguthabens.

[3]) 73, 75.

§ 77. Im Falle des Todes eines Genossen gilt dieser mit dem Schlusse des Geschäftsjahres, in welchem der Tod erfolgt ist, als ausgeschieden [1]). Bis zu diesem Zeitpunkte wird die Mitgliedschaft des Verstorbenen durch den Erben desselben fortgesetzt [2]). Für mehrere Erben kann das Stimmrecht durch einen Bevollmächtigten ausgeübt werden.

Der Vorstand hat eine Anzeige von dem Tode des Genossen ohne Verzug dem Gerichte (§ 10) zur Liste der Genossen einzureichen [4]).

Die Vorschriften in § 70 Absatz 1, §§ 71 bis 75 finden entsprechende Anwendung [5]).

[1]) Dies ist der einzige Fall, in dem die Mitgliedschaft endet, ohne Rücksicht auf die Eintragung. Wie bisher ist die Mitgliedschaft unvererblich (KGJ. **30** 153). Auflösung einer Gesellschaft, die Mitglied ist, müßte dem Tode der physischen Person gleichgestellt sein (a. A. KGJ. **14** 53), wie hier jetzt RG. **87** 412.

[2]) Die Erben werden also nicht Genossen, können aber entsprechend der „Fortsetzung" der Mitgliedschaft die Einrichtungen der Genossenschaft benutzen.

[3]) Ein Erbe muß seine Rechte persönlich ausüben. Nehmen mehrere Erben an der Generalversammlung teil, so gelten sie bei Ausübung der Rechte als notwendige Streitgenossen.

[4]) Vgl. 125, 141, 162 (Übergangsbestimmung). Eine „Anzeige" genügt, weitere Urkunden brauchen nicht beigebracht

zu werden. Angabe des Todestages nicht immer möglich, dann muß das Gericht in Sp. 8 als Tag des Ausscheidens „unbekannt" eintragen. Die Erben namhaft zu machen, ist die Genossenschaft nicht verpflichtet.

[5]) Die Benachrichtigung (72) ist vom Gericht an die Erben zu senden. Das Gesetz sagt nicht, wie das Gericht sich Kenntnis von dem Erben verschaffen soll (Anm. 4).

Sechster Abschnitt.

Auflösung und Nichtigkeit der Genossenschaft.

Vorbemerkung. Fünf Fälle der Auflösung.

1. Durch Auflösungsbeschluß der Generalversammlung, 78, 2. durch Ablauf der statutarisch bestimmten Zeit, 79, 3. zufolge Herabsinkens des Mitgliederbestandes, 80, 4. durch die Staatsbehörde, 79, 5. durch die Konkurseröffnung, 101. Über Nichtigkeit 94 ff., FGG. 147.

§ 78. Die Genossenschaft kann durch Beschluß der Generalversammlung jederzeit aufgelöst werden; der Beschluß bedarf einer Mehrheit von drei Vierteilen der erschienenen Genossen[1]). Das Statut kann außer dieser Mehrheit noch andere Erfordernisse aufstellen[2]).

Die Auflösung ist durch den Vorstand ohne Verzug zur Eintragung in das Genossenschaftsregister anzumelden[3]).

§ 78a[4]). Über die Auflösung eines als eingetragene Genossenschaft bestehenden Vorschuß- und Kreditvereins kann nur von einer ausschließlich zu diesem Zwecke berufenen Generalversammlung beschlossen werden.

Vor der Beschlußfassung ist der Revisionsverband, dem die Genossenschaft angeschlossen ist, oder, falls sie gegenwärtig einem Revisionsverbande nicht angehört, innerhalb der letzten drei Jahre angeschlossen war, darüber zu hören, ob die Auflösung mit dem Interesse des Mittelstandes vereinbar ist[5]).

In Ermangelung eines nach Abs. 2 zuständigen Revisionsverbandes ist der überwiegend Vorschuß- und Kreditvereine umfassende Revisionsverband zu hören, in dessen Bezirk die Genossenschaft ihren Sitz hat. Kommen hiernach für die Anhörung mehrere Revisionsverbände in Betracht, so steht die Auswahl dem Vorstand, sofern der Aufsichtsrat die Generalversammlung berufen hat, dem Aufsichtsrate, falls die Berufung von gerichtlich hierzu ermächtigten Genossen ausgeht, diesen zu.

Das Gutachten des Revisionsverbandes ist in jeder über die Auflösung beratenden Generalversammlung zu verlesen. Dem Revisionsverband ist Gelegenheit zu geben, das Gutachten in der Generalversammlung zu vertreten.

§ 78b. Widerspricht die Auflösung der Genossenschaft nach dem Gutachten des Revisionsverbandes dem Interesse des Mittelstandes, so bedarf der Beschluß, die Genossenschaft aufzulösen, unbeschadet weiterer Erschwerungen durch das Statut einer Mehrheit von drei Vierteilen der Genossen[6]) in zwei mit einem Abstand von mindestens einem Monat aufeinander folgenden Generalversammlungen[7]).

[1]) HGB. 292. Nur die Generalversammlung kann die Auflösung beschließen. Als „erschienen" gelten die Genossen, die eine gültige Stimme abgegeben haben. Eine auf bestimmte Zeit gegründete Genossenschaft müßte erst entsprechende Statutenänderung vornehmen, um vor der festgesetzten Zeit die Auflösung beschließen zu können. Bezüglich der Kreditgenossenschaften vgl. § 78a u. 78b.

[2]) Ist die statutarische Mindestzahl der Genossen nicht anwesend, so ist der Beschluß nicht nichtig, sondern nur nach 51 anfechtbar (RJA. **13** 31).

[3]) Die Auflösung ist von der Eintragung nicht abhängig, Ordnungsstrafe 160. Mit der Auflösung zugleich sind Liquidatoren anzumelden (84), und zwar durch die Vorstandsmitglieder (AV. 20). Über die Blätter, in denen die Bekanntmachungen erfolgen, 82. Zweigniederlassung 158 Abs. 2.

[4]) Da zahlreiche Kreditgenossenschaften sich auflösten, um Aktiengesellschaften zu werden, erging die „Verordnung über die Auflösung eingetragener Genossenschaften" vom 25. 5. 1920 (RGBl. S. 1082), die nunmehr durch die Ges. zur Änderung des Ges. betr. die Erwerbs- u. Wirtschaftsgenossenschaften vom 1. 7. 1922 (RGBl. S. 567) eingefügten §§ 78a u. 78b ersetzt ist.

[5]) Der Revisionsverband ist in allen Fällen zu hören.

[6]) Und zwar aller Genossen, nicht nur der erschienenen.

[7]) Die zweite Generalversammlung kann erst einberufen werden, wenn die erste Generalversammlung abgehalten ist und wird überflüssig, wenn in der ersten Generalversammlung ein gültiger Beschluß nicht zustande gekommen ist.

§ 79. In dem Falle, daß durch das Statut die Zeitdauer der Genossenschaft beschränkt ist, tritt die Auflösung derselben durch Ablauf der bestimmten Zeit ein[1]).

Die Vorschrift im § 78 Absatz 2 findet Anwendung[2]).

[1]) 8, 16. Auflösungsbeschluß erfolgt nicht. Fortsetzung müßte vor Ablauf der Zeit beschlossen und eingetragen sein.

[2]) 82.

§ 80. Beträgt die Zahl der Genossen weniger als sieben[1]), so hat das Gericht (§ 10) auf Antrag des Vorstandes und, wenn der Antrag nicht binnen sechs Monaten erfolgt, von Amts wegen nach Anhörung des Vorstandes die Auflösung der Genossenschaft auszusprechen[2]).

Der Beschluß ist der Genossenschaft zuzustellen. Gegen denselben steht ihr die sofortige Beschwerde nach

Maßgabe der Zivilprozeßordnung zu[3]). Die Auflösung tritt mit der Rechtskraft des Beschlusses in Wirksamkeit.

[1]) Für die Genossenschaften, die 1889 bestanden, Übergangsbestimmung 160.

[2]) Die Auflösung soll nicht durch die bloße Tatsache der Verminderung der Mitgliederzahl von selbst eintreten, es muß ein Gerichtsbeschluß hinzukommen (Begr. II 104). Auflösung erfolgt erst durch den rechtskräftigen Beschluß; Beschwerde hat mithin Suspensiveffekt.

[3]) ZPO. 577.

§ 81. Wenn eine Genossenschaft[1]) sich gesetzwidriger Handlungen oder Unterlassungen schuldig macht, durch welche das Gemeinwohl gefährdet wird[2]), oder wenn sie andere als die in diesem Gesetze (§ 1) bezeichneten geschäftlichen Zwecke verfolgt[3]), so kann[4]) sie aufgelöst werden, ohne daß deshalb ein Anspruch auf Entschädigung stattfindet.

Das Verfahren und die Zuständigkeit der Behörden richtet sich nach den für streitige Verwaltungssachen landesgesetzlich geltenden Vorschriften[5]). Wo ein Verwaltungsstreitverfahren nicht besteht, finden die Vorschriften in §§ 20, 21 der Gewerbeordnung mit der Maßgabe Anwendung, daß die Entscheidung in erster Instanz durch die höhere Verwaltungsbehörde erfolgt, in deren Bezirke die Genossenschaft ihren Sitz hat.

Von der Auflösung hat die in erster Instanz entscheidende Behörde dem Gerichte (§ 10) Mitteilung zu machen.

[1]) Nicht bloße Handlungen oder Unterlassungen des Vorstandes oder des Aufsichtsrates. Die bisherigen Fälle der Verfolgung von Genossenschaften durch Auflösungsanträge auf Grund 35 Gz. und 81 GG. sind besprochen von Parisius-

Crüger in der siebenten Auflage 419 ff. Über einen neuen Fall vgl. Konsumgenoss. Rundschau 16 S. 365. Haftbarkeit der Vorstandsmitglieder außerdem nach 149.

[2]) Selbstverständlich ist Gemeinwohl nicht gleichbedeutend mit den Interessen eines bestimmten Berufsstandes.

[3]) Grundsätzlich ist nach 1 des Gesetzes der Geschäftsbetrieb mit Nichtmitgliedern auf die rechtliche Natur der G. ohne Einfluß. Auch Vorschußvereine und Konsumvereine verfolgen die in 1 bezeichneten geschäftlichen Zwecke, wenn sie ihren Geschäftsbetrieb auf Nichtmitglieder ausdehnen, es kann ein Hinausgehen nur die im Gesetz hierfür vorgesehenen Folgen haben, nicht aber zur Auflösung nach 81 führen. Die Übertretung gewerbepolizeilicher Bestimmungen ist nach der Gewerbeordnung zu bestrafen; die Folgen von 81 kann die Übertretung nicht haben. Inwieweit ein bestimmter Geschäftsbetrieb nach Sondergesetzen in der Form der GG. nicht ausgeübt werden darf, 1_4.

[4]) kann — nicht muß.

[5]) An Stelle des früheren, im Deutschen Reiche gleichen Verfahrens des Zivilprozesses, wie im Gz., tritt ein in jedem Bundesstaate verschiedenes, und da, wo es kein Verwaltungsstreitverfahren gibt, mehr oder minder willkürliches Verfahren (Begr. II 104, KommBer. 41).

§ 82. Die Auflösung der Genossenschaft ist von dem Gerichte ohne Verzug in das Genossenschaftsregister einzutragen[1]).

Sie muß von den Liquidatoren zu drei verschiedenen Malen durch die für die Bekanntmachungen der Genossenschaft bestimmten Blätter bekannt gemacht werden[2]). Durch die Bekanntmachung sind zugleich die Gläubiger aufzufordern, sich bei der Genossenschaft zu melden.

[1]) Die gerichtliche Bekanntmachung, der Auflösung erfolgt einmal in den für die Bekanntmachungen aus dem

Genossenschaftsregister vom Gericht bestimmten Blättern (156), zu dem Gericht der Zweigniederlassung erfolgt die Mitteilung durch das Gericht der Hauptniederlassung (158).

[2]) Diese dreimalige Bekanntmachung hat nicht vom Gericht zu erfolgen und ist wirkungslos, wenn sie in den für die gerichtlichen Bekanntmachungen aus dem Genossenschaftsregister bestimmten Blättern erfolgt. Präklusivfrist für die Meldung der Gläubiger nicht zulässig.

In der Verordnung über die Einschränkung öffentlicher Bekanntmachungen vom 14. Februar 1924 (RGBl. S. 120) ist bestimmt:

§ 7. Im Falle der Auflösung einer Aktiengesellschaft, einer Kommanditgesellschaft auf Aktien, einer Gesellschaft mit beschränkter Haftung, einer Kolonialgesellschaft, einer Genossenschaft oder eines Versicherungsvereins auf Gegenseitigkeit kann das Gericht die Liquidatoren auf ihren Antrag von der Verpflichtung zur Bekanntmachung der Auflösung und der Aufforderung der Gläubiger zur Anmeldung ihrer Ansprüche (§ 297 des Handelsgesetzbuchs, § 65 Abs. 2 des Gesetzes, betreffend die Gesellschaften mit beschränkter Haftung, § 82 des Gesetzes, betreffend die Erwerbs- und Wirtschaftsgenossenschaften, § 47 des Gesetzes über die privaten Versicherungsunternehmungen) befreien, sofern glaubhaft gemacht wird, daß die Kosten der Bekanntmachung durch das vorhandene Vermögen nach Abzug der Verbindlichkeiten nicht gedeckt werden würden. In diesem Falle beginnt der Lauf des Sperrjahres (§ 301 des Handelsgesetzbuchs, § 73 des Gesetzes, betreffend die Gesellschaften mit beschränkter Haftung, § 90 des Gesetzes, betreffend die Erwerbs- und Wirtschaftsgenossenschaften, § 48 Abs. 3 des Gesetzes über die privaten Versicherungsunternehmungen) mit dem Tage, an dem die Auflösung der Gesellschaft, der Genossenschaft oder des Vereins durch das Registergericht bekanntgemacht ist.

§ 83[1]). Die Liquidation erfolgt durch den Vorstand, wenn nicht dieselbe durch das Statut oder durch Beschluß der Generalversammlung anderen Personen übertragen wird [2]).

Es sind wenigstens zwei Liquidatoren zu bestellen.

Auf Antrag des Aufsichtsrats oder mindestens des zehnten Teils der Genossen kann die Ernennung von Liquidatoren durch das Gericht (§ 10) erfolgen.

Die Abberufung der Liquidatoren [3]) kann durch das Gericht unter denselben Voraussetzungen wie die Bestellung erfolgen. Liquidatoren, welche nicht vom Gerichte ernannt sind, können auch durch die Generalversammlung vor Ablauf des Zeitraums, für welchen sie bestellt sind, abberufen werden.

[1]) Abgesehen von dem Falle des Konkurses ist die Liquidation die notwendige Folge der Auflösung. Auch an den Konkurs kann sich die Liquidation anschließen. Mit der Auflösung nimmt nur die produktive Seite der Genossenschaft ihr Ende, diese besteht noch weiter zum Zweck der Abwicklung ihrer Geschäfte (RG. **15** 104). Bis zur völligen Verteilung des Vermögens besteht die Genossenschaft, selbst wenn die Firma gelöscht ist (RJA. **10** 255). Liquidationsfirma enthält keine Änderung der bisherigen Firma (RG. **15** 105). Der Revision nach 53 ff. unterliegt die aufgelöste Genossenschaft nicht. Statutenveränderungen können nicht mehr beschlossen werden (vgl. 16_1). Die Auflösung gibt den Gläubigern nicht das Recht, vorzeitige Erfüllung zu fordern, die Auflösung führt nicht zur Beendigung der Verträge (RG. **24** 71). Wenn aber bei Eingehung des Vertrages das produktive Fortbestehen der G. allseitig vorausgesetzt wurde, führt die Liquidation zur Beendigung des Vertrages (vgl. für den Dienstvertrag der Vorstandsmitglieder 24_4).

[2]) Vgl. 24. Der Vorstand besteht neben den Liquidatoren nicht fort. Anders im Konkurs (101_1). Der Aufsichtsrat bleibt während der Liquidation in Tätigkeit, er

muß also auch beschlußfähig bleiben, woraus sich wieder die Notwendigkeit von Neuwahlen ergibt.

³) Bestellung und Abberufung der Liquidatoren durch das Gericht nur auf Antrag (FGG. 148). Der Aufsichtsrat hat gegen alle Liquidatoren das Recht der Suspension. Über die Amtsenthebung entscheidet dann das Gericht, wenn Bestellung von ihm, die Generalversammlung, wenn sie von ihr ausgegangen ist. Für die Fortführung der Geschäfte 40.

§ 84. Die ersten Liquidatoren sind durch den Vorstand, jede Änderung in den Personen der Liquidatoren, sowie eine Beendigung ihrer Vertretungsbefugnis[1]) ist durch die Liquidatoren zur Eintragung in das Genossenschaftsregister anzumelden. Eine Abschrift der Urkunden über die Bestellung der Liquidatoren oder über die Änderung in den Personen derselben ist der Anmeldung beizufügen und wird bei dem Gericht aufbewahrt.

Die Eintragung der gerichtlichen Ernennung oder Abberufung von Liquidatoren geschieht von Amts wegen.

Die Liquidatoren haben ihre Unterschrift persönlich vor dem Gerichte zu zeichnen oder die Zeichnung in beglaubigter Form einzureichen[2]).

¹) Erfolgt die Bestellung durch den Richter, so ist die Eintragung von Amts wegen vorzunehmen. Anmeldung auch zu dem Gericht der Zweigniederlassung (157). Liquidation durch den Vorstand (AV. 20 Abs. 2). Sobald mit der vollständigen Verteilung des Genossenschaftsvermögens die Liquidation beendigt ist, haben die Liquidatoren das Erlöschen ihrer Vollmacht anzumelden (AV. 21).

²) Zweigniederlassungen 157. Ordnungsstrafen 160.

§ 85. Die Liquidatoren haben in der bei ihrer Bestellung bestimmten Form ihre Willenserklärungen kundzugeben und für die Genossenschaft zu zeichnen. Ist nichts darüber bestimmt, so muß die Erklärung und Zeichnung durch sämtliche Liquidatoren erfolgen. Weniger als zwei dürfen hierfür nicht bestimmt werden [1]).

Die Bestimmung ist mit der Bestellung der Liquidatoren zur Eintragung in das Genossenschaftsregister anzumelden [2]).

Die Zeichnungen geschehen derartig, daß die Liquidatoren der bisherigen, nunmehr als Liquidationsfirma zu bezeichnenden Firma ihre Namensunterschrift beifügen.

[1]) 25. [2]) 157, 160.

§ 86. Die Vorschriften im § 29 über das Verhältnis zu dritten Personen finden bezüglich der Liquidatoren Anwendung.

§ 87. Bis zur Beendigung der Liquidation kommen ungeachtet die Auflösung der Genossenschaft in bezug auf die Rechtsverhältnisse derselben und der Genossen die Vorschriften des zweiten und dritten Abschnitts dieses Gesetzes zur Anwendung, soweit sich aus den Bestimmungen des gegenwärtigen Abschnitts und aus dem Wesen der Liquidation nicht ein anderes ergibt [1]).

Der Gerichtsstand, welchen die Genossenschaft zur Zeit ihrer Auflösung hatte, bleibt bis zur vollzogenen Verteilung des Vermögens bestehen.

[1]) Es kommen nicht zur Anwendung 20, 21, 22, 30 Abs. 2, 49 — es sind ersetzt 19 durch 91, 24 durch 83, 88, 89, 25 durch 85, 28 durch 84, 33 und 34 durch 89. Mit der Liquidationsbilanz sind die Angaben über Geschäftsguthaben, Mitgliederbewegung, Haftsummen nicht zu ver-

öffentlichen (KGJ. **38** 314, **29** 227). Abschnitt IV, betreffend die Revision, findet keine Anwendung. Abschnitt I bleibt außer Anwendung, desgleichen Abschnitt V.

§ 88. Die Liquidatoren haben die laufenden Geschäfte zu beendigen, die Verpflichtungen der aufgelösten Genossenschaft zu erfüllen, die Forderungen derselben einzuziehen und das Vermögen der Genossenschaft in Geld umzusetzen; sie haben die Genossenschaft gerichtlich und außergerichtlich zu vertreten. Zur Beendigung schwebender Geschäfte können die Liquidatoren auch neue Geschäfte eingehen[1]).

[1]) Es gehört zur Aufgabe der Liquidatoren, das Vermögen flüssig zu machen. Bei der Beurteilung, ob ein Geschäft vorgenommen werden dürfte, ist immer der Liquidationszweck entscheidend. Unzulässig Beschluß betr. Fortführung der Geschäfte. Die Mitglieder können verpflichtet sein, während der Liquidation ihre Sonderleistungen (6_1) fortzusetzen (z. B. Milchlieferung, RG. **72** 240). Die Aufgaben der Liquidatoren dürfen nicht so eingeengt werden, daß die Liquidation mit Verlust für die Genossenschaft verbunden ist (RG. **44** 80). Remuneratorische Zuwendungen während der Liquidation zulässig (ROHG. **24** 224). Verjährte Forderungen dürfen von den Liquidatoren anerkannt werden (ROHG. **9** 85). Vgl. für Immobilien 89_5. Es kann der Erwerb von Immobilien zur Rettung von Forderungen erforderlich werden. Rückständige Einzahlungen auf Geschäftsanteil sind einzuziehen, mit der Auflösung hört die laufende Einzahlungspflicht auf (7_4). Das Gesetz enthält keine HGB. 303 analoge Bestimmung (Veräußerung des Vermögens im ganzen), Parisius-Crüger § 88[3].

§ 89. Die Liquidatoren haben die aus den §§ 26, 27, § 33 Absatz 1, § 34, §§ 44 bis 47, § 48 Absatz 2, § 51 sich ergebenden Rechte und Pflichten[1]) des Vorstandes und unterliegen gleich diesem der Überwachung des Aufsichtsrats [2]). Sie haben sofort bei Beginn der Liquidation und demnächst in jedem Jahre eine Bilanz [3]) aufzustellen. Die erste Bilanz ist zu veröffentlichen [4]); die Bekanntmachung ist zu dem Genossenschaftsregister einzureichen [5]).

[1]) 90 Abs. 3, 142. KG. (KGJ. **29** 226) erklärt 33 Abs. 2 für anwendbar.

[2]) 40.

[3]) Kalenderjahr (RG. Strafsachen **35** 137). Die Doppelnatur der Bilanz; Vermögensverteilung und Gewinnverteilung erschwert hier die Bewertung der Aktiven. Es muß grundsätzlich der wesentliche Zweck (Vermögensverteilung) beobachtet werden. Man wird daher annehmen müssen, daß die auch für G. geltenden Bestimmungen des HGB. 261 über die Bewertung im Liquidationsstadium nicht zur Anwendung kommen. Es sind die Werte einzusetzen, die sich bei der Veräußerung wahrscheinlich ergeben (RG. **80** 106). Vgl. wegen der sich aus der Eigenart der G. ergebenden Möglichkeit von Konflikten Parisius-Crüger § 89[8].

[4]) Ohne Angabe über Mitgliederbewegung, Betrag der Geschäftsguthaben und Haftsummen (KGJ. **38** 314). Die ferneren Bilanzen sind der Generalversammlung vorzulegen (48 Abs. 2), aber nicht zu veröffentlichen (Begr. II 107). Ordnungsstrafe 160.

[5]) Die Liquidatoren können selbständig unbewegliche Sachen erwerben, soweit der Erwerb in den Rahmen ihrer Vertretungsbefugnis fällt, sie sind für den Verkauf der unbeweglichen Sachen an keine Beschränkung gebunden, die diesbezügliche Beschränkung des Gesetzes von 1889 ist durch EHGB. beseitigt.

§ 90. Eine Verteilung des Vermögens unter die Genossen darf nicht vor Tilgung oder Deckung der

Schulden und nicht vor Ablauf eines Jahres seit dem Tage vollzogen werden, an welchem die Aufforderung der Gläubiger in den hierzu bestimmten Blättern (§ 82 Absatz 2) zum dritten Male erfolgt ist [1].

Meldet sich ein bekannter Gläubiger nicht, so ist der geschuldete Betrag, wenn die Berechtigung zur Hinterlegung vorhanden ist, für den Gläubiger zu hinterlegen. Ist die Berichtigung einer Verbindlichkeit zurzeit nicht ausführbar oder ist eine Verbindlichkeit streitig, so darf die Verteilung des Vermögens nur erfolgen, wenn dem Gläubiger Sicherheit geleistet ist [2].

Liquidatoren, welche diesen Vorschriften zuwiderhandeln, sind außer der Genossenschaft [3]) den Gläubigern zum Ersatze des ihnen daraus erwachsenen Schadens persönlich und solidarisch verpflichtet. Die gleiche Verpflichtung trifft die Mitglieder des Aufsichtsrats, wenn die Zuwiderhandlung mit ihrem Wissen und ohne ihr Einschreiten geschieht. Die Verpflichtung wird den Gläubigern [4]) gegenüber dadurch nicht aufgehoben, daß die Zuwiderhandlung auf einem Beschlusse der Generalversammlung beruht.

¹) Da ein Konkursverfahren nach Verteilung des Vermögens nicht zulässig ist (98 Abs. 2), werden die bisherigen den Bestimmungen über offene Handelsgesellschaften entnommenen Vorschriften zur Sicherung der Rechte der Gläubiger nicht für ausreichend erklärt und ähnliche Bestimmungen eingeführt wie für die Aktiengesellschaften (Begr. II 108). Das Sperrjahr darf nicht abgekürzt werden, hat aber auch nicht die Bedeutung einer Präklusivfrist. Gilt auch für die Auszahlung der Geschäftsguthaben, Regreßansprüche, Forderungen auf Rückerstattung von Geschäftsguthaben gelten als Aktivum. Beendigung der Verteilung des Vermögens und entsprechende Eintragung im Register führen nicht zur Beseitigung der Parteifähigkeit (JW. 06 S. 40). Keine An=

wendung findet 74 für die Verjährung der Geschäftsguthaben, diese sind vielmehr erforderlichenfalls zu hinterlegen (BGB. 372).

[2]) HGB. 301, BGB. 52, 232 ff. (Sicherstellung), das Gesetz unterscheidet nicht zwischen gedeckten und ungedeckten Forderungen, BGB. 372 (Hinterlegung), EHGB. Art. 10 X.

[3]) Den Liquidatoren gleich zu achten sind die Vorstandsmitglieder bis zur Bestellung von Liquidatoren.

[4]) 90 Abs. 3 und 142 sind die einzigen Fälle, in denen eine direkte Haftpflicht gegenüber den Gläubigern anerkannt wird.

§ 91. Die Verteilung des Vermögens unter die einzelnen Genossen erfolgt bis zum Gesamtbetrage ihrer auf Grund der ersten Liquidationsbilanz (§ 89) ermittelten Geschäftsguthaben nach dem Verhältnis der letzteren. Bei Ermittelung der einzelnen Geschäftsguthaben bleiben für die Verteilung des Gewinnes oder Verlustes, welcher sich für den Zeitraum zwischen der letzten Jahresbilanz (§ 33) und der ersten Liquidationsbilanz ergeben hat, die seit der letzten Jahresbilanz geleisteten Einzahlungen außer Betracht. Der Gewinn aus diesem Zeitraum ist dem Guthaben auch insoweit zuzuschreiben, als dadurch der Geschäftsanteil überschritten wird [1])[2]).

Überschüsse, welche sich über den Gesamtbetrag dieser Guthaben hinaus ergeben, sind nach Köpfen zu verteilen [3]).

Durch das Statut kann die Verteilung des Vermögens ausgeschlossen oder ein anderes Verhältnis für die Verteilung bestimmt werden [4]).

[1]) 19, Begr. II 108.

[2]) Schlußbilanz. Es handelt sich nur um eine Rechnungsoperation. Finden sich nach Beendigung der Liquidation noch Vermögensbestandteile, so ist sie wieder aufzunehmen (vgl. RG. **41** 96, KGJ. **45** 184, **47** 249, RJA. **10** 212);

der Ersatzanspruch gegen die Liquidatoren genügt, um dem Fortbestand der Parteifähigkeit die erforderliche Unterlage zu schaffen. Nach Beendigung der Liquidation haben die Liquidatoren das Erlöschen ihrer Vollmacht anzumelden, sowie die Löschung der Firma zu beantragen (AV. 21, 10).

Legung einer Schlußrechnung verlangt das Gesetz zwar nicht, doch ergibt sich die Verpflichtung aus der Stellung der Liquidatoren als Geschäftsführer (RG. **34** 57).

[3]) Entspricht der Solidarbürgschaft. Über die Fälle, in denen „ein anderes Verhältnis" gewählt werden wird, Parisius-Crüger § 91[6]. Der unter Umständen verschiedene Maßstab für Gewinnverteilung und Verteilung des Vermögens kann zu Komplikationen führen (Parisius-Crüger § 91[8]).

[4]) Der Ausschluß der Gewinnverteilung kann auch bei bestehender Genossenschaft eingeführt werden. Bei Genossenschaften mit beschränkter Haftpflicht wird Verteilung nach Haftsummen vorgesehen werden, falls der Erwerb mehrerer Geschäftsanteile zugelassen ist Die Ausschließung der Verteilung kann auch bei bestehender G. im Wege der Statutenänderung herbeigeführt werden, vgl. Parisius-Crüger § 91[1].

§ 92. Ein bei der Auflösung der Genossenschaft verbleibendes unverteilbares Reinvermögen (§ 91 Absatz 3) fällt, sofern dasselbe nicht durch das Statut einer physischen oder juristischen Person zu einem bestimmten Verwendungszweck überwiesen ist, an diejenige Gemeinde, in der die Genossenschaft ihren Sitz hatte [1]). Die Zinsen dieses Fonds sind zu gemeinnützigen Zwecken zu verwenden.

[1]) Entspricht den Grundsätzen über die Bildung eines unteilbaren Vereinsvermögens (20).

§ 93. Nach Beendigung der Liquidation sind die Bücher und Schriften der aufgelösten Genossenschaft für die Dauer von zehn Jahren einem der gewesenen

Genossen oder einem Dritten in Verwahrung zu geben. Der Genosse oder der Dritte wird in Ermangelung einer Bestimmung des Statuts oder eines Beschlusses der Generalversammlung durch das Gericht (§ 10) bestimmt. Dasselbe kann die Genossen und deren Rechtsnachfolger, sowie die Gläubiger der Genossenschaft zur Einsicht der Bücher und Schriften ermächtigen[1][2].

[1] Sofortige Beschwerde FGG. 148. Ein Recht auf Einsicht der Bücher hat niemand.

[2] Nach vollständiger Verteilung des Vermögens haben die Liquidatoren das Erlöschen ihrer Vollmacht zur Eintragung anzumelden (91_2).

§ 93 a[1]. Die Verschmelzung[2] einer Genossenschaft (aufgelöste Genossenschaft) mit einer anderen Genossenschaft, die die gleiche Haftform[3] hat (übernehmende Genossenschaft), ist nur auf Grund von Beschlüssen der Generalversammlungen beider Genossenschaften zulässig. Die Beschlüsse bedürfen unbeschadet weiterer Erschwerungen durch das Statut einer Mehrheit von drei Vierteilen der in der Generalversammlung erschienenen Genossen; die Vorschriften der §§ 78a, 78b finden keine Anwendung.

Die Verschmelzung ist durch die Vorstände der beiden Genossenschaften gemeinschaftlich ohne Verzug zur Eintragung in das Genossenschaftsregister des Sitzes der beiden Genossenschaften anzumelden; der Anmeldung ist der zwischen den Genossenschaften abgeschlossene Vertrag in Urschrift oder in öffentlich beglaubigter Abschrift beizufügen. Die Eintragung darf nur erfolgen, nachdem die Beobachtung der vorstehenden Bestimmungen nachgewiesen ist.

Mit der Eintragung der Verschmelzung in das Genossenschaftsregister des Sitzes der aufgelösten Genossenschaft gilt die Auflösung[4]) und der Übergang des Vermögens dieser Genossenschaft einschließlich der Schulden auf die übernehmende Genossenschaft[5]) als erfolgt; die Firma der aufgelösten Genossenschaft erlischt.

§ 93b[6]). Eine Liquidation der aufgelösten Genossenschaft findet nicht statt. Das Vermögen der aufgelösten Genossenschaft ist durch die übernehmende Genossenschaft getrennt zu verwalten[7]).

Der bisherige Gerichtsstand der aufgelösten Genossenschaft bleibt bis zur Vereinigung der Vermögen der beiden Genossenschaften bestehen.

Bis zu demselben Zeitpunkt gilt im Verhältnis der Gläubiger der aufgelösten Genossenschaft zu der übernehmenden Genossenschaft und deren Gläubigern das übernommene Vermögen noch als Vermögen der aufgelösten Genossenschaft.

Die Vereinigung der beiden Vermögen darf erst erfolgen, nachdem die Gläubiger der aufgelösten Genossenschaft von der anderen Genossenschaft nach Maßgabe des § 82 Abs. 2 zur Anmeldung ihrer Forderungen aufgefordert worden sind, und nur unter Beobachtung der nach § 90 Abs. 1, 2 für die Verteilung des Vermögens unter die Genossen geltenden Vorschriften[8]).

Die Mitglieder des Vorstandes und des Aufsichtsrates der übernehmenden Genossenschaft sind den Gläubigern der aufgelösten Genossenschaft für die Ausführung der getrennten Verwaltung als Gesamtschuldner verantwortlich, die Mitglieder des Aufsichtsrats jedoch nur, soweit eine Vereinigung der Vermögen beider Genossenschaften mit ihrem Wissen und ohne ihr Einschreiten erfolgt. Die Verpflichtung wird den Gläubigern gegenüber dadurch nicht aufgehoben, daß die Nichterfüllung auf einem Beschlusse der Generalversammlung beruht.

§ 93 c. Mit der Eintragung der Verschmelzung in das Genossenschaftsregister des Sitzes der aufgelösten Genossenschaft gelten die Mitglieder dieser Genossenschaft als Mitglieder der übernehmenden Genossenschaft mit den aus dieser Mitgliedschaft sich ergebenden Rechten und Pflichten. Der Vorstand der übernehmenden Genossenschaft hat sie unverzüglich behufs Eintragung in die Liste der Genossen anzumelden. Von der Eintragung hat das Gericht die Genossen und den Vorstand zu benachrichtigen.

Die Liste der Genossen der aufgelösten Genossenschaft wird bis zur Vereinigung der Vermögen der beiden Genossenschaften (§ 93 b) bei dem Gericht, in dessen Bezirk die übernehmende Genossenschaft ihren Sitz hat, gesondert weitergeführt.

Die Mitglieder der aufgelösten Genossenschaft haben das Recht, mittels Aufkündigung ihren Austritt aus der übernehmenden Genossenschaft zu erklären. Auf das Recht zur Aufkündigung kann verzichtet werden. Die Aufkündigung hat spätestens bis zum Ablauf von drei Monaten nach dem Tage des Zugehens der Benachrichtigung an sie (Abs. 1 Satz 3) zu erfolgen. Der Vorstand ist verpflichtet, die Aufkündigung unverzüglich dem Gerichte zur Liste der Genossen einzureichen. Er hat zugleich die schriftliche Versicherung abzugeben, daß die Aufkündigung rechtzeitig erfolgt ist. Infolge der Eintragung des Ausscheidens in die Liste gilt der Erwerb der Mitgliedschaft bei der übernehmenden Genossenschaft als nicht erfolgt. Für die aus der Mitgliedschaft bei der aufgelösten Genossenschaft sich ergebenden Rechte und Pflichten gelten die Vorschriften entsprechend, die für den Fall des Ausscheidens von Genossen aus einer bestehenden Genossenschaft anwendbar sind. Die Auszahlung des Geschäftsguthaben hat binnen sechs Monaten nach der Vereinigung der Vermögen der beiden Genossenschaften (§ 93 b) zu erfolgen. Die Auszahlung vor der Vereinigung der beiden Vermögen ist unzulässig; die Vorschriften des § 93 b Abs. 5 finden entsprechende Anwendung.

§ 93 d. Bis zur Vereinigung der Vermögen der beiden Genossenschaften (§ 93 b) können die Mitglieder der aufgelösten Genossenschaft auf Grund ihrer Haftpflicht nur wegen der Verbindlichkeiten dieser Genossenschaft in Anspruch genommen werden.

Bis zu dem gleichen Zeitpunkt kann, insoweit die Haftung der Mitglieder der aufgelösten Genossenschaft oder ihre Verpflichtung zu Einzahlungen auf den Geschäftsanteil infolge der Verschmelzung eine Minderung erfahren, diese den Gläubigern der aufgelösten Genossenschaft nicht entgegengesetzt werden.

Ist der Geschäftsanteil der übernehmenden Genossenschaft geringer als der Geschäftsanteil der aufgelösten Genossenschaft, so darf eine aus diesem Grunde gebotene Rückzahlung an die Mitglieder der aufgelösten Genossenschaft nicht vor der Vereinigung der Vermögen der beiden Genossenschaften erfolgen.

Die Vorschriften des § 93b Abs. 5 finden entsprechende Anwendung.

[1]) Die §§ 93a—93d sind durch Ges. vom 1. 7. 1922 (RGBl. I S. 567) bezw. Ges. vom 12.5.1923 (RGBl. I S. 288)

eingefügt. Die Neuerungen tragen den Entwicklungstendenzen, die sich in den letzten Jahren besonders bei den Konsumgenossenschaften geltend machten (Bezirkskonsumvereinsbewegung) Rechnung und suchen den Zusammenschluß mehrerer Genossenschaften zu erleichtern. Die Bestimmungen lehnen sich an die §§ 303—306 HGB. an, doch bestehen wesentliche Unterschiede (Parisius-Crüger § 93a[1] ff.).

[2]) Unter „Verschmelzung" ist die Übertragung des Genossenschaftsvermögens als Ganzes auf eine andere Genossenschaft zu verstehen, doch ist nicht unbedingt erforderlich, daß alle vorhandenen Gegenstände veräußert werden, einzelne dürfen ausgenommen werden, auch Schulden. Die Verschmelzung erfolgt auf Grund eines Vertrags, der nach der herrschenden Ansicht der gerichtlichen oder notariellen Beurkundung bedarf (§ 311 BGB.). Der Inhalt des Vertrags muß sich nach den besonderen Verhältnissen des einzelnen Falles richten; Hauptinhaltlich wird die Bewertung des Vermögens der aufgelösten Genossenschaft und seine Vergleichbarkeit mit dem Vermögen der übernehmenden Genossenschaft sein. Grundlage der Beratung wird die Bilanz sein, die damit richtiger Inhalt des Veschmelzungsvertrags wird.

[3]) Die Verschmelzung von Genossenschaften verschiedener Haftarten müßte zu großen Schwierigkeiten führen.

[4]) Ein besonderer Auflösungsbeschluß der zu übernehmenden Genossenschaft ist nicht erforderlich.

[5]) Besondere Übertragungsakte in Ansehung der einzelnen Vermögensgegenstände sind nicht erforderlich, Grundstücke brauchen nicht aufgelassen zu werden; es kommt nur eine Berichtigung des Grundbuchs gemäß § 22 der Grundbuchordnung in Frage. Auch Rechte und Pflichten aus laufenden Verträgen gehen über, soweit nicht aus den Umständen etwas Gegenteiliges anzunehmen ist. Schwebende Prozesse werden unterbrochen und sind gemäß §§ 239 ff. der Zivilprozeßordnung aufzunehmen.

[6]) Der Paragraph enthält Schutzvorschriften im Interesse der Gläubiger der aufgelösten Genossenschaft.

[7]) Die getrennte Verwaltung bedingt getrennte Buchführung.

[8]) Vereinfacht wird die Verschmelzung, wenn die Gläubiger der aufgelösten Genossenschaft die Geschäftsverbindung mit der übernehmenden Genossenschaft fortsetzen und sich mit der Übertragung des Kontos auf diese einverstanden erklären.

[9]) Über die verschiedenen möglichen Fälle hinsichtlich der Einzahlungen auf die Geschäftsanteile vgl. — Parisius-Crüger § 93a — d. Anm. 10.

Vorbemerkung zu §§ 94—97.

Wiederholt sind Statuten in das Genossenschaftsregister eingetragen, die an wesentlichen Mängeln litten, so daß die Eintragung als nichtig betrachtet werden mußte. Es fehlte an einem Verfahren, derartige Eintragungen zu beseitigen, die Löschung der Genossenschaft herbeizuführen. Diesem Mangel hat das EHGB. in Art. 10 XI für Genossenschaften durch Einführung des Nichtigkeitsverfahrens abgeholfen, das in §§ 94—97 geregelt ist. Eine Ergänzung findet das Verfahren in FGG. 147, der bestimmt:

> Eine in das Genossenschaftsregister eingetragene Genossenschaft kann gemäß den Vorschriften der §§ 142, 143 als nichtig gelöscht werden, wenn die Voraussetzungen vorliegen, unter denen nach §§ 94, 95 des Gesetzes, betreffend die Erwerbs- und Wirtschaftsgenossenschaften, die Nichtigkeitsklage erhoben werden kann.
>
> „Ein in das Genossenschaftsregister eingetragener Beschluß der Generalversammlung einer Genossenschaft kann gemäß den Vorschriften der §§ 142, 143 als nichtig gelöscht werden, wenn er durch seinen Inhalt zwingende Vorschriften des Gesetzes verletzt und seine Beseitigung im öffentlichen Interesse erforderlich erscheint."

Bei der letzteren Bestimmung handelt es sich hauptsächlich um Statutenänderungen. Der Beschluß muß inhaltlich zwingende Vorschriften des Gesetzes verletzen — in anderen Fällen bleibt die Anfechtung den Beteiligten überlassen. Fernere Voraussetzung der Löschung von Amts wegen ist, daß die Beseitigung im öffentlichen Interesse erforderlich erscheint (vgl. Parisius-Crüger § 97[7]). Das Verfahren bei der Löschung ist in FGG. 142, 143 näher bestimmt.

Für die Nichtigkeitsklage sind 94—97 maßgebend.

Welche Bestimmungen als wesentlich für die Erhebung der Nichtigkeitsklage zu betrachten sind, ist in 95 bestimmt. Zweck des Verfahrens ist, Mängel des Gesellschaftsvertrages, welche die Nichtigkeit der Gesellschaft zur Folge haben, nachträglich zu heilen. Hierzu bedurfte es besonderer gesetzlicher Vorschriften, da an und für sich eine nichtige Genossenschaft nicht imstande ist, ihr Statut abzuändern.

Das Urteil, durch das eine Genossenschaft für nichtig erklärt wird, hat deklaratorische Bedeutung, die Genossenschaft ist nichtig, es wird ihr aber insoweit eine gewisse Rechtsbeständigkeit beigelegt, als es sich um die Abwicklung ihrer Verhältnisse handelt.

Ist von Amts wegen mit Löschung vorgegangen, so schließt dies die Erhebung der Nichtigkeitsklage aus.

Ist die G. für nichtig erklärt, so folgt zur Abwicklung ihrer Verhältnisse Liquidation oder auch Konkursverfahren.

§ 94. Enthält das Statut nicht die für dasselbe wesentlichen Bestimmungen oder ist eine dieser Bestimmungen nichtig, so kann jeder Genosse und jedes Mitglied des Vorstandes und des Aufsichtsrats im Wege der Klage beantragen, daß die Genossenschaft für nichtig erklärt werde.

§ 95. Als wesentlich im Sinne des § 94 gelten die in den §§ 6, 7 und 131 bezeichneten Bestimmungen des Statuts mit Ausnahme derjenigen über die Beurkundung der Beschlüsse der Generalversammlung und den Vorsitz in dieser, sowie über die Grundsätze für die Aufstellung und Prüfung der Bilanz.

Ein Mangel, der eine hiernach wesentliche Bestimmung des Statuts betrifft, kann durch einen den Vorschriften dieses Gesetzes über Änderungen des Statuts entsprechenden Beschluß der Generalversammlung geheilt werden.

Die Berufung der Generalversammlung erfolgt, wenn sich der Mangel auf die Bestimmungen über die Form der Berufung bezieht, durch Einrückung in diejenigen öffentlichen Blätter, welche für die Bekanntmachung der Eintragungen in das Genossenschaftsregister des Sitzes der Genossenschaft bestimmt sind.

Betrifft bei einer Genossenschaft mit beschränkter Haftpflicht der Mangel die Bestimmungen über die Haftsumme, so darf durch die zur Heilung des Mangels beschlossenen Bestimmungen der Gesamtbetrag der von den einzelnen Genossen übernommenen Haftung nicht vermindert werden.

§ 96. Das Verfahren über die Klage auf Nichtigkeitserklärung und die Wirkungen des Urteils bestimmen sich nach den Vorschriften des § 51 Absatz 3 bis 5 und des § 52.

§ 97. Ist die Nichtigkeit einer Genossenschaft in das Genossenschaftsregister eingetragen, so finden zum

Zwecke der Abwickelung ihrer Verhältnisse die für den Fall der Auflösung geltenden Vorschriften entsprechende Anwendung.

Die Wirksamkeit der im Namen der Genossenschaft mit Dritten vorgenommenen Rechtsgeschäfte wird durch die Nichtigkeit nicht berührt.

Soweit die Genossen eine Haftung für die Verbindlichkeiten der Genossenschaft übernommen haben, sind sie verpflichtet, die zur Befriedigung der Gläubiger erforderlichen Beträge nach Maßgabe der Vorschriften des folgenden Abschnitts zu leisten.

Siebenter Abschnitt.

Konkursverfahren und Haftpflicht der Genossen.

§ 98. Das Konkursverfahren findet im Falle der Zahlungsunfähigkeit [1]), nach Auflösung der Genossenschaft auch im Falle der Überschuldung statt. [2]).

Nach Auflösung der Genossenschaft ist die Eröffnung des Verfahrens so lange zulässig, als die Verteilung des Vermögens nicht vollzogen ist [3]).

[1]) 99 Abs. 2, 121, 126, 140. Zahlungsunfähigkeit liegt vor, wenn die Genossenschaft nicht die genügenden Mittel besitzt, um die fälligen Verpflichtungen zu erfüllen. Zahlungsstockung ist keine Zahlungseinstellung.

[2]) Überschuldung, die zur Konkurseröffnung führt, ist nicht schon vorhanden, wenn die Passiven größer sind als die Aktiven, sondern es müssen auch die Geschäftsguthaben und Reserven verloren sein. Kommt Überschuldung auf andere Weise als durch Bilanz (99) zur Kenntnis von Vorstand und Aufsichtsrat, so erfordert es die Sorgfalt eines ordentlichen Geschäftsmannes, daß alsbald eine ordentliche Bilanz aufgestellt wird.

Nach 121 ist bei G. (m. u. H. und m. u. N.) eine Generalversammlung zur Beschlußfassung über die Auflösung zu berufen, wenn sich „bei der Geschäftsführung" die Überschuldung ergibt. Die gleiche Vorschrift besteht für G. m. b. H. nicht. Wird also die Generalversammlung trotzdem berufen und die Auflösung beschlossen, so hat dies die in Abs. 1 vorgesehenen Folgen.

[3]) Da die persönliche Haftpflicht der Mitglieder nur im Konkurse der Genossenschaft realisiert werden kann. Regreßansprüche gelten als Teile des Vermögens (Parisius-Crüger 461 $_6$).

§ 99. Sobald die Zahlungsunfähigkeit der Genossenschaft eintritt, hat der Vorstand die Eröffnung des Konkursverfahrens zu beantragen [1]); dasselbe gilt, wenn bei oder nach Auflösung der Genossenschaft aus der Jahresbilanz oder aus einer im Laufe des Jahres aufgestellten Bilanz Überschuldung sich ergibt [2]).

Die Mitglieder des Vorstandes sind der Genossenschaft zum Ersatz einer nach diesem Zeitpunkte geleisteten Zahlung nach Maßgabe des § 34 verpflichtet [3]).

Die Ansprüche auf Grund der vorstehenden Bestimmungen verjähren in fünf Jahren [4]).

[1]) Strafvorschrift 148. Antragsberechtigt sind auch die einzelnen Vorstandsmitglieder (100, RKO. 109).

[2]) 118, 140 (Begr. II 115). Für die Aufstellung der Bilanz kommen die Grundsätze der Liquidationsbilanz zur Anwendung (89 $_3$). Sind bereits Liquidatoren bestellt, so sind diese und nicht die Vorstandsmitglieder verantwortlich (RG. Strafsachen **25** 86). Über den Zeitpunkt Parisius-Crüger § 95 $_5$.

[3]) Eine Bilanz muß vorliegen. Wird die Aufstellung schuldhafterweise versäumt, so dürften die gleichen Folgen eintreten. Da eine Bilanz Voraussetzung, kann der Zustand

der Überschuldung recht lange bestehen: 18 Monate unter Berücksichtigung von 33. Vgl. JW. 13 S. 497. Eine subsidiäre direkte Haftpflicht gegenüber den Gläubigern ist nicht vorgesehen; für G. m b. H. 142. Der Ersatzanspruch wird allein durch die Tatsache der Zahlung nach dem im Abs. 1 bezeichnenden Zeitpunkt begründet. Eine gleiche Ersatzpflicht für die Mitglieder des Aufsichtsrats besteht nicht, vgl. aber 41 Abs. 2. Zu weitgehend (RG. Strafsachen **37** 324), daß Bemühungen einen außergerichtlichen Vergleich zu erzielen, die Vorstandsmitglieder von der Verantwortung nicht befreien (Parisius-Crüger § 99_6).

Zeigt sich die Überschuldung in der Liquidationsbilanz nach Bestellung der Liquidatoren, werden die Vorstandsmitglieder frei von der Verantwortung (RG. Strafsachen **25** 86); zweifelhaft, ob dies mit dem Wortlaut von 148 Ziff. 2 vereinbar.

[4]) 34 Abs. 4.

§ 100. Zu dem Antrage auf Eröffnung des Verfahrens ist außer den Konkursgläubigern jedes Mitglied des Vorstandes berechtigt [1]).

Wird der Antrag nicht von allen Mitgliedern gestellt, so ist derselbe zuzulassen, wenn die ihn begründenden Tatsachen (§ 98) glaubhaft gemacht werden. Das Gericht hat die übrigen Mitglieder nach Maßgabe der Konkursordnung § 105 Abs. 2, 3 zu hören [2]).

Der Eröffnungsantrag kann nicht aus dem Grunde abgewiesen werden, daß eine den Kosten des Verfahrens entsprechende Konkursmasse nicht vorhanden sei [3]).

[1]) Aufsichtsrat und Generalversammlung sind nicht antragsberechtigt. RKO. 104 für die Vorstandsmitglieder, RKO. 105 für den Gläubiger maßgebend. Wird dem Antrage der Gläubiger entsprochen und der Vorstand legt Beschwerde ein, so trägt die Kosten der Verein (KGBeschl. v. 6. 2. 1907, BlfG. 07 S. 202). Trotz der Auflösung hat der Vorstand

das Beschwerderecht. Vorstand hat auch das Recht der Beschwerde, wenn er den Antrag gestellt hat und der Eröffnungsbeschluß ergangen ist, vgl. Parisius-Crüger § 100_7.

[2]) RKO. 105, 109. Was unter „glaubhaft machen" zu verstehen, sagt ZPO. 294.

[3]) Folge der Nachschußpflicht.

§ 101. Durch die Eröffnung des Konkursverfahrens wird die Genossenschaft aufgelöst [1]).

[1]) Die Auflösung ist eine endgültige, falls nicht der Eröffnungsbeschluß nach RKO. 116 aufgehoben wird (KGJ. **39** 135, **47** 249). Über Einzahlungen auf Geschäftsanteil 7_4. Die Verwaltung und Vertretung geht auf den Konkursverwalter über, daneben bleiben die Organe der Genossenschaft in Funktion und nehmen die Rechte der Gemeinschuldnerin wahr (RG. **14** 418). Diesen Organen liegt auch die Liquidation ob, wenn es zu derselben noch kommt. — Wechselproteste und Postaufträge erfolgen in dem Geschäftslokal der G.

§ 102. Die Eröffnung des Konkursverfahrens ist unverzüglich in das Genossenschaftsregister einzutragen. Die Eintragung wird nicht bekannt gemacht [1]).

[1]) RKO. 112 betr. die Benachrichtigung. Mitteilung an das Gericht der Zweigniederlassung 157. Veröffentlichung RKO. 111.

§ 103. Bei der Eröffnung des Verfahrens ist von dem Gerichte ein Gläubigerausschuß zu bestellen. Die Gläubigerversammlung hat über die Beibehaltung der bestellten oder die Wahl anderer Mitglieder zu beschließen. Im übrigen kommen die Vorschriften im § 87 der Konkursordnung zur Anwendung.

§ 104. Die Generalversammlung ist ohne Verzug zur Beschlußfassung darüber zu berufen (§§ 44 bis 46), ob die bisherigen Mitglieder des Vorstandes und des Aufsichtsrats beizubehalten oder andere zu bestellen sind[1]).

[1]) Die Organisation der Genossenschaft besteht also während des Konkurses fort (101). Die durch ihre Fortführung entstehenden Kosten sind nicht Massekosten. Die Generalversammlung ist nur für die Personenfrage zuständig, der etwaige Gehaltsvertrag muß mit dem Konkursverwalter erledigt werden (OLGRspr. **6** 500). Die bisherigen Dienstverträge werden nicht ohne weiteres hinfällig (RG. **24** 70).

Vorbemerkung zu §§ 105—115.

105 enthält die materiellen Grundsätze über die Nachschußpflicht, 106—114 ordnen das Nachschußverfahren, 115 die Verteilung der Nachschußmasse (Begr. II 40 ff., 114 ff.).

§ 105. Soweit die Konkursgläubiger wegen ihrer bei der Schlußverteilung (Konkursordnung § 161) berücksichtigten Forderungen[1]) aus dem zur Zeit der Eröffnung des Konkursverfahrens vorhandenen Vermögen der Genossenschaft nicht befriedigt werden, sind die Genossen verpflichtet, Nachschüsse zur Konkursmasse zu leisten[2]).

Die Nachschüsse sind von den Genossen, wenn nicht das Statut ein anderes Beitragsverhältnis festsetzt, nach Köpfen zu leisten[3]).

Beiträge, zu deren Leistung einzelne Genossen unvermögend sind, werden auf die übrigen verteilt[4]).

Zahlungen, welche Genossen über die von ihnen nach den vorstehenden Bestimmungen geschuldeten Beiträge hinaus leisten, sind ihnen, nachdem die Befriedigung der Gläubiger erfolgt ist, aus den Nachschüssen zu erstatten[5]).

Gegen die Nachschüsse kann der Genosse eine Forderung an die Genossenschaft aufrechnen, sofern die

Voraussetzungen vorliegen, unter welchen er als Konkursgläubiger Befriedigung wegen der Forderung aus den Nachschüssen zu beanspruchen hat[6]).

[1]) A. Dazu gehören 1. festgestellte Forderungen; betagte Forderungen gelten als fällig (RKO. 65), 2. streitig gebliebene; a) mit einem vollstreckbaren Schuldtitel (RKO. 146), b) ohne solchen unter der Voraussetzung, RKO. 152, 3. Forderungen unter aufschiebender Bedingung, unter Voraussetzung RKO. 154, 4. Forderungen unter auflösender Bedingung RKO. 66, 5. Forderungen, wegen deren abgesonderte Befriedigung verlangt wird, nach Maßgabe von RKO. 153. B. Die Höhe der einzelnen Ausfallforderungen erstreckte sich (Gz. 51 Abs. 5) auch auf die laufenden Zinsen und auf die Kosten der Teilnahme am Konkursverfahren, obgleich diese Ansprüche im Konkurse selbst nach RKO. nicht geltend gemacht werden können. Dies ist geändert. Forderungen, welche nicht auf einen Geldbetrag gerichtet sind, sowie Ansprüche auf wiederkehrende Hebungen und betagte unverzinsliche Forderungen (RKO. 65, 70) sind nur zu dem Betrage zu decken, mit welchem sie bei der Schlußverteilung berücksichtigt und ausgefallen sind (Begr. II 115).

[2]) Die Nachschußpflicht ist eine selbständige Verbindlichkeit der Genossen gegenüber der Genossenschaft, welche Voraussetzung und Grund allein in der Zugehörigkeit zu derselben hat. Der Anspruch auf die Nachschüsse ist ein Bestandteil des Vermögens der Genossenschaft (anders die Haftpflicht, die gegenüber den Gläubigern besteht 122), der in seiner Entstehung durch den Eintritt des Konkurses bedingt, in seinem Umfang durch dessen Ausgang begrenzt erscheint, daher nur im Konkurse der Genossenschaft und in den besonders dafür vorgesehenen Formen zu realisieren ist. Der Konkurs der G. führt nicht zur Entstehung der Nachschußpflicht, sondern zur Geltendmachung. Die Nachschußpflicht wird nicht von

einem Zwangsvergleich berührt, der im Konkurse eines Mitglieds geschlossen wird. Der Anspruch der Genossenschaft auf Nachschußpflicht ist nicht abtretbar. Unzulässig ist die Bestellung von Vorzugsrechten an den Haftsummen (Parisius-Crüger 105_{21}). Vergleiche darüber abzuschließen, ist der Konkursverwalter nicht berechtigt. Er wird aber bei der Geltendmachung der Nachschußpflicht nach Lage des Falles handeln, so wird er bei zweifellosem Unvermögen nicht die Zwangsvollstreckung betreiben. Eine gewisse Nachsicht in der Durchführung kann durchaus auch im Interesse der Genossenschaft liegen. Die Verteilung des bei den unvermögenden Genossen ausgefallenen Betrages auf die vermögenden Genossen findet ihre Grenze in deren Leistungsfähigkeit (Parisius-Crüger 105_{15}).

Über einen Fall doppelter Heranziehung aus der persönlichen Haftpflicht Parisius-Crüger 105^{26}). Die Nachschußpflicht geht auch nicht über, wenn das Mitglied nach BGB. 419 sein gesamtes Vermögen überträgt. Vgl. hierzu Parisius-Crüger 105_2 und die dort behandelte Rechtsprechung des RG.

[3]) Ergibt sich aus der unbeschränkten Haftpflicht. Genossenschaften mit beschränkter Haftpflicht werden Verteilung nach Verhältnis der Haftsumme wählen, wenn Statut Erwerb mehrerer Geschäftsanteile zuläßt. Zweifellos zahlungsunfähige Genossen sollten nach der Absicht des Entwurfs schon in der ersten Berechnung außer Ansatz gelassen werden (Begr. II 115, 117). Dies ist in der Kommission durch Einschiebung des Abs. 2 in 106 geändert; es ist aber das Defizit entsprechend höher zu nehmen (116 Abs. 2).

[4]) Der Konkursverwalter kann bei notorisch zahlungsunfähigen Genossen auf Zwangsvollstreckung verzichten.

[5]) Förderung freiwilliger Zahlungen behufs schleuniger Befriedigung der Gläubiger wird bezweckt (KommBer. 47). — Das Nachschußverfahren ist behufs der Erstattung erforderlichenfalls fortzusetzen (124, 130).

[6]) Die Aufrechnung findet nur gegen die Nachschüsse, nicht gegen die unverkürzt zu leistenden Vorschüsse statt (Begr. II 116, RG. 88 47).

§ 106. Der Konkursverwalter hat sofort, nachdem die Bilanz auf der Gerichtsschreiberei niedergelegt ist (Konkursordnung § 124), zu berechnen, wieviel zur Deckung des in der Bilanz bezeichneten Fehlbetrages die Genossen vorschußweise beizutragen haben.

In der Berechnung (Vorschußberechnung) sind die sämtlichen Genossen namentlich zu bezeichnen[1]) und auf sie die Beiträge zu verteilen. Die Höhe der Beiträge ist jedoch derart zu bemessen, daß durch ein vorauszusehendes Unvermögen einzelner Genossen zur Leistung von Beiträgen ein Ausfall an dem zu deckenden Gesamtbetrage nicht entsteht[2]).

Die Berechnung ist dem Konkursgerichte mit dem Antrage einzureichen, dieselbe für vollstreckbar zu erklären[3]). Wird das Genossenschaftsregister nicht bei dem Konkursgerichte geführt, so ist dem Antrage eine beglaubigte Abschrift des Statuts und der Liste der Genossen beizufügen.

[1]) Die Bezeichnung der einzelnen beitragspflichtigen Genossen muß so genau sein, daß ein bloßer Auszug aus der Berechnung (109 Abs. 2) die Zwangsvollstreckung nach ZPO. 750 ermöglicht (Begr. II 117). Der einzuziehende Gesamtbetrag ist höher zu bemessen, als das bilanzmäßige Defizit erfordert, um Zusatzberechnungen infolge von Ausfällen möglichst zu vermeiden (vgl. 105_2).

[2]) Aufstellung von Zusatzberechnungen 113. Zugrunde zu legen ist die gerichtliche Liste. Aufzunehmen sind auch Genossen, die mittels Klage ihre Zugehörigkeit angefochten haben (RG. **69** 366).

[3]) Die Kriegsschutzgesetzgebung hat auf die Genossenschaftskonkurse einen stark hemmenden Einfluß ausgeübt; vgl.

Crecelius in der Dtsch. Jur. Ztg. 16 S. 806. Deumer in BlfG. 16, S. 104, 129.

§ 107. Zur Erklärung über die Berechnung bestimmt das Gericht einen Termin, welcher nicht über zwei Wochen hinaus anberaumt werden darf. Derselbe ist öffentlich bekannt zu machen; die in der Berechnung aufgeführten Genossen sind besonders zu laden[1]).

Die Berechnung ist spätestens drei Tage vor dem Termine auf der Gerichtsschreiberei zur Einsicht der Beteiligten niederzulegen. Hierauf ist in der Bekanntmachung und den Ladungen hinzuweisen[2]).

[1]) RKO. 76, 77, Begr. II 118.

[2]) Eine besondere Vorladung der Genossenschaftsorgane, des Konkursverwalters und des Gläubigerausschusses findet nicht statt (Begr. II 118).

§ 108. In dem Termine sind Vorstand und Aufsichtsrat der Genossenschaft, sowie der Konkursverwalter und der Gläubigerausschuß und, soweit Einwendungen erhoben werden, die sonst Beteiligten zu hören[1]).

Das Gericht entscheidet über die erhobenen Einwendungen, berichtigt, soweit erforderlich, die Berechnung oder ordnet die Berichtigung an und erklärt die Berechnung für vollstreckbar. Die Entscheidung ist in dem Termine oder in einem sofort anzuberaumenden Termine, welcher nicht über eine Woche hinaus angesetzt werden soll, zu verkünden. Die Berechnung mit der sie für vollstreckbar erklärenden Entscheidung ist zur Einsicht der Beteiligten auf der Gerichtsschreiberei niederzulegen.

Gegen die Entscheidung findet ein Rechtsmittel nicht statt[2]).

[1]) Können die Berichtigungen nicht sofort vom Gericht selbst vorgenommen werden, so hat es unter Aussetzung des Termins dem Verwalter die Berichtigung aufzugeben; es ist so lange zu verhandeln, bis eine zur Vollstreckbarerklärung geeignete Berechnung vorliegt. Illiquide Einwendungen gegen die Berechnung sind der Geltendmachung im Wege der Anfechtungsklage nach 111 und 112 zu überlassen. Für den Fall des Widerspruchs des Organs der Genossenschaft vgl. 115.

[2]) Anfechtung erfolgt nach 111.

§ 109. Nachdem die Berechnung für vollstreckbar erklärt ist, hat der Konkursverwalter ohne Verzug[1]) die Beiträge von den Genossen einzuziehen.

Die Zwangsvollstreckung gegen einen Genossen findet in Gemäßheit der Zivilprozeßordnung auf Grund einer vollstreckbaren Ausfertigung der Entscheidung und eines Auszuges aus der Berechnung statt.

Für die in den Fällen der §§ 731, 767, 768 der Zivilprozeßordnung zu erhebenden Klagen ist das Amtsgericht, bei welchem das Konkursverfahren anhängig ist, und, wenn der Streitgegenstand zur Zuständigkeit der Amtsgerichte nicht gehört, das Landgericht ausschließlich zuständig, zu dessen Bezirke der Bezirk des Konkursgerichts gehört[2]).

[1]) Damit ist die Gewährung von Ratenzahlungen nicht ausgeschlossen; der Konkursverwalter hat bei der Einziehung so zu verfahren, wie dies nach der von ihm anzuwendenden Sorgfalt geboten ist (RKO. 82).

[2]) ZPO. 22.

§ 110. Die eingezogenen Beträge sind bei der von der Gläubigerversammlung bestimmten Stelle

(Konkursordnung § 132) zu hinterlegen oder anzulegen[1]).

[1]) Über zweckmäßige Anlage und Bildung eines Schutzvereins Parisius-Crüger Anm. z. § 110.

§ 111. Jeder Genosse ist befugt, die für vollstreckbar erklärte Berechnung im Wege der Klage anzufechten. Die Klage ist gegen den Konkursverwalter zu richten. Sie findet nur binnen der Notfrist eines Monats seit Verkündung der Entscheidung und nur insoweit statt, als der Kläger den Anfechtungsgrund in dem Termine (§ 107) geltend gemacht hat oder ohne sein Verschulden geltend zu machen außerstande war[1]).

Das rechtskräftige Urteil wirkt für und gegen alle beitragspflichtigen Genossen[2]).

[1]) Die Klage ist eine Feststellungsklage. Das Gericht hat die Voraussetzungen zu prüfen (RG. **40** 155). Über schuldlose Verhinderung, den Anfechtungsgrund geltend zu machen RG. **50** 127; „Das Gesetz ist vorwiegend für den kleineren und mittleren Gewerbe- und für den Arbeiterstand berechnet, und es läßt sich daher nicht annehmen, daß es der Absicht dieses Gesetzes entspricht, bei der Anwendung der hier in Frage stehenden Vorschrift Rechtsunkenntnis unter allen Umständen unberücksichtigt zu lassen." Allgemein kann im Wege der Anfechtungsklage der Einwand erhoben werden, daß der Betreffende nicht oder nicht mehr Mitglied ist. Ist der Betreffende nicht in die Liste der Genossen eingetragen, so ist er nicht auf die Anfechtungsklage nach 111 angewiesen, sondern hat die negative Feststellungsklage. Ist er eingetragen und bestreitet die Mitgliedschaft, dann hat er die Klage nach 111; nach Ablauf der Notfrist gilt die Mitgliedschaft für das ganze Konkursverfahren als rechtskräftig festgestellt (RG. **50** 127, **69** 360). Ist er nicht eingetragen, so ist er nicht an 111 gebunden, sondern hat die Fest-

stellungsklage aus ZPO. 256. Einwendungen, die erst nach dem Termine entstanden sind, können auch nach Ablauf der Notfrist im Wege der Klage geltend gemacht werden.

[2]) Sie können in dem Prozeß intervenieren (ZPO. 66).

§ 112 [1]). Die Klage ist ausschließlich bei dem Amtsgerichte zu erheben, welches die Berechnung für vollstreckbar erklärt hat [2]). Die mündliche Verhandlung erfolgt nicht vor Ablauf der bezeichneten Notfrist. Mehrere Anfechtungsprozesse sind zur gleichzeitigen Verhandlung und Entscheidung zu verbinden.

Übersteigt der Streitgegenstand eines Prozesses die sonst für die sachliche Zuständigkeit der Amtsgerichte geltende Summe, so hat das Gericht, sofern eine Partei in einem solchen Prozesse vor der Verhandlung zur Hauptsache darauf anträgt, durch Beschluß [3]) die sämtlichen Streitsachen an das Landgericht, in dessen Bezirke es seinen Sitz hat, zu verweisen. Gegen diesen Beschluß findet die sofortige Beschwerde statt. Die Notfrist beginnt mit der Verkündung des Beschlusses.

Ist der Beschluß rechtskräftig, so gelten die Streitsachen als bei dem Landgerichte anhängig. Die im Verfahren vor dem Amtsgerichte erwachsenen Kosten werden als Teil der bei dem Landgerichte erwachsenen Kosten behandelt und gelten als Kosten einer Instanz [4]).

Die Vorschriften der Zivilprozeßordnung §§ 769, 770 über die Einstellung der Zwangsvollstreckung und die Aufhebung der Vollstreckungsmaßregeln finden entsprechende Anwendung [5]).

[1]) Bezweckt wird, der Vervielfältigung selbständiger Anfechtungsprozesse und der Möglichkeit abweichender gerichtlicher Entscheidungen in denselben vorzubeugen.

[2]) Also bei dem mit dem Konkursgericht identischen Amtsgericht. Über die Zuständigkeit des Landgerichts Abs. 2.

[3]) ZPO. 506, RG. 32 395.

[4]) ZPO. 506 Abs. 2.

[5]) Die infolge des Urteils erforderlich werdende Berechnung erfolgt im Wege der Zusatzberechnung (113).

§ 113. Soweit infolge des Unvermögens einzelner Genossen zur Leistung von Beiträgen der zu deckende Gesamtbetrag nicht erreicht wird, oder in Gemäßheit des auf eine Anfechtungsklage ergehenden Urteils oder aus anderen Gründen die Berechnung abzuändern ist, hat der Konkursverwalter eine Zusatzberechnung aufzustellen. Rücksichtlich derselben kommen die Vorschriften in §§ 106 bis 112 zur Anwendung[1]).

Die Aufstellung einer Zusatzberechnung ist erforderlichenfalls zu wiederholen.

[1]) Eine Zusatzberechnung ist nicht wegen bloßer Änderungen in dem Bestand der Konkursmasse oder wegen der Wahrscheinlichkeit eines größeren oder geringeren als des ursprünglich veranschlagten Defizits aufzustellen. „Die Zusatzberechnung soll überhaupt nur stattfinden, wenn die Abänderung der Vorschußberechnung sich als notwendig herausstellt" (Begr. II 121).

§ 114. Sobald mit dem Vollzuge der Schlußverteilung (Konkursordnung § 161) begonnen wird, hat der Konkursverwalter in Ergänzung oder Berichtigung der Vorschußberechnung und der zu derselben etwa ergangenen Zusätze zu berechnen, wieviel die Genossen in Gemäßheit des § 105 an Nachschüssen zu leisten haben[1]).

Die Berechnung (Nachschußberechnung) unterliegt den Vorschriften in §§ 106 bis 109, 111 bis 113, der Vorschrift im § 106 Absatz 2 mit der Maßgabe, daß auf Genossen, deren Unvermögen zur Leistung von Beiträgen sich herausgestellt hat, Beiträge nicht verteilt werden.

[1]) Die Nachschußberechnung soll aufgestellt werden, „sobald mit dem Vollzug der Schlußverteilung begonnen wird"; die Schlußverteilung erfolgt nach RKO. 161, „sobald die Verwertung der Masse beendigt ist". „Die Nachschußberechnung ist immer als eine Ergänzung oder Berichtigung der Vorschußberechnung und ihrer Zusätze in der Form einer Zusatzberechnung zu den früheren Berechnungen aufzustellen." „Sind weitere Beiträge über die in den früheren Berechnungen ausgeschriebenen Vorschüsse nicht erforderlich, so ist auch dies in der Nachschußberechnung kalkulatorisch darzulegen und ebenso der von den einbezahlten Vorschüssen etwa zurückzugewährende Betrag festzustellen" (Begr. II 122). Erst nachdem die Nachschußberechnung für vollstreckbar erklärt ist, beginnt die Verteilung des Bestandes. (115).

§ 115. Der Verwalter hat, nachdem die Nachschußberechnung für vollstreckbar erklärt ist, unverzüglich den gemäß § 110 vorhandenen Bestand und, so oft von den noch einzuziehenden Beiträgen hinreichender Bestand eingegangen ist, diesen im Wege der Nachtragsverteilung (Konkursordnung § 166) unter die Gläubiger zu verteilen[1]).

Außer den Anteilen auf die im § 168 der Konkursordnung bezeichneten Forderungen sind zurückzubehalten die Anteile auf Forderungen, welche im Prüfungstermine von dem Vorstande ausdrücklich bestritten worden sind. Dem Gläubiger bleibt überlassen, den Widerspruch des Vorstandes durch Klage zu beseitigen. Soweit der Widerspruch rechtskräftig für begründet erklärt wird, werden die Anteile zur Verteilung unter die übrigen Gläubiger frei [2]).

Die zur Befriedigung der Gläubiger nicht erforderlichen Überschüsse hat der Konkursverwalter an die Genossen zurückzuzahlen [3]).

[1]) Bezieht sich nur auf die im Vorschuß- und Nachschußverfahren eingezogenen Beträge; für die Verteilung sind maßgebend die Bestimmungen der RKO. über Nachtragsverteilung (RKO. 166). Die Grundlage bildet das Schlußverzeichnis.

[2]) Die Klage geht gegen die Genossenschaft, vertreten durch den Vorstand oder die Liquidatoren. Für die Nachschußverteilung muß dem Bestreiten seitens des Organs der die Nachschüsse leistenden Genossen die gleiche Bedeutung beigelegt werden, wie dies bei der direkten Inanspruchnahme der einzelnen Genossen durch den Gläubiger der Fall ist (Begr. II 124). Das Urteil wirkt für die Nachschußmasse, nicht auch für die eigentliche Konkursmasse, es geht allein darauf den Widerspruch für begründet oder unbegründet zu erklären. Seine Bedeutung für den Einzelangriff 122 Abs. 4.

[3]) Die Rückzahlung erfolgt nach Verhältnis der Höhe der geleisteten Nachschüsse, vgl. die Berechnungen bei Parisius-Crüger 498 ff.

§ 116. Eine Aufhebung des Konkursverfahrens durch Zwangsvergleich findet nicht statt [1]).

Eine Einstellung des Verfahrens ist erst zulässig, nachdem mit dem Vollzuge der Schlußverteilung begonnen ist. Die Zustimmung aller bei der letzteren berücksichtigten Konkursgläubiger ist beizubringen [2]). Inwieweit es der Zustimmung oder der Sicherstellung von Gläubigern bedarf, deren Forderungen nicht festgestellt sind, entscheidet das Konkursgericht nach freiem Ermessen [3]).

[1]) Begr. II 125. Vgl. betr. Geschäftsaufsicht S. 208.

[2]) Nach der Fassung des Abs. 2 ist jede andere Art der Aufhebung des Konkursverfahrens ausgeschlossen, namentlich auch wegen ungenügender Konkursmasse. Die formelle Aufhebung des Konkurses nach dessen ordnungsmäßiger Durchführung wird regelmäßig erst nach Beendigung des Nachschußverfahrens stattfinden, d. h. wenn die Mitglieder der Genossenschaft die Gläubiger bezw. die an deren Stelle getretenen Mitglieder befriedigt haben oder wenn sie alle leistungsunfähig geworden sind bzw. die Haftsumme erreicht ist. Sind bereits vor der Verwertung der Masse genügende Mittel vorhanden, um den Gläubiger zu befriedigen, dann braucht auch mit der Nachschußberechnung nicht der Zeitpunkt der RKO. 161 abgewartet zu werden. Über Aufhebung des Konkursverfahrens Parisius-Crüger § 116_3.

§ 117. Der Vorstand ist verpflichtet, den Konkursverwalter bei den diesem in § 106 Absatz 1, § 109 Absatz 1, §§ 113, 114 zugewiesenen Obliegenheiten zu unterstützen.

§ 118. Die in diesem Abschnitte hinsichtlich des Vorstandes getroffenen Bestimmungen gelten auch hinsichtlich der Liquidatoren.

Achter Abschnitt.

Besondere Bestimmungen.

Vorbemerkung. Über die Einfügung der zweiten Art Genossenschaften mit unbeschränkter Haftpflicht, der Genossenschaften mit unbeschränkter Nachschußpflicht, vgl. Einleitung, außerdem KommBer. 49—55 und stenogr. Ber. der Reichstagssitzungen 45 v. 23. März, 46 v. 26. März (2. Beratung) u. 52 v. 4. April 1889 (3. Beratung).

I. Für Genossenschaften mit unbeschränkter Haftpflicht.

§ 119. Bei Genossenschaften mit unbeschränkter Haftpflicht darf ein Genosse nicht auf mehr als einen Geschäftsanteil beteiligt sein [1]).

[1]) Übergangsbestimmung 163.

§ 120 *). Die Beitrittserklärungen (§ 15) müssen die ausdrückliche Bemerkung enthalten, daß die einzelnen Genossen für die Verbindlichkeiten der Genossenschaft dieser sowie unmittelbar den Gläubigern derselben nach Maßgabe des Gesetzes mit ihrem ganzen Vermögen haften [1]).

---

*) Auf § 120, der im Gesetz von 1889 die Ordnungsnummer 113 hatte, folgte als § 114:

„Ist durch das Statut die Gewinnverteilung ausgeschlossen (§ 20), so finden während des hierfür bestimmten Zeitraums auf das Ausscheiden der Genossen die Bestimmungen in den §§ 63 (jetzt 65) — 75 (jetzt 77) mit der Maßgabe Anwendung, daß an Stelle des Geschäftsjahres das Quartal tritt und daß die Aufkündigung (§ 63 [jetzt 65] Abs. 2) mindestens sechs Wochen, sowie die Einreichung der Urkunden durch den Vorstand (§ 67 [jetzt 69]) mindestens drei Wochen vor dem Quartalsschluß erfolgen muß.

Im Falle des Ausscheidens ist eine Bilanz aufzustellen; die Zahl der mit dem Quartalsschluß ausgeschiedenen Genossen ist zu veröffentlichen."

In der Kommission für das Gesetz vom 12. Aug. 1896 wurde „allgemein die Anschauung vertreten, daß gar kein Grund vorläge, die Vereine, welche Dividendenverteilung ausschließen, anders zu behandeln als alle übrigen" (Komm-Ber. 14) und Artikel 1, 6 erhielt folgende Bestimmung:

Der § 114 wird aufgehoben.

[1]) Wenn diese Bemerkung fehlt, ist die Beitrittserklärung ungültig (Begr. II 127, KommBer. 55). Das Mitglied ist auch nicht verpflichtet, eine vorschriftsmäßige Beitrittserklärung abzugeben (RG. **97** 307). Eine Beitrittserklärung sollte nur das unbedingt Notwendige enthalten. Jedes überflüssige Wort gibt Gelegenheit zu Irrtümern und Einwendungen. Formular: „Ich erkläre hierdurch meinen Beitritt zu dem unter der Firma ‚Vorschußverein (Konsumverein) zu X eingetragene Genossenschaft mit unbeschränkter Haftpflicht' bestehenden Vorschußverein (Konsumverein), dessen einzelne Genossen für die Verbindlichkeiten der Genossenschaft dieser sowie unmittelbar den Gläubigern derselben nach Maßgabe des Gesetzes mit ihrem ganzen Vermögen haften."

§ 121. Sobald sich bei der Geschäftsführung ergibt, daß das Vermögen der Genossenschaft einschließlich des Rerservefonds und der Geschäftsguthaben zur Deckung der Schulden nicht ausreicht, hat der Vorstand die Generalversammlung zur Beschlußfassung, ob die Genossenschaft aufgelöst werden soll, zu berufen [1]).

Für den Fall, daß die Auflösung beschlossen wird, ist zugleich die im § 104 vorgesehene Beschlußfassung herbeizuführen [2]).

[1]) Vgl. 99, 126, 140. Bestimmung gilt auch für G. m. u. N., aber nicht für G. m. b. H. In 99, 140 ist von der Bilanz die Rede, die die Überschuldung ergibt, 121 geht von der Überschuldung aus, die „sich bei der Geschäftsführung ergibt". Es ist aber selbstverständlich, daß eine Bilanz vorliegen muß. Für diese Bilanz gelten keine anderen als die allgemeinen für die Bilanzen geltenden Grundsätze, denn es ist keine Liquidationsbilanz (89_2). Für die Feststellung einer Unterbilanz ist natürlich das eigene Vermögen zu berücksichtigen (98_2).

Die Frage der Auflösung (78: $^3/_4$-Mehrheit) muß auf die Tagesordnung gestellt werden. Selbstverständlich können auf dieselbe auch Maßnahmen zur Erhaltung der eingetrG., z. B. Erhöhung des Geschäftsanteils und der Einzahlungen zur neuen Bildung von Vereinsvermögen, vom Vorstand oder auf Verlangen des Aufsichtsrats oder der Genossen gesetzt werden (Begr. II. 127).

[2]) Da der Auflösungsbeschluß hier stets Konkurs zur Folge hat, so ist sofort über Neuwahl des Vorstandes und Aufsichtsrats zu beschließen (104).

§ 122 [1]). Im Falle des Konkursverfahrens sind neben der Genossenschaft die einzelnen Genossen solidarisch und mit ihrem ganzen Vermögen den Konkursgläubigern [2]) für den Ausfall verhaftet, welchen diese an ihren bei der Schlußverteilung (Konkursordnung § 161) berücksichtigten Forderungen bei derselben erleiden [3]).

Nach Ablauf von drei Monaten seit dem Termine, in welchem die Nachschußberechnung für vollstreckbar erklärt ist [4]), können die Gläubiger, soweit sie bisher nicht befriedigt sind, die einzelnen Genossen in Anspruch nehmen [5]).

Festgestellte Forderungen, welche im Prüfungstermine von dem Vorstande oder den Liquidatoren nicht ausdrücklich bestritten sind [6]), können auch von den in Anspruch genommenen Genossen nicht bestritten werden [7]).

Das rechtskräftige Urteil, welches in dem Prozeß über eine im Prüfungstermine von dem Vorstande oder den Liquidatoren bestrittene Forderung für oder gegen dieselben ergeht, wirkt gegenüber allen Genossen.

In Ansehung einer im Konkursverfahren streitig gebliebenen Forderung kann, solange dieselbe nicht festgestellt ist, eine Verurteilung der Genossen nicht erfolgen.

[1]) Vgl. die entsprechenden Bestimmungen in 128, 141.

[2]) Konkursgläubiger kann auch ein Genosse wegen seiner Forderung an die Genossenschaft sein. Parisius-Crüger § 122_3 für die sich hierbei ergebenden verschiedenen Fälle (Gläubiger wegen eigner Ansprüche an die Genossenschaft, Gläubiger, weil er in die Rechte eines Gläubigers eingetreten ist, Gläubiger nach Maßgabe von 124.) Wird der Genosse nicht nach Maßgabe 124 Gläubiger, so hat er volle Gläubigerrechte.

[3]) Vgl. 105_1 betr. die verschiedenen Arten der „berücksichtigten Forderungen". „Die sogenannte Garantiehaft der Genossen bildet ein Sicherungsmittel neben der indirekten Haftung (Nachschußpflicht); der Zweck beider ist der gleiche. Daher müssen auch für die Voraussetzungen und den Umfang des Anspruchs der Gläubiger aus der direkten Haftpflicht die gleichen Grundsätze gelten, welche für die Befriedigung aus den Nachschüssen bestimmend sind. Zugelassen sind deshalb die und nur die bei der Schlußverteilung im Konkurse berücksichtigten Gläubiger, und der Anspruch derselben beschränkt sich auf den Ausfall, den sie dort erleiden. Zinsen und Kosten, für welche Befriedigung im Konkurse nicht beansprucht werden kann, dürfen nicht gefordert werden" (Begr. II 127), 105_2.

[4]) Der Einzelangriff „sollte nicht früher zugelassen werden, als zu einem Zeitpunkt, in welchem bei ordnungsmäßigem Sachbetriebe das Nachschußverfahren im wesentlichen erledigt sein muß". Da auf Grund der Nachschußberechnung „der Regel nach nur noch ein verhältnismäßig unbedeutender Restbetrag zur Deckung des Ausfalls der Gläubiger zu erheben sein wird, da in der Hauptsache die hierzu erforderlichen Beiträge schon während des Konkursverfahrens auf Grund der Vorschußberechnung und der Zusätze zu derselben eingezogen sein müssen", so hielt der Entwurf die Frist von zwei Monaten für ausreichend, um

die noch erforderlichen Nachschüsse beizutreiben. Die Kommission setzte hierfür drei Monate (Begr. II 128, Komm.-Ber. 57).

[5]) Der Anspruch ist nur durch Klage geltend zu machen (Begr. II 128). Ein Schlußsatz über die Nichtzulassung der Einrede der Teilung ist durch EHGB. Art. 10 XII als überflüssig nach dem BGB. beseitigt.

[6]) 115 Abs. 2.

[7]) Es bezieht sich dies nur auf den Bestand der Forderung, nicht auf die individuelle Haftpflicht des Genossen.

§ 123. Die Klage der Gläubiger gegen die einzelnen Genossen verjährt, sofern nicht nach Beschaffenheit der Forderung eine kürzere Verjährungsfrist gesetzlich eintritt, in zwei Jahren seit Ablauf der im § 122 Absatz 2 bestimmten Frist[1]).

Die Verjährung zugunsten eines Genossen wird durch Rechtshandlungen unterbrochen, welche gegen die Genossenschaft[2]) oder von derselben vorgenommen werden; sie wird nicht unterbrochen durch Rechtshandlungen, welche gegen einen anderen Genossen oder von demselben vorgenommen werden[3]).

[1]) Verjährung beginnt also mit dem Zeitpunkt, in welchem die Klage aus der direkten Haftpflicht erhoben werden kann. 123 bezieht sich nur auf die Verjährung der Ansprüche. Für die Nachschußpflicht ist keine besondere Verjährung eingeführt. Verjährung für die Ausgeschiedenen 125. Betagte Forderungen gelten als fällig (RKO. 65), Forderungen unter auflösender Bedingung als unbedingt (RKO. 66), Forderungen unter aufschiebender Bedingung berechtigen nur zu einer Sicherung (RKO. 67).

[2]) Oder gegen die Konkurs- oder Nachschußmasse. Unterbrechung BGB. 208 ff.

[3]) Ein dritter Absatz, der sich auf Rechte der Minderjährigen bezog, ist durch EGBGB. Art. 10 XIII als überflüssig nach dem BGB. beseitigt.

§ 124. Soweit Genossen[1]) in Gemäßheit des § 122 Konkursgläubiger befriedigen, treten sie in die Rechte der letzteren gegen die Genossenschaft ein[2]).

[1]) Auch ausgeschiedene Genossen.

[2]) Nicht gegenüber den einzelnen Genossen. Sie können die Ansprüche nur im Wege des Nachschußverfahrens, nicht des Einzelangriffs geltend machen. 124 bezieht sich aber nur auf den Fall, daß ein Genosse infolge Inanspruchnahme an die Stelle eines Gläubigers getreten ist (122_2). Vgl. BGB. 426 für die Ausgeschiedenen, sie sind Korrealschuldner.

§ 125. Die Bestimmungen der §§ 122 bis 124 finden auf die in den letzten zwei Jahren[1]) vor der Eröffnung des Konkursverfahrens aus der Genossenschaft ausgeschiedenen Genossen (§§ 70, 76), welche nicht schon in Gemäßheit des § 75 der Haftpflicht unterliegen, wegen der bis zu dem Zeitpunkte ihres Ausscheidens von der Genossenschaft eingegangenen Verbindlichkeiten mit der Maßgabe Anwendung, daß der Anspruch der Gläubiger erst nach Ablauf von sechs Monaten[2]) seit dem Termine, in welchem die Nachschußberechnung (§ 114) für vollstreckbar erklärt ist, erhoben werden kann.

Dieser Anspruch erstreckt sich, wenn im Falle des Todes eines Genossen dessen Ausscheiden nach dem im § 77 Absatz 1 bezeichneten Zeitpunkte eingetragen[3]) ist, auf die bis zum Tage der Eintragung von der Genossenschaft eingegangenen Verbindlichkeiten, sofern nicht der Erbe beweist, daß bei ihrer Eingehung dem Gläubiger der Tod des Genossen bekannt war[4]).

[1]) Das Ausscheiden erfolgt, abgesehen von dem Fall 76, unter der Resolutivbedingung, daß nicht innerhalb sechs Monaten nach derselben die G. aufgelöst wird (75) und daß nicht innerhalb zweier Jahre der Konkurs eröffnet wird. Die Verhängung der Geschäftsaufsicht kann dem Ausgeschiedenen sehr vorteilhaft sein, die Verordnung sieht eine Verlängerung der Frist nicht vor. Für G. m. u. N. vgl. 128. Diese Haftpflicht der Ausgeschiedenen ist nicht eine der Unterbrechung ausgesetzte eigentliche Verjährung, sondern in der Weise befristet, daß sie nach Ablauf von zwei Jahren ohne weiteres erlischt, wenn nicht innerhalb derselben der Konkurs über die Genossenschaft eintritt (Begr. II 102 KommBer. 40, 57).

[2]) 122 Abs. 2.

[3]) 77 Abs. 2.

[4]) 162 Übergangsbestimmung.

II. Für Genossenschaften mit unbeschränkter Nachschußpflicht[1]).

[1]) 2 Abs. 2.

§ 126. Die Bestimmungen des § 119 über die Beschränkung der Beteiligung auf einen Geschäftsanteil und des § 121 über die Berufung der Generalversammlung im Falle der Überschuldung finden auf die Genossenschaften mit unbeschränkter Nachschußpflicht Anwendung.

§ 127. Die Beitrittserklärungen (§ 15) müssen die ausdrückliche Bemerkung enthalten, daß die einzelnen Genossen mit ihrem ganzen Vermögen verpflichtet sind, der Genossenschaft die zur Befriedigung der Gläubiger derselben erforderlichen Nachschüsse nach Maßgabe des Gesetzes zu leisten[1]).

[1]) 120.

§ 128. Ist im Falle der Eröffnung des Konkursverfahrens nach Ablauf von drei Monaten seit dem Termine, in welchem die Nachschußberechnung (§ 114) für vollstreckbar erklärt ist[1]), die Befriedigung oder Sicherstellung der im § 105 Absatz 1 bezeichneten Konkursgläubiger noch nicht bewirkt, so sind die hierzu erforderlichen Beiträge von den innerhalb der letzten achtzehn Monate vor der Eröffnung des Konkursverfahrens ausgeschiedenen Genossen, welche nicht schon in Gemäßheit des § 75 oder des § 76 Absatz 4 der Nachschußpflicht unterliegen, nach Maßgabe des § 105 zur Konkursmasse zu leisten[2]).

[1]) 114 Abs. 2.

[2]) Haftung erstreckt sich auch auf sämtliche innerhalb der achtzehn Monate nach dem Ausscheiden entstandenen Verbindlichkeiten der Genossenschaft. Auch das Nachschußverfahren gegen die Ausgeschiedenen ist ein Teil des Konkursverfahrens.

§ 129. Der Konkursverwalter hat ohne Verzug eine Berechnung über die Beitragspflicht der Ausgeschiedenen aufzustellen.

In der Berechnung sind dieselben namentlich zu bezeichnen und auf sie die Beiträge zu verteilen, soweit nicht das Unvermögen einzelner zur Leistung von Beiträgen vorauszusehen ist.

Im übrigen finden die Vorschriften in § 106 Absatz 3, §§ 107 bis 109, 111 bis 113 und 115 entsprechende Anwendung.

§ 130. Durch die Bestimmungen der §§ 128, 129 wird die Einziehung der Nachschüsse von den in der Genossenschaft verbliebenen Genossen nicht berührt.

Aus den Nachschüssen der letzteren sind den Ausgeschiedenen die von diesen geleisteten Beiträge zu erstatten, sobald die Befriedigung oder Sicherstellung der sämtlichen im § 105 Absatz 1 bezeichneten Konkursgläubiger bewirkt ist.

III. Für Genossenschaften mit beschränkter Haftpflicht.

§ 131. Bei Genossenschaften mit beschränkter Haftpflicht darf die Haftsumme[1]) der einzelnen Genossen (§ 2) nicht niedriger als der Geschäftsanteil[2]) sein.

Die Haftsumme muß bei Errichtung der Genossenschaft durch das Statut bestimmt werden[3]).

[1]) Der persönlichen Haftpflicht der Genossen ist durch einen bestimmten, für alle Genossen an sich gleichen Höchstbetrag (Haftsumme) eine Grenze gezogen, über welche hinaus der Genosse weder von der Genossenschaft auf Leistung von Nachschüssen zur Deckung des Ausfalls der Gläubiger noch von diesen direkt in Anspruch genommen werden kann. Haftpflicht und Geschäftsanteil sind ganz getrennt. Der Geschäftsanteil gehört weder selbst zur Haftsumme noch verstärkt er dieselbe durch die auf die einzelnen Geschäftsanteile noch nicht eingezahlten Beträge (Begr. II 132).

[2]). Die Haftsumme braucht aber nicht in einem Vielfachen des Geschäftsanteils zu bestehen.

§ 132. Zu einer Erhöhung der Haftsumme[1]) bedarf es einer Mehrheit von drei Vierteilen der in der Generalversammlung erschienenen Genossen. Das Statut kann noch andere Erfordernisse aufstellen[2].

[1]) Gehört zur genossenschaftlichen Duldungspflicht (16_1). Eine Erhöhung des Geschäftsanteils, durch welche derselbe den Betrag der bisher fixierten Haftsumme überschreitet bewirkt ohne weiteres auch die Erhöhung der Haftsumme auf den nunmehrigen Betrag des Geschäftsanteils (Begr. I 134). Eine Herabsetzung des Geschäftsanteils ist auf die Höhe der Haftsumme ohne Einfluß.

[2]) „Noch andere Erfordernisse", d. h. noch weitere Erschwernisse.

§ 133. Eine Herabsetzung der Haftsumme kann nur unter Beobachtung der Bestimmungen erfolgen, welche für die Verteilung des Genossenschaftsvermögens im Falle der Auflösung maßgebend sind (§ 82 Absatz 2, § 90 Absatz 1 bis 3)[1]). Bekannte Gläubiger sind durch besondere Mitteilung zur Anmeldung aufzufordern[2]).

Die Anmeldung des Herabsetzungsbeschlusses zum Genossenschaftsregister erfolgt nicht vor Ablauf des im § 90 Absatz 1 bezeichneten Jahres. Mit der Anmeldung sind die Bekanntmachungen des Beschlusses einzureichen. Zugleich hat der Vorstand die schriftliche Versicherung abzugeben, daß die Gläubiger, welche sich bei der Genossenschaft gemeldet und der Herabsetzung nicht zugestimmt haben, befriedigt oder sichergestellt sind[3]).

[1]) FB. 108. Eine Herabsetzung der Haftsumme unter den Betrag des Geschäftsanteils ist unzulässig und wirkungslos. Nur solche Gläubiger sind zu befriedigen oder sicherzustellen, die sich melden.

²) Eingefügt durch EHGB. Art. 10 XIV. Die Bestimmung fehlt bei 22, bei der Liquidation und bei der Umwandlung.

³) Abs. 2 (KommBer. 58), regelt die formelle Erledigung, Abs. 1 die materiellen Voraussetzungen. Anmeldung zur Zweigniederlassung 157, 160 Abs. 2.

§ 134. Durch das Statut kann die Beteiligung des Genossen auf mehrere Geschäftsanteile, unter Festsetzung der höchsten Zahl derselben, gestattet werden. [1])

[1]) Erwerb weiterer Geschäftsanteile 137. Bestimmung über Erwerb weiterer Geschäftsanteile kann nicht der Geschäftsordnung vorbehalten werden (RG. 47 154). Das Statut kann den Erwerb z. B. von der Zustimmung des Vorstandes abhängig machen (136_1). Das Statut kann den Genossen verpflichten (RG. 62 309), unter gewissen Voraussetzungen, insbesondere bei stärkerer Beteiligung am gemeinsamen Geschäft, mehrere Geschäftsanteile zu erwerben. Zweifelhaft, ob das Statut allgemein die Verpflichtung zum Erwerb weiterer Geschäftsanteile aussprechen kann. Es dürfte dies zu verneinen sein, sowohl unter Berücksichtigung des Wortlautes des Gesetzes, wie auch deswegen, weil eine solche Vorschrift kaum einen inneren Zweck haben kann, sie käme auf eine entsprechende Erhöhung des Geschäftsanteils heraus. Bei einer aus Genossenschaften zusammengesetzten Genossenschaft ist eine Bestimmung unzulässig, nach der einzelne Genossenschaften je nach ihrer eigenen Mitgliederzahl eine nicht begrenzte Anzahl weiterer Geschäftsanteile erwerben können (RG. in Rspr 38 186). Über Erwerb weiterer Geschäftsanteile durch Übertragung des Geschäftsguthabens 138.

Durch Änderung des Statuts können mehrere Geschäftsanteile zusammengelegt werden. Es käme dies auf eine entsprechende Erhöhung des Geschäftsanteils heraus, es kann hierin eine Herabsetzung der Haftsumme liegen, in welchem Falle 133 zu beobachten ist. Für die Löschung der zusammengelegten Geschäftsanteile enthält das Gesetz keine besondere Vorschrift, sie muß aber natürlich erfolgen. Näheres Parisius-Crüger § 134_{15}.

Nach der Auflösung der G. ist die Eintragung weiterer Geschäftsanteile nicht zulässig (RJA. **13** 115).

Für die Bildung der weiteren Geschäftsanteile müssen die gleichen Bestimmungen gelten wie für die Bildung des ersten Geschäftsanteils. Die Geschäftsanteile müssen gleich hoch sein. Eine Änderung des Geschäftsanteils oder der Einzahlungen durch Statut gilt für alle Geschäftsanteile. Eine Erhöhung des Geschäftsanteils hat für die Mitglieder, die mehrere Geschäftsanteile erworben haben, zur Folge, daß sie dieselben der Reihe nach auf den statutarischen Betrag bringen müssen (vgl. hierzu BlfG. 1916 S. 226, OLGRspr. **32** 135). Dasselbe gilt bei Abschreibung der Verlustdeckung (vgl. jedoch 7_4). Herabsetzung der Zahl der Geschäftsanteile ist ebenso zu behandeln wie die Herabsetzung des Geschäftsanteils (allerdings wird sie in 22 nicht erwähnt), auch wenn kein Mitglied mehrere Geschäftsanteile erworben hat. Die Folge ist, daß der Teil des Geschäftsguthabens, der über die neue Zahl des Geschäftsanteils hinausgeht, zur Auszahlung gelangt. Unzulässig, daß ein mit mehreren Geschäftsanteilen beteiligter Genosse mit einzelnen austritt (KGJ. **15** 57).

§ 135. Die Haftung eines Genossen, welcher auf mehr als einen Geschäftsanteil beteiligt ist, erhöht sich auf das der Zahl der Geschäftsanteile entsprechende Vielfache der Haftsumme.

§ 136. Bevor der erste Geschäftsanteil erreicht ist, darf die Beteiligung des Genossen auf einen zweiten Geschäftsanteil seitens der Genossenschaft nicht zugelassen werden [1]). Das gleiche gilt von der Zulassung zu jedem weiteren Geschäftsanteile.

[1]) „Ob dem Genossen ein Anspruch hierauf zusteht, oder ob der Antrag nach freiem Ermessen von der Genossenschaft zurückgewiesen werden kann, bestimmt sich nach dem Statut" (Begr. II 135). Gleichwohl können nach der Rechtsprechung mehrere Geschäftsanteile gleichzeitig zur Eintragung gelangen (KGJ. **20** 53, **30** 310, RG. **62** 309, **73** 402); vgl. 137_1.

§ 137. Ein Genosse, welcher auf einen weiteren Geschäftsanteil beteiligt sein will, hat darüber eine von ihm zu unterzeichnende, unbedingte Erklärung abzugeben.

Die Erklärung ist von dem Vorstande nach der Zulassung des Genossen zu dem weiteren Geschäftsanteile behufs Eintragung des letzteren in die Liste der Genossen dem Gerichte (§ 10) einzureichen. Zugleich hat der Vorstand schriftlich zu versichern, daß die übrigen Geschäftsanteile des Genossen erreicht seien. [1])

Die Beteiligung auf den weiteren Geschäftsanteil tritt mit der in Gemäßheit der vorstehenden Absätze erfolgten Eintragung in Kraft [2]).

Im übrigen kommen die Vorschriften des § 15 zur entsprechenden Anwendung [3]).

[1]) Unwahre Versicherung nach 147 strafbar. Ist nur Ordnungsvorschrift (OLGRspr. **6** 195). — Zweifelhaft ist, worauf die Versicherung in den Fällen gehen soll, in denen es sich um den gleichzeitigen Erwerb mehrerer Geschäftsanteile handelt. Nach KGJ. **20** 58 muß nur der Betrag aller Anteile „wirklich bezahlt" sein, dann kann die Versicherung darauf gehen, daß die vorhergehenden Geschäftsanteile „erreicht" seien; nach KGJ. **30** 310 soll die Versicherung dahin gehen, daß die übrigen Geschäftsanteile „erreicht werden"; Parisius-Crüger § 136_2. — Kündigung und Rückzahlung einzelner Geschäftsanteile unzulässig (22 Abs. 2). — Erklärung des Beitritts kann nicht verbunden werden

mit der Erklärung über die Beteiligung weiterer Geschäftsanteile (RJA. 15 210).

²) Vorher gemachte Einzahlungen begründen, solange die Eintragung nicht erfolgt ist, keinen Gewinnanspruch; erfolgt die Eintragung, so werden die Einzahlungen als an dem Tage des Erwerbs gemacht betrachtet werden müssen. — Durch die Eintragung wird die erhöhte Haftpflicht unbedingt wirksam, gleichviel, ob mit der Bildung des neuen Geschäftsanteils bereits begonnen ist oder nicht.

³) Auf jeden neuen Geschäftsanteil und das auf denselben gebildete Geschäftsguthaben sind die Vorschriften 7 Ziff. 2, 16, 19, 21, 22, 43 Abs. 2, 73, 91, 105 anzuwenden.

§ 138. Eine Übertragung des Geschäftsguthabens findet in dem Falle des § 134 an einen anderen Genossen nur statt, sofern dessen bisheriges Guthaben mit dem ihm zuzuschreibenden Betrage die der höchsten Zahl der Geschäftsanteile entsprechende Gesamtsumme nicht übersteigt ¹). Hierauf ist die im § 76 vorgesehene Versicherung des Vorstandes zu richten. Im übrigen verbleibt es bei den Bestimmungen im § 137.

¹) „Soweit die Zuschreibung der übertragenen Guthaben die Bildung neuer Geschäftsanteile für den Erwerber nötig macht, bedarf es auch der in 137 vorgesehenen schriftlichen Erklärung desselben und der daselbst bezeichneten schriftlichen Versicherung des Vorstandes" (Begr. II 137). Vgl. hierüber 136_1, 137_1 betr. gleichzeitigen Erwerb mehrerer Geschäftsanteile. Unzulässig ist, daß einzelne Geschäftsanteile abgetreten werden, da das Geschäftsguthaben nur als Ganzes zum Zweck des Ausscheidens übertragen werden kann. Über Übertragung des Geschäftsguthabens zu bestimmten Quoten Parisius-Crüger § 76_4. Ist der Erwerber der Geschäftsanteile Nichtmitglied, so kann die schriftliche Übereinkunft und die Beitrittserklärung und die unbedingte Er-

klärung des Erwerbers über die Zahl der von ihm zu übernehmenden Geschäftsanteile in einer Urkunde abgegeben werden.

§ 139. Mit der Bilanz eines jeden Geschäftsjahres ist außer den im § 33 vorgesehenen Angaben über die Zahl der Genossen der Gesamtbetrag, um welchen in diesem Jahre die Geschäftsguthaben, sowie die Haftsummen der Genossen sich vermehrt oder vermindert haben, und der Betrag der Haftsummen zu veröffentlichen, für welche am Jahresschluß alle Genossen zusammen aufzukommen haben[1]).

Diese Vorschrift findet auf kleinere Genossenschaften sowie dann keine Anwendung, wenn der Vorstand von der Verpflichtung zur Veröffentlichung gemäß § 33 Absatz 2 Satz 4 befreit wird. In diesen Fällen ist an Stelle der Bekanntmachung mit der Bilanz eine Erklärung über die Geschäftsguthaben sowie die Haftsumme nach Maßgabe des Satzes 1 zu den Genossenschaftsregister einzureichen[2]).

[1]) Die ausscheidenden Mitglieder sind am Jahresschluß nicht mehr Mitglieder (33), was auch für die Berechnung der Geschäftsguthaben und Haftsummen zu beachten ist. Vgl. BlfG. 1916 S. 576.

[2]) Zusatz der Novelle vom 12. 5. 1923 (RGBl. S. 288); bezweckt Verbilligung der Insertionskosten.

§ 140. Das Konkursverfahren findet bei bestehender Genossenschaft außer dem Falle der Zahlungsunfähigkeit in dem Falle der Überschuldung statt, sofern diese ein Viertel des Betrages der Haftsummen aller Genossen übersteigt[1]). Der Vorstand hat, wenn eine solche Überschuldung sich aus der Jahresbilanz oder aus einer im Laufe des Jahres aufgestellten Bilanz[2]) ergibt, die Eröffnung des Konkursverfahrens zu beantragen[3]). Die Vorschriften des § 99 Absatz 2, 3, § 100 finden entsprechende Anwendung.

[1]) KommBer. 59.

[2]) Die Überschuldung muß sich aus einer Bilanz ergeben (vgl. 99_3, 121, 126).

[3]) Strafbestimmung 148 Ziff. 2.

§ 141. Die einzelnen Genossen können über ihre Haftsumme hinaus weder auf Leistung von Nachschüssen, noch von den Konkursgläubigern in Anspruch genommen werden. Im übrigen finden auf den Anspruch der Gläubiger die Bestimmungen in §§ 122 bis 125 Anwendung.

§ 142. Außer dem Falle des § 90 kann in dem Falle, daß entgegen den Vorschriften in §§ 19, 22 der Gewinn oder das Geschäftsguthaben ausgezahlt wird, der Ersatzanspruch[1]) gegen die Mitglieder des Vorstandes oder des Aufsichtsrats oder gegen die Liquidatoren von den Gläubigern der Genossenschaft, soweit sie von dieser ihre Befriedigung nicht erlangen können[2]), selbständig geltend gemacht werden. Dasselbe findet gegen die Mitglieder des Vorstandes oder die Liquidatoren statt, wenn nach dem Zeitpunkte, mit welchem die Verpflichtung zum Antrage auf Eröffnung des Konkursverfahrens eingetreten ist, eine Zahlung geleistet wird, rücksichtlich des Ersatzes derselben[3]).

Die Ersatzpflicht wird den Gläubigern gegenüber dadurch nicht aufgehoben, daß die Handlung auf einem Beschlusse der Generalversammlung beruht[4]).

[1]) Die Ersatzpflicht gegenüber der Genossenschaft ist in 34 Abs. 3, 41 Abs. 3, 89, 99, 141 geregelt. Der Bestimmung 142 entsprechen bei der Aktiengesellschaft HGB. 249, 291.

[2]) Vorausklage ist nicht nötig.

[3]) Das RG. (Urt. v. 10. 2. 1907, BlfG. 07 S. 239) läßt bei der Beurteilung der Verantwortlichkeit Rücksicht auf den Bildungsgrad nicht zu, anders ein Urteil des OLG Darmstadt — vgl. Parisius-Crüger § 142_6.

[4]) — weil einem solchen Beschlusse die Mitglieder des Vorstands und Aufsichtsrats die Folge versagen müssen (Begr. II 138), vgl. 27_1.

IV. Für die Umwandlung von Genossenschaften.

§ 143 [1]). Eine Genossenschaft mit unbeschränkter Haftpflicht kann sich in eine solche mit unbeschränkter Nachschußpflicht nur unter Beobachtung der Bestimmungen umwandeln [2]), welche für die Verteilung des Genossenschaftsvermögens im Falle der Auflösung maßgebend sind (§ 82 Absatz 2, § 90 Absatz 1 bis 3) [3]).

Dasselbe gilt von der Umwandlung einer Genossenschaft mit unbeschränkter Haftpflicht oder mit unbeschränkter Nachschußpflicht in eine solche mit beschränkter Haftpflicht [4]).

Die Vorschriften im § 133 Absatz 2 finden entsprechende Anwendung [5]).

[1]) Formulare für die Umwandlung FB. 101 ff.

[2]) Der Beschluß auf Umwandlung ist eine Statutänderung (16) und erfordert die weiteren mit der Änderung der Haftpflicht verbundenen Statutänderungen. „Beobachtung der Bestimmungen" usw. bedeutet nur, daß der Beschluß auf Umwandlung in gleicher Weise wie bei der Auflösung vom Vorstande dreimal in den für die genossenschaftlichen Bekanntmachungen bestimmten Blättern zu veröffentlichen ist

unter der Aufforderung an die Gläubiger, sich zu melden, daß erst nach Ablauf eines Jahres seit der dritten Bekanntmachung der Beschluß rechtswirksam wird durch die nach Befriedigung oder Sicherstellung der Gläubiger erfolgte Eintragung in das Genossenschaftsregister.

³) Vgl. 22, 133.

⁴) Bei der Umwandlung in eine G. mit beschränkter Haftpflicht sind gleichzeitig mit dem Umwandlungsbeschluß der Beschluß über die Höhe der Haftsumme zur Eintragung und die weiteren erforderlich gewordenen Statutänderungen anzumelden.

⁵) Zweigniederlassung 157. Ordnungsstrafen 160.

§ 144. Zu dem Beschluß auf Umwandlung einer Genossenschaft mit unbeschränkter Nachschußpflicht in eine solche mit unbeschränkter Haftpflicht oder einer Genossenschaft mit beschränkter Haftpflicht in eine solche mit unbeschränkter Haftpflicht oder mit unbeschränkter Nachschußpflicht[1]) bedarf es einer Mehrheit von drei Vierteilen der in der Generalversammlung erschienenen Genossen. Das Statut kann noch andere Erfordernisse aufstellen[2]).

¹) Formulare FB. 101 ff.

²) Erschwernisse.

§ 145. Die Umwandlung (§§ 143, 144) ist auch gegenüber den vor der Eintragung des Beschlusses in das Genossenschaftsregister aus der Genossenschaft Ausgeschiedenen wirksam[1]).

Im Falle der Umwandlung einer Genossenschaft mit unbeschränkter Nachschußpflicht können dieselben für die Verbindlichkeiten der Genossenschaft nicht in Anspruch genommen werden, sofern ihr Ausscheiden früher als achtzehn Monate vor der Eintragung erfolgt ist. Im

Falle der Umwandlung einer Genossenschaft mit beschränkter Haftpflicht bleibt der Anspruch gegen sie auf ihre bisherige Haftsumme beschränkt[2].

[1]) Umwandlung von der e. G. m. b. H. in die e. G. m. u. H. (144) hat daher zur Folge, daß auch die überstimmten Mitglieder unter die unbeschränkte Haftpflicht kommen. Genossenschaftliche Duldungspflicht 16_1. Vgl. für die einzelnen Fälle Parisius-Crüger § 16_3.

[2]) Vgl. Begr. II 138, 139, KommBer. 60—62.

Neunter Abschnitt.

Strafbestimmungen.

§ 146. Mitglieder des Vorstandes und des Aufsichtsrats und Liquidatoren werden, wenn sie absichtlich zum Nachteile der Genossenschaft handeln, mit Gefängnis und zugleich mit Geldstrafe bis zu dreitausend Mark bestraft[1]).

Zugleich kann auf Verlust der bürgerlichen Ehrenrechte erkannt werden.

[1]) 146, 147 Schutzgesetze zugunsten Dritter. StGB. 266. Die Handlungen können auch in einem Unterlassen liegen. (RG. Strafsachen **11** 412). „Absichtlich" bedeutet nur „vorsätzliches" Handeln mit dem Bewußtsein, daß die Handlung objektiv nachteilig ist (RG. Strafsachen **38** 1). „Seine Stellung als Mitglied des Vorstandes legt ihm die Pflicht auf, nicht zum Nachteile der AG. zu handeln" (RG. **36** 69). Über einen Fall „unmittelbarer Vermögensbeschädigung" RG. Strafsachen **38** 1; RKO. 240 Ziff. 1 gelangt nur zur Anwendung, wenn die hier bezeichneten Handlungen in bezug auf das Vermögen der Gesellschaft geschehen sind (RG. Strafsachen **42** 278).

§ 147. Mitglieder des Vorstandes und des Aufsichtsrats[1]) und Liquidatoren werden mit Gefängnis bis zu einem Jahre und zugleich mit Geldstrafe bis zu dreitausend Mark bestraft, wenn sie in den von ihnen dem Gerichte (§ 10) zu machenden Anmeldungen, Anzeigen und Versicherungen wissentlich falsche Angaben machen, oder in ihren Darstellungen, ihren Übersichten über den Vermögensstand der Genossenschaft, über die Mitglieder und die Haftsummen, oder den in der Generalversammlung gehaltenen Vorträgen den Stand der Verhältnisse der Genossenschaft wissentlich unwahr darstellen[2]).

Zugleich kann auf Verlust der bürgerlichen Ehrenrechte erkannt werden.

Sind mildernde Umstände vorhanden, so tritt ausschließlich die Geldstrafe ein.

[1]) Anmeldung, Anzeige, Versicherungen liegen nach dem Gesetz nur dem Vorstand ob. Bei Darstellungen und Übersichten über den Vermögensbestand kommt der Aufsichtsrat in Frage.

[2]) StGB. 271. 147 ein Schutzgesetz im Interesse Dritter (RG. 81 269). Wissentlich falsche Darstellung der Verhältnisse der Genossenschaft in den Darstellungen, den Übersichten über den Vermögensstand (Geschäftsberichte, Bilanzen) ist die Voraussetzung. Nicht nur in Berichten. Auch das Fortlassen (bei Verlesung) wichtiger Stellen aus Protokollen macht die Vorstandsmitglieder strafbar und ebenso die, die die unvollständige Darstellung bemerken, sie aber nicht berichtigen (RG. Straff. **49** 240). Abschätzung des Wertes RG. Straff. **13**. 355. In dem bloßen Schweigen der Vorstandsmitglieder kann das Begriffsmerkmal der unwahren Darstellung liegen (RG. Straff. **37** 433). Über „Überspannung des Offenheitsprinzips" vgl. Parisius-Crüger § 147$_3$.

Ob bei der Beurteilung der Tat die Geschäftsunkundigkeit strafausschließend wirkt, ist bestritten (vgl. 142_3). Strafe kommt zur Anwendung ohne Rücksicht auf den Zweck der Handlung (RG. Straff. **14** 80) — bei Böswilligkeit StGB. 272 — HGB. 314.

§ 148. Mit Geldstrafe bis zu sechshundert Mark oder mit Gefängnis bis zu drei Monaten oder mit beiden Strafen zugleich werden bestraft:

1. die Mitglieder des Vorstandes und des Aufsichtsrats und die Liquidatoren, wenn länger als drei Monate die Genossenschaft ohne Aufsichtsrat geblieben ist, oder in dem letzteren die zur Beschlußfähigkeit erforderliche Zahl von Mitgliedern gefehlt hat;
2. die Mitglieder des Vorstandes oder die Liquidatoren, wenn entgegen den Vorschriften in §§ 99, 118, 140 der Antrag auf Eröffnung des Konkursverfahrens unterlassen ist[1]).

Die Strafe tritt nicht gegen denjenigen ein, welcher nachweist, daß die Unterlassung ohne sein Verschulden geschehen ist.

[1]) Ursprünglich war auch 121 einbezogen. Nur die Unterlassung der Anmeldung des Konkurses steht unter Strafandrohung (RG. Strafsachen **50** 151).

§ 149. Mitglieder des Vorstandes werden mit Geldstrafe bis zu sechshundert Mark bestraft, wenn ihre Handlungen auf andere als die im § 1 erwähnten geschäftlichen Zwecke gerichtet sind, oder wenn sie in der Generalversammlung die Erörterung von Anträgen gestatten oder nicht hindern, welche auf öffentliche Angelegenheiten gerichtet sind, deren Erörterung unter die Gesetze über das Versammlungs- und Vereinsrecht fällt[1]).

[1]) Daß alle auf andere Zwecke gerichteten Handlungen für strafbar erklärt sind, ist ungefährlich, solange man es mit wohlwollenden Behörden zu tun hat. „Nicht hindern" heißt „nicht das Ihrige tun, um zu verhindern" (KommBer. 64). Über „öffentliche Angelegenheiten" Parisius-Crüger 149_3 ff., sie müssen außerhalb des Interessenbereichs der Genossenschaft liegen — ein dehnbarer Begriff. Die Behandlung „einer der Genossenschaft fremden Angelegenheit" macht nur strafbar, wenn sie mit dem Bewußtsein vollführt ist, daß das unternommene Geschäft nicht unter 1 fällt. — Vgl. 81.

§ 150. Die Mitglieder des Vorstandes eines Revisionsverbandes werden, wenn unterlassen ist, die Versammlung in Gemäßheit des § 59 Absatz 2 anzuzeigen, mit Geldstrafe bis zu sechshundert Mark bestraft.

Die Strafe tritt nicht gegen denjenigen ein, welcher nachweist, daß die Unterlassung ohne sein Verschulden geschehen ist.

§ 151. Wer sich besondere Vorteile dafür hat gewähren oder versprechen lassen, daß er bei einer Abstimmung in der Generalversammlung in einem gewissen Sinne stimme, wird mit Geldstrafe bis zu dreitausend Mark, oder mit Gefängnis bis zu einem Jahre bestraft[1]).

[1]) RKO. 243, HGB. 317. Wer den Vorteil gewährt, ist als Anstifter strafbar.

§ 152. Personen, welche für einen Konsumverein den Warenverkauf bewirken, werden, wenn sie der Vorschrift des § 8 Absatz 4 zuwider wissentlich oder ohne Beobachtung der nach § 31 von dem Vorstande erlassenen Anweisung Waren an andere Personen als an Mitglieder oder deren Vertreter verkaufen, mit Geldstrafe bis zu einhundertfünfzig Mark bestraft[1]).

Gleiche Strafe trifft das Mitglied, welches seine Legitimation, durch die es zum Warenkauf in einem Konsumverein oder bei einem mit diesem wegen Warenabgabe an die Mitglieder in Verbindung stehenden Gewerbetreibenden[2]) berechtigt wird, einen Dritten zum Zweck unbefugter Warenentnahme überläßt.

Dritte, welche von solcher Legitimation zu demselben Zweck Gebrauch machen oder auf andere Weise zu unbefugter Warenabgabe zu verleiten unternehmen, werden in gleicher Weise bestraft[3]).

[1]) Strafe trifft die zum Verkauf angestellten Personen, Vorstandsmitglieder also nur, wenn sie „den Warenverkauf" zu erledigen haben, d. h. als Verkäufer tätig sind. Voraussetzung ist, abgesehen von dem Falle der wissentlichen Zuwiderhandlung, daß der Konsumverein einen offenen Laden hat und daß der Verkauf im regelmäßigen Geschäftsverkehr entgegen der Anweisung des Vorstandes erfolgt. In 152, 153 ist nur von den „Konsumvereinen" die Rede, die in 8 Abs. 4 den Konsumvereinen gleichgestellten „landwirtschaftlichen Konsumvereine" werden hier nicht besonders erwähnt. Straflos ist folglich Verkauf zur Probe in einer Notlage u. dgl. m. Die Strafbestimmung gibt der Behörde keine Kontrollbefugnis.

[2]) Dient dem Schutze des Konsumvereins. Die Worte „oder bei einem mit diesem wegen Warenabgabe an die Mitglieder in Verbindung stehenden Gewerbetreibenden berechtigt wird" sind in der Kommission (Gesetz von 1896) eingeschoben. Zum Warenkauf bei den Lieferanten ist jedermann berechtigt; eine Legitimation würde nur zur Empfangnahme von Dividendenmarken erforderlich sein (Komm.-Ber. 8.) Keine Strafbestimmung gegen die im Lieferantenverkehr mit den Konsumvereinen stehenden Kaufleute und Gewerbetreibenden.

[3]) Diese Bestimmung soll ebenfalls die Konsumvereine davor schützen, daß Gegner durch Täuschung der Angestellten vom Konsumverein Waren beziehen, um wegen Übertretung des Verbots der Warenabgabe an Nichtmitglieder zu denunzieren.

§ 153[1]). Mit Geldstrafe bis zu einhundertfünfzig Mark wird bestraft, wer Waren, die er aus dem Konsumverein oder von einem mit diesem wegen Warenabgabe in Verbindung stehenden Gewerbetreibenden auf Grund seiner Mitgliedschaft[2]) bezogen hat, gegen Entgelt[3]) gewohnheitsmäßig oder gewerbsmäßig[4]) an Nichtmitglieder veräußert.

Diese Bestimmung findet keine Anwendung:

1. wenn ein Mitglied eines Konsumvereins die von ihm bezogenen Waren in seiner Speiseanstalt oder an seine Kostgänger zum alsbaldigen persönlichen Verbrauch abgibt[5]);
2. wenn ein Konsumverein, welcher Mitglied eines anderen Konsumvereins ist, die aus letzterem bezogenen Waren an seine Mitglieder abgibt.

[1]) Der Umgehung des Verbots der Warenabgabe an Nichtmitglieder soll vorgebeugt werden (Gesetz vom 12. 8. 1896). Zu dem Begriff des Konsumvereins gehört Ablaß im kleinen. Ebenso wie die Genossenschaft aufhört, Konsumverein zu sein, wenn sie selbständig produziert, so ändert sich auch ihr Wesen, wenn sie Waren im großen abgibt. Daher unterliegen der Strafbestimmung nicht z. B. Gewerbetreibende, die die Waren aus dem „Konsumverein" beziehen.

[2]) Mitglieder einer eingetragenen Genossenschaft.

[3]) „Gegen Entgelt" kann im Zusammenhang mit „veräußert" nur bedeuten, daß ein besonderer Vorteil erzielt wird. Der Empfang von Dividendenmarken ist als besonderer Vorteil zu betrachten. Die Angestellten des Konsum-

vereins sind nicht strafbar, wenn sie nicht nach dem Zweck der Warenentnahme fragen.

[4]) Eine nicht gewerbsmäßige gelegentliche, also nicht gewohnheitsmäßige Abgabe von Waren an Nichtmitglieder gegen Entgelt ist gestattet. — Dahin gehören nach der Begründung Botenfrauen, Dienstmädchen.

[5]) Den Kostgängern sind auch Schlafburschen und Zimmermieter gleich zu achten, die von ihren Hauswirten „zum alsbaldigen persönlichen Verbrauch" aus dem Konsumverein bezogene Waren erhalten (KommBer. 9). Alle Restaurationen und Gasthäuser sind Speiseanstalten.

§ 154. Zuwiderhandlungen gegen die Vorschrift des § 32 werden mit Geldstrafe bis zu einhundertfünfzig Mark bestraft.

Zehnter Abschnitt.

Schlußbestimmungen.

§ 155. In bürgerlichen Rechtsstreitigkeiten, in welchen durch Klage oder Widerklage ein Anspruch auf Grund der Bestimmungen dieses Gesetzes geltend gemacht ist, wird die Verhandlung und Entscheidung letzter Instanz im Sinne des § 8 des Einführungsgesetzes zum Gerichtsverfassungsgesetze dem Reichsgerichte zugewiesen.

§ 156[1]). Die Vorschriften des § 9 des Handelsgesetzbuchs finden auf das Genossenschaftsregister Anwendung[2]). Eine gerichtliche Bekanntmachung von Eintragungen findet nur gemäß §§ 12, 16 Abs. 3, § 51 Abs. 5 sowie in den Fällen der § 82 Abs. 1, §§ 93a, 97 und der Umwandlung einer Genossenschaft und nur durch den Reichsanzeiger statt. Auf Antrag des Vorstandes kann das Gericht neben dem Reichsanzeiger noch andere

Blätter für die Bekanntmachungen bestimmen; in diesem Falle hat das Gericht jährlich im Dezember die Blätter zu bezeichnen, in denen während des nächsten Jahres die Veröffentlichungen erfolgen sollen[3]).

Eintragungen, die im Genossenschaftsregister sowohl der Hauptniederlassung als auch der Zweigniederlassung erfolgen, sind durch das Gericht der Hauptniederlassung bekanntzumachen. Eine Bekanntmachung durch das Gericht der Zweigniederlassung findet nur auf Antrag des Vorstandes statt.

Soweit nicht ein anderes bestimmt ist, werden die Eintragungen ihrem ganzen Inhalt nach veröffentlicht.

Die Bekanntmachung gilt mit dem Ablauf des Tages als erfolgt, an dem der Reichsanzeiger oder im Falle des Abs. 1 Satz 3 das letzte der die Bekanntmachung enthaltenden Blätter erschienen ist.

[1]) Die Fassung ist durch Novelle vom 12. 5. 1923 (RGBl. I S. 288) geändert. Die Änderung bezweckt Verbilligung der Insertionskosten.

[2]) Das Genossenschaftsregister ist öffentlich. Auch die Liste der Genossen (12 Abs. 3). Die Einsicht ist während der gewöhnlichen Dienststunden einem jeden gestattet. Dies bezieht sich auch auf die Anlagen. Von den Eintragungen kann gegen Erstattung der Kosten eine Abschrift gefordert werden — ob auch von den Anlagen, z. B. der Liste der Genossen, ist zweifelhaft (Parisius-Crüger § 10_{13}). Einsicht in die Bilanzen statthaft.

[3]) Das KG. (KGJ. **31** 367) läßt Beschwerde über unsachgemäße Auswahl der Blätter nicht zu.

§ 157. Die Anmeldungen[1]) zum Genossenschaftsregister sind durch sämtliche Mitglieder des Vorstandes oder sämtliche Liquidatoren persönlich zu bewirken oder in beglaubigter Form einzureichen[2]).

Die in §§ 16, 28, § 33 Absatz 2, § 51 Absatz 5, § 63 Absatz 2, § 84, § 85 Absatz 2 vorgeschriebenen Anmeldungen und Einreichungen müssen auch zu dem Genossenschaftsregister einer jeden Zweigniederlassung erfolgen[3][4].

[1]) Anmeldungen kommen vor 11, 14, 16, 28, 78, 79, 84, 85, 155 (Übergangsbestimmung); Anzeigen, Einreichungen und Versicherungen 15, 33, 51, 61, 69, 71, 76, 77, 89, 137, 138, 164 und 169 (Übergangsbestimmungen) können mündlich oder schriftlich nach Maßgabe der Bestimmungen 24 erfolgen (Begr. II 142). Die Rechtsprechung geht dahin, daß die Anmeldungen nur dann als gehörig erfolgt gelten, wenn Vorstandsmitglieder in der im Statut für die ordnungsmäßige Besetzung des Vorstandes vorgesehenen Zahl mitgewirkt haben (KGJ. 35 364). Das ist aber weder durch Wortlaut noch durch Sinn dieses Gesetzes begründet (Parisius-Crüger § 157_2).

[2]) Diese Beglaubigung „braucht nicht notwendig eine gerichtliche oder notarielle zu sein; vielmehr wird auch die Vidimierung durch eine andere Staats- oder eine Gemeindebehörde genügen, welche hierzu nach den bestehenden Einrichtungen befugt ist. Das Nähere hierüber bleibt der Ausführungsverordnung vorbehalten“ (Begr. II 142). AV. 8. Nach 147, 129 FGG. ist der Notar, von dem die erforderliche Erklärung beurkundet oder beglaubigt ist, ermächtigt, im Namen des zur Anmeldung Verpflichteten die Eintragung zu beantragen; diese Bestimmung gilt nach AV. 6.

[3]) Von der Regel, daß die Anmeldungen und Einreichungen durch Vorstand und Liquidatoren zu geschehen haben, zwei Ausnahmen in 158.

[4]) 157 hatte in dem Gesetz von 1889 noch einen dritten Absatz über den Eintritt der Wirkung bei Eintragungen in das Genossenschaftsregister der Haupt- und

der Zweigniederlassung. Die Bestimmung ist fortgefallen durch das EHGB. mit Rücksicht auf HGB. 15 Abs. 3.

§ 158[1]. Von der Eintragung eines beitretenden Genossen, der Eintragung oder Vormerkung des Austritts, der Ausschließung oder des Todes von Genossen, sowie von der Eintragung weiterer Geschäftsanteile in die Liste der Genossen hat das Gericht (§ 10) dem Gerichte einer jeden Zweigniederlassung zur Berichtigung der dort geführten Liste Mitteilung zu machen.

Imgleichen ist die Eintragung der Auflösung einer Genossenschaft, der Verschmelzung von Genossenschaften[2]) sowie der Eröffnung des Konkursverfahrens zu dem Genossenschaftsregister einer jeden Zweigniederlassung mitzuteilen.

[1]) Auf § 158, der im Gesetz von 1889 die Ordnungsnummer 149 hatte, folgte als § 150:

„Gegen die Entscheidung über Anträge auf Eintragung in das Genossenschaftsregister oder die Liste der Genossen oder auf Vormerkung in der letzteren finden die Rechtsmittel statt, welche gegen die Entscheidung über Eintragungen in das Handelsregister zulässig sind."

Die Bestimmung ist durch FGG. 187 aufgehoben. Das Rechtsmittelverfahren ist jetzt durch FGG. 19 und 148 geordnet.

[2]) Zusatz der Novelle vom 1. 7. 1922 (RGBl. S. 567).

§ 159. Für die Verhandlung und Entscheidung erster Instanz über Anträge auf Eintragung in das Genossenschaftsregister oder die Liste der Genossen oder auf Vormerkung in dieser Liste sowie für die Eintragungen und Vormerkungen werden Gebühren nicht erhoben. Die Erhebung von Auslagen findet nach den Vorschriften des Gerichtskostengesetzes statt; jedoch werden Post- und Schreibgebühren in allen Fällen erhoben[1]).

[1]) Über die Geschichte des Paragraphen vgl. Parisius-Crüger § 159. Die jetzige Fassung beruht auf der Novelle vom 12. 5. 1923 (RGBl. S. 288); sie bezweckt Verbilligung für die Genossenschaften.

§ 160. Die Mitglieder des Vorstandes sind von dem Gerichte (§ 10) zur Befolgung der im § 8 Absatz 2, § 14, §§ 28, 30, § 61 Absatz 2, § 63, § 78 Absatz 2, § 79 Absatz 2 enthaltenen Vorschriften durch Ordnungsstrafen anzuhalten; die einzelne Strafe darf den Betrag von dreihundert Mark nicht übersteigen. In gleicher Weise sind die Mitglieder des Vorstandes und die Liquidatoren zur Befolgung der im § 33 Absatz 2, § 47, § 48 Absatz 2, § 51 Absatz 4 und 5, § 84, § 85 Absatz 2, § 89, § 157 Absatz 2 enthaltenen Vorschriften anzuhalten.

Rücksichtlich des Verfahrens sind die Vorschriften maßgebend, welche zur Erzwingung der im Handelsgesetzbuch angeordneten Anmeldungen zum Handelsregister gelten [1]).

[1]) Das Verfahren bei Verhängung der Ordnungsstrafe ist einheitlich geregelt durch FGG. 132 ff. Voraussetzung der Androhung der Ordnungsstrafe ist, daß das Gericht in glaubhafter Weise von der Nichtbefolgung einer gesetzlichen Anordnung Kenntnis erhält. 160 gibt also keineswegs dem Gericht ein Aufsichtsrecht über die Genossenschaft.

§ 161. Die zur Ausführung der Vorschriften über das Genossenschaftsregister und die Anmeldungen zu demselben erforderlichen Bestimmungen werden von dem Bundesrat erlassen [1]).

Welche Behörden in jedem Bundesstaate unter der Bezeichnung Staatsbehörde (§ 47) und höhere

Verwaltungsbehörde (§§ 58, 59, 61, 81) zu verstehen sind, wird von der Zentralbehörde des Bundesstaates[2]) bekanntgemacht[3]).

[1]) S. die nachfolgende Verordnung über das Genossenschaftsregister vom 22. November 1923.

[2]) Begr. II 152; es wird darauf verwiesen, daß gleichermaßen die Bestimmung der Behörden auch in der Gewerbeordnung (155) den Landesregierungen überlassen sei.

[3]) Diese Bekanntmachungen der Zentralbehörden sind abgedruckt bei Parisius=Crüger 601 ff. Nach den Vollzugstagen ist ihre Reihe folgende: 1889: 6. Juni Hessen, 24. Juli Bayern, 29. Juli Schwarzburg=Sondershausen, 31. Juli Schaumburg=Lippe, 2. August Reuß j. L., 4. August Reuß ä. L., 11. August Württemberg, 14. Aug. Sachsen, 16. August Waldeck, 19. August Schwarzburg=Rudolstadt, 29. August Braunschweig, 30. August Sachsen=Weimar, 3. September Sachsen=Altenburg, 11. September Lübeck, 13. September Hamburg, 18. September Sachsen=Koburg=Gotha, 25. September Mecklenburg=Schwerin und Mecklenburg=Strelitz, 27. September Baden, 28. September Elsaß=Lothringen, 8. Oktober Bremen, 11. Oktober Sachsen=Meiningen, 14. Oktober Oldenburg, 12. Dezember Anhalt, 18. Dezember Preußen, 1890: 16. April Fürstentum Lippe.

Uebergangsbestimmungen.

Durch Art. 13 des Einführungsgesetzes zum Handelsgesetzbuch ist der „Reichskanzler ermächtigt, die Texte des Gesetzes betreffend die Erwerbs- und Wirtschaftsgenossenschaften . . . wie sie sich aus den in dem Artikel 10 . . . vorgesehenen Änderungen ergeben, durch das Reichs-Gesetzblatt bekanntzumachen. Hierbei sind die in den bezeichneten Gesetzen enthaltenen Verweisungen auf Vorschriften des Allgemeinen Deutschen Handelsgesetzbuchs durch Verweisungen auf die nach Art. 3 des gegenwärtigen Gesetzes an die Stelle jener Vorschriften tretenden neuen Vorschriften zu ersetzen". Der Reichskanzler hat sich in der hierauf erfolgten Bekanntmachung des Gesetzes betreffend die Erwerbs- und Wirtschaftsgenossenschaften nicht beschränkt, er hat auch die Bestimmungen der Novelle von 1896 in das Gesetz eingefügt und die Paragraphenzahlen entsprechend geändert, er hat fortgelassen den § 150 des Gesetzes (in der Fassung von 1889), der durch § 187 des Gesetzes über die Angelegenheiten der freiwilligen Gerichtsbarkeit aufgehoben ist, er hat nicht aufgenommen den Art. 2 der Novelle von 1896, und endlich er hat fortgelassen die Übergangsbestimmmungen, die das Gesetz von 1889 enthält, ohne daß dies irgendwo begründet ist. Was die ersten Punkte anlangt, so handelt es sich um redaktionelle Änderungen, deren Zulässigkeit ja zweifelhaft sein kann und zu deren Vornahme keine gesetzliche Ermächtigung vorliegt, die aber an sich rechtlich bedeutungslos sind. — Sind nun aber die „Uebergangsbestimmungen" durch die Nichtaufnahme in die nach Maßgabe des Art. 13 des EHGB. erfolgte Bekanntmachung aufgehoben? Es kann kein Zweifel darüber bestehen, daß dies nicht der Fall ist, sie bestehen fort, ebenso wie die Überschrift des Gesetzes von 1889 und dessen Schlußsatz. Von der Wiedergabe der Übergangsbestimmungen in dieser Folge kann gleichwohl abgesehen werden, weil nur in ganz seltenen Ausnahmefällen auf diese wird zurückgegriffen werden.

Notgesetze und Notverordnungen.

1. Bekanntmachung, betreffend die Revision der eingetragenen Genossenschaften, vom 8. September 1914.

2. Bekanntmachung über die Vertretung eines Genossen in der Generalversammlung einer Erwerbs- und Wirtschaftsgenossenschaft und über das Ausscheiden aus der Genossenschaft vom 17. Dezember 1914.

3. Bekanntmachung, betreffend die zeitweise Außerkraftsetzung der §§ 99, 118, 142, 148 des Gesetzes, betr. die Erwerbs- und Wirtschaftsgenossenschaften, vom 8. Aug. 1914.

Auf zwei Ursachen lassen sich die beiden ersten Gesetze zurückführen.

Einmal ist von Bedeutung geworden der Umstand, daß die Einfälle des Feindes in die Grenzbezirke den Verkehr mit dem Gericht zeitweilig zum Stillstand gebracht hatten. Ferner kommt in Betracht, daß das GG. von dem Grundgedanken ausgeht, daß die Mitglieder in der Generalversammlung persönlich ihre Rechte wahrnehmen, was allen denen, die dem Ruf zur Fahne gefolgt waren, die Ausübung ihrer Rechte unmöglich machte.

Die Bekanntmachung, betreffend die Revision der eingetragenen Genossenschaften, ist im wesentlichen auf die zuerst erwähnte Ursache zurückzuführen, es kam hinzu, daß in verschiedenen Verbänden die Revision nicht ausgeführt werden konnte, weil die Revisoren im Felde standen und so schnell Ersatz nicht zu beschaffen war. Das Gesetz über die Verlängerung der Revisionsfrist hat folgenden Wortlaut:

Der Bundesrat hat auf Grund des § 3 des Gesetzes über die Ermächtigung des Bundesrats zu wirtschaftlichen Maßnahmen usw. vom 4. August 1914 (RGBl. S. 327) folgende Verordnung erlassen:

§ 1. Die Frist, innerhalb deren nach § 53 des Gesetzes, betreffend die Erwerbs- und Wirtschaftsgenossenschaften (RGBl. 1898 S. 810), die Einrichtungen der eingetragenen Genossenschaften und ihre Geschäftsführung einer Prüfung durch einen Revisor zu unterwerfen sind, wird bis auf weiteres um vier Monate verlängert.

§ 2. Diese Verordnung tritt mit dem Tage der Verkündung in Kraft.

Berlin, den 8. September 1914.

Der Stellvertreter des Reichskanzlers.
Delbrück.

Das Gesetz ist abgedruckt im RGBl. 1914 Nr. 72 S. 400. Es ist jetzt durch die Verordnung vom 8. 12. 1923 (oben § 53) überholt.

Die Bekanntmachung über die Vertretung eines Genossen in der Generalversammlung vom 17. Dez. 1914 erleichtert die Vertretung der Mitglieder in der Generalversammlung, die unter normalen Verhältnissen nur in den in § 43 des Genossenschaftsgesetzes vorgesehenen Fällen zulässig ist. Mit der allgemeinen Zulassung der Vertretung von im Felde stehenden Mitgliedern sind aber auch alle Zweifel darüber beseitigt, welchen Einfluß es für die Rechtsgültigkeit der Beschlüsse hat, wenn eine große Zahl von Mitgliedern physisch an der Wahrnehmung ihrer Rechte verhindert ist. Die Verordnung ist formell zwar noch in Geltung, hat aber wohl kaum noch praktische Bedeutung.

Die Bekanntmachung über die Vertretung eines Genossen in der Generalversammlung ist verbunden mit der Bekanntmachung über das Ausscheiden aus der Genossenschaft. Diese Verordnung hat Bedeutung für die Bezirke, in denen das gerichtliche Verfahren infolge der kriegerischen Ereignisse zum Stillstand gekommen war. Nach § 70 Abs. 2 des Genossenschaftsgesetzes scheidet der Genosse „infolge der Eintragung . . . mit dem in der Liste vermerkten Jahresschluß . .

aus der Genossenschaft aus". Nur im Falle des Todes eines Genossen „gilt dieser mit dem Schlusse des Geschäftsjahres, in welchem der Tod erfolgt ist, als ausgeschieden" (§ 77); die Eintragung ist auch für die Haftpflicht nicht ganz bedeutungslos (§ 125). Wo die Gerichte ihren Betrieb eingestellt hatten, war der Vorstand nicht in der Lage, den Bestimmungen des Gesetzes zu entsprechen — folglich wäre ein Ausscheiden der Mitglieder zum Jahresschlusse 1914 nicht möglich gewesen. Hier schafft § 2 der Verordnung Rat. Die Bekanntmachung ist formell noch in Kraft, hat aber keine praktische Bedeutung mehr.

Die Bekanntmachung hat folgenden Wortlaut:

Der Bundesrat hat auf Grund des § 3 des Gesetzes über die Ermächtigung des Bundesrats zu wirtschaftlichen Maßnahmen usw. vom 4. August 1914 (RGBl. S. 327) folgende Verordnung erlassen;

§ 1. Gehört ein Genosse einer eingetragenen Genossenschaft zu den Personen, die im § 2 des Gesetzes, betreffend den Schutz der infolge des Krieges an Wahrnehmung ihrer Rechte behinderten Personen, vom 4. August 1914 (RGBl. S. 328) bezeichnet sind, so kann er sein Stimmrecht in der Generalversammlung durch einen Bevollmächtigten ausüben. Für die Vollmacht ist die schriftliche Form erforderlich und genügend. Ein Bevollmächtigter kann mehr als einen Genossen vertreten.

§ 2. Ist bei dem Gerichte, das die Liste der Genossen führt, infolge des Krieges ein, wenngleich nur vorübergehender, Stillstand der Rechtspflege eingetreten, so gilt, falls die Tatsache, die gemäß §§ 65 bis 68 des Gesetzes, betreffend die Erwerbs- und Wirtschaftsgenossenschaften, das Ausscheiden eines Genossen begründet, nicht bis zum Schlusse des Geschäftsjahrs, zu dem das Ausscheiden erfolgen soll, in die Liste eingetragen ist, das Ausscheiden auch ohne Eintragung mit dem Schlusse dieses Geschäftsjahrs als erfolgt. Unter der gleichen Voraussetzung findet, falls der Tod eines Genossen nicht bis zum

Schlusse des Geschäftsjahrs in die Liste der Genossen eingetragen ist, die in § 125 Abs. 2 des Gesetzes gegebene Vorschrift über die Haftung des Erben für die bis zum Tage der Eintragung von der Genossenschaft eingegangenen Verbindlichkeiten keine Anwendung.

Die im § 69 des Gesetzes bezeichnete Verpflichtung des Vorstandes, die Eintragung in die Liste zu veranlassen, wird durch die Vorschriften des Abs. 1 nicht berührt; konnte der Vorstand der Verpflichtung nicht bis zu dem im § 69 bezeichneten Zeitpunkt nachkommen, so hat er das Ausscheiden in dem von ihm geführten Verzeichnis der Genossen zu vermerken und das zur Eintragung in die Liste Erforderliche unverzüglich nach Wegfall des Hindernisses nachzuholen.

§ 3. Diese Verordnung tritt mit dem Tage der Verkündung in Kraft.

Berlin, den 17. Dezember 1914.

Der Stellvertreter des Reichskanzlers.
Delbrück.

Die Verordnung ist abgedruckt im RGBl. 1914 Nr. 114 S. 518.

Die Außerkraftsetzung der Vorschriften der §§ 99, 118, 142, 148 des Gesetzes liegt in der Natur der Verhältnisse begründet. Infolge des Krieges konnten leicht Zahlungsschwierigkeiten eintreten. Es mußte Vorsorge getroffen werden, daß dann nicht für den Vorstand die Verpflichtung bestand, die Eröffnung des Konkursverfahrens zu beantragen. Der Gesetzgeber konnte aber auch nicht die verschiedenen Fälle unterscheiden, d. h. die Paragraphen des Gesetzes nur für den Fall aufheben, wenn z. B. die Zahlungsunfähigkeit der Genossenschaft in den wirtschaftlichen Folgen des Krieges ihren Grund hatte. So ist der Krieg vielleicht auch mancher Genossenschaft zugute gekommen, die ohne den Krieg bereits ein ruhmloses Ende genommen haben würde.

Die Bekanntmachung hat folgenden Wortlaut:

Der Bundesrat hat auf Grund des § 3 des Gesetzes über die Ermächtigung des Bundesrats zu wirtschaftlichen Maßnahmen usw. vom 4. August 1914 (RGBl. S. 327) folgende Verordnung erlassen:

§ 1. Die nachstehenden Vorschriften werden, soweit sie die Verpflichtung, bei Zahlungsunfähigkeit einer Gesellschaft oder einer Genossenschaft die Eröffnung des Konkursverfahrens zu beantragen, sowie das Verbot von Zahlungen nach Eintritt der Zahlungsunfähigkeit betreffen, bis auf weiteres außer Kraft gesetzt:

1. die Vorschriften des § 240 Abs. 2, des § 241 Abs. 3, 4, des § 249 Abs. 3, des § 298 Abs. 2, des § 315, des § 325 Nr. 8 des Handelsgesetzbuchs;
2. die Vorschriften der §§ 64, 71, 84 des Gesetzes, betreffend die Gesellschaften mit beschränkter Haftung;
3. die Vorschriften der §§ 99, 118, 142, 148 des Gesetzes, betreffend die Erwerbs- und Wirtschaftsgenossenschaften.

§ 2. Diese Verordnung tritt mit dem Tage der Verkündung in Kraft.

Berlin, den 8. August 1914.

Der Reichskanzler.
In Vertretung: Delbrück.

Die Bekanntmachung ist abgedruckt im RGBl. 1914 Nr. 57 S. 365.

Zwar nicht als Kriegsnotgesetz, aber doch als sehr bedeutungsvoll für Genossenschaften ist die Verordnung des Bundesrats über die Geschäftsaufsicht zur Abwendung des Konkurses jetzt in der Fassung vom 8. 2. 1924 (RGBl. S. 51) zu betrachten. Die Verordnung ist an die Stelle der bei Ausbruch des Krieges erlassenen Notverordnung betr. die Geschäftsaufsicht zur Abwendung des Konkurses vom 8. August 1914 (RGBl. 1914 S. 363) bezw. der diese ersetzende Verordnung vom 14. 12. 1916 (RGBl. S. 1363) getreten. Näheres vgl. Einleitung Seite 30ff.

Das Betriebsrätegesetz.

Vom 4. Februar 1920 (RGBl. S. 147).

Nach dem Gesetz sind zur Wahrnehmung der gemeinsamen wirtschaftlichen Interessen der Arbeitnehmer (Arbeiter und Angestellte) dem Arbeitgeber gegenüber und zur Unterstützung des Arbeitgebers in der Erfüllung der Betriebszwecke in allen Betrieben, die in der Regel mindestens 20 Arbeitnehmer beschäftigen, Betriebsräte zu errichten. In Betrieben, die in der Regel weniger als 20 Arbeitnehmer beschäftigen, aber mindestens 5 wahlberechtigte Arbeitnehmer beschäftigen, ist ein Betriebsobmann zu wählen. Ferner sind zur Wahrnehmung der besonderen wirtschaftlichen Interessen der Arbeiter und Angestellten des Betriebes dem Arbeitgeber gegenüber in allen Betrieben, in denen Betriebsräte, Arbeiter und Angestellte vertreten sind, Arbeiterräte und Angestelltenräte zu errichten. Der Arbeiterrat und Angestelltenrat werden gebildet durch die Mitglieder der betreffenden Gruppen des Betriebsrates und durch Ergänzungsmitglieder, die durch die betreffenden Gruppenangehörigen gewählt werden. Als Betrieb im Sinne des Gesetzes gelten alle Betriebe, Geschäfte und Verwaltungen des öffentlichen und privaten Rechtes. Als Arbeitnehmer gelten alle „Arbeiter" und „Angestellten" mit Ausnahme der Familienangehörigen des Arbeitgebers. „Arbeiter" sind die im Dienste anderer gegen Entgelt oder als Lehrlinge beschäftigten Personen mit Ausnahme der Angestellten. „Angestellte" sind Personen, die eine der im § 1

Abs. 1 des Versicherungsgesetzes für Angestellte angeführten Beschäftigungen gegen Entgelt ausüben, auch wenn sie nicht versicherungspflichtig sind. Nicht als „Angestellte" gelten die Vorstandsmitglieder und gesetzlichen Vertreter juristischer Personen, ferner die Geschäftsführer und Betriebsleiter, soweit sie zur selbständigen Einstellung oder Entlassung der übrigen im Betriebe beschäftigten Arbeitnehmer berechtigt sind oder soweit ihnen Prokura oder Generalvollmacht erteilt ist. Der Betriebsrat besteht aus 3 bis höchstens 30 Mitgliedern. Die Mitglieder des Betriebsrates werden aus den Arbeitern und Angestellten in unmittelbarer und geheimer Wahl nach den Grundsätzen der Verhältniswahl auf die Dauer von 1 Jahr gewählt. Wahlberechtigt sind alle mindestens 18 Jahre alten männlichen und weiblichen Arbeitnehmer, die sich im Besitze der bürgerlichen Ehrenrechte befinden. Wählbar sind die mindestens 24 Jahre alten reichsangehörigen Wahlberechtigten, die nicht mehr in Berufsausbidung sind und am Wahltag mindestens 6 Monate dem Betriebe oder Unternehmen, sowie mindestens 3 Jahre dem Gewerbezweig oder dem Berufszweig angehören, in dem sie tätig sind. Die Mitglieder des Betriebsrats verwalten ihr Amt als Ehrenamt. Die durch die Geschäftsführung entstehenden notwendigen Kosten einschließlich etwaiger Aufwandsentschädigungen trägt der Arbeitgeber, sofern nicht durch Tarifvertrag etwas anderes bestimmt ist. Sämtliche Arbeitnehmer des Betriebes bilden die Betriebsversammlung. Die Betriebsversammlung kann Wünsche und Anträge an den Betriebsrat richten. Über die Aufgaben des Betriebsrates enthält § 66, über die Aufgaben des Arbeiter- und Angestelltenrates § 78 nähere Angaben. Auf Einzelheiten kann hier nicht eingegangen werden, es ist auf das Betriebsrätegesetz sowie die Erläuterungen dazu zu verweisen. Vgl. auch Artikel in den BlfG. 1920, Nr. 18, S. 159. Zu dem Betriebsrätegesetz sind Ergänzungsgesetze ergangen. Nach § 72 des Gesetzes können in Betrieben, deren Unternehmer zur Führung von Handelsbüchern verpflichtet sind, und die in der Regel mindestens 300 Arbeitnehmer oder 50 Angestellte im Betriebe beschäftigen, die Betriebsräte verlangen, daß dem Betriebsrat bzw. dem Betriebsausschusse alljährlich nach Maßgabe eines hierüber zu erlassenden Gesetzes eine Betriebsbilanz und eine Betriebsgewinn- und -verlustrechnung für das verflossene Geschäftsjahr spätestens 6 Monate nach Ablauf des Geschäftsjahres zur Einsichtnahme vorgelegt und erläutert wird. Die Mitglieder des Betriebsausschusses oder des Betriebsrates sind verpflichtet, über die ihnen vom Arbeitgeber gemachten vertraulichen Angaben Stillschweigen zu bewahren. Das hier erwähnte Gesetz ist unterm 5. Februar 1921, (Reichsgesetzblatt 1921, Nr. 17) nach langen Verhandlungen ergangen. Nach dem Ergänzungsgesetz muß die vorzulegende Betriebsbilanz nach den für das Unternehmen geltenden gesetzlichen Bilanzgrundsätzen die Bestandteile des Vermögens und der Schulden des Unternehmens derart ersehen lassen, daß sie für sich allein und unabhängig von anderen Urkunden eine Übersicht über den Vermögensstand des Unternehmens gewährt. Das dem Unternehmen nicht gewidmete Vermögen des Unternehmens bleibt hierbei außer Betracht. Zur Erläuterung der Betriebsbilanz ist über die Bedeutung der einzelnen Bilanzposten Auskunft zu geben. Eine Verpflichtung zur Vorlegung von Bilanzunterlagen besteht nicht. Näheres vgl. BlfG. 1921 Nr. 13 S. 163.

Nach § 70 des Betriebsrätegesetzes werden in Unternehmungen, für die ein Aufsichtsrat besteht, nach Maßgabe eines besonderen hierüber zu erlassenden Gesetzes 1 oder 2 Betriebsratsmitglieder in den Aufsichtsrat entsandt, um die Interessen und Forderungen der Arbeitnehmer, sowie deren Ansichten und Wünsche hinsichtlich der Organisation des Betriebes zu vertreten. Das Ergänzungsgesetz ist unterm 15. Februar 1922 (Reichsgesetzblatt 1922 Nr. 17) ergangen. Weiter ist hierzu ergangen eine Wahlverordnung vom 23. März 1922 (Reichsgesetzblatt 1922 Nr. 27). Für die Genossenschaften interessiert in der Hauptsache die Bestimmung des

§ 5 Absatz 3 des Gesetzes, wonach die Vorschrift des § 9 Absatz 2 des Genossenschaftsgesetzes für die in den Aufsichtsrat zu entsendenden Betriebsratsmitglieder nur insoweit gilt, als ihnen der Erwerb der Mitgliedschaft freisteht und billigerweise zugemutet werden kann. Zweifel sind aufgetaucht, ob nicht auch der § 37 des Genossenschaftsgesetzes hätte berücksichtigt werden müssen. Hiernach können Angestellte in leitender Stellung, denn diese sind als Beamte im Sinne des § 37 des Gesetzes anzusprechen, nicht in den Aufsichtsrat entsandt werden. Näheres hierüber vergleiche BlfG. 1922 Nr. 10 S. 118. Dortselbst sind auch nähere Ausführungen über den Umfang der Rechte des Betriebsratsmitgliedes im Aufsichtsrat enthalten. Die Stellung der Arbeiteraufsichtsratsmitglieder gibt zu Zweifel Anlaß. So ist z. B. auch die Frage aufgeworfen worden, ob diese Aufsichtsratsmitglieder berechtigt sind, an den Generalversammlungen teilzunehmen. (Vgl. Frankfurter Zeitung vom 11. 4. 1922 Handelsteil.)

Für die Genossenschaften sind alle Fragen und Streitfragen nicht von sehr großer Bedeutung, da einerseits die Zahl der Genossenschaften; auf welche das Betriebsrätegesetz bzw. die Bestimmungen über die Vorlegung der Betriebsbilanz und die Entsendung nicht sehr groß sein wird, andererseits den Arbeitern und Angestellten die Möglichkeit gegeben ist, die Mitgliedschaft bei ihrer Genossenschaft zu erwerben. Jedenfalls dürfte bei der Mehrzahl der Genossenschaften den Arbeitern und Angestellten bei dem Erwerb der Mitgliedschaft keine Schwierigkeiten gemacht werden.

Zweite Durchführungsbestimmung zur Rentenbankverordnung.

Vom 17. Dezember 1923 (RGBl. I S. 1243).
Betrifft Festsetzung des Geschäftsanteils in Rentenmark.

Die Verordnung enthält außer den die Genossenschaften interessierenden Vorschriften noch solche über Rechte und Pflichten der mit Grundschulden der Rentenbank belasteten Personen, sowie Strafbestimmungen zum Schutze der Rentenbank. Für die Genossenschaften kommen nur die §§ 3—5 der Verordnung in Frage, welche folgenden Wortlaut haben:

§ 3. Das Statut einer eingetragenen Genossenschaft kann den Geschäftsanteil (§ 7 Nr. 2 des Gesetzes, betr. die Erwerbs- und Wirtschaftsgenossenschaften) in Rentenmark festsetzen. Bei einer bestehenden Genossenschaft bedarf es zur Beschlußfassung darüber einer Mehrheit von drei Vierteln der erschienenen Genossen.

Wird der Geschäftsanteil in Rentenmark festgesetzt, so sind die bisherigen Geschäftsguthaben in Rentenmark umzurechnen und neue Zuschreibungen sowie Abschreibungen in Rentenmark vorzunehmen. Das Statut hat die näheren Bestimmungen über die erforderlichen Umrechnungen zu treffen.

Das Statut kann für den Fall der Festsetzung des Geschäftsanteils in Rentenmark vorschreiben, daß Einzahlungen auf den Geschäftsanteil in Rentenmark oder in anderen wertbeständigen Zahlungsmitteln zu bewirken sind. Trifft das Statut eine solche Bestimmung, so hat auch die Auszahlung der Geschäftsguthaben in diesen Zahlungsmitteln zu erfolgen.

§ 4. Die Vorschrift des § 3 Abs. 1 findet auf die Haftsumme bei eingetragenen Genossenschaften mit beschränkter Haftpflicht (§ 2 Nr. 3, § 131 des Gesetzes, betr. die Erwerbs- und Wirtschaftsgenossenschaften) mit der Maßgabe entsprechende Anwendung, daß der Geschäftsanteil nicht ohne die Haftsumme, diese nicht ohne den Geschäftsanteil in Rentenmark festgesetzt werden kann.

Die Vorschrift des § 3 Abs. 1 Satz 1 gilt auch entsprechend für die Festsetzung der im § 49 Nr. 1 und 2 des genannten Gesetzes bezeichneten Beträge.

§ 5. Bei einer bestehenden Genossenschaft gilt die Umwandlung des Geschäftsanteils und der Haftsumme in Rentenmark nicht als Erhöhung oder Herabsetzung des Geschäftsanteils oder der Haftsumme. Rückzahlungen aus den Geschäftsguthaben dürfen aus Anlaß der Umwandlung nicht erfolgen.

Die Verordnung über Inkraftsetzung und zur Ausführung des § 43a des Genossenschaftsgesetzes vom 24. Oktober 1922.

(RGBl. I S. 807).

Die Verordnung hat folgenden Wortlaut:

Auf Grund des Artikels II des Gesetzes zur Änderung des Gesetzes, betreffend die Erwerbs- und Wirtschaftsgenossenschaften vom 1. Juli 1922 (Reichs-Gesetzbl. I S. 567) wird bestimmt:

Der § 43a Abs. 1 Satz 1 tritt am 1. Januar 1924, im übrigen treten die Vorschriften des § 43a am 1. Januar 1923 in Kraft.

Auf die Generalversammlung, die erstmalig über die im § 43a Abs. 2 vorgesehenen Bestimmungen beschließt, findet die Vorschrift des § 43a Abs. 1 keine Anwendung.

Ob die Generalversammlung als Vertreterversammlung gebildet werden muß oder gebildet werden kann (§ 43a), richtet sich für jedes Geschäftsjahr nach der Mitgliederzahl am Schlusse des vorangegangenen Geschäftsjahrs.

Die Vorschriften des Gesetzes und des Statuts über die Generalversammlung finden auf die Vertreterversammlung entsprechende Anwendung; insbesondere tritt, soweit das Gesetz oder das Statut für die Beschlüsse der Generalversammlung eine bestimmte Mehrheit der Genossen oder der erschienenen Genossen vorschreiben, an ihre Stelle die Mehrheit der Vertreter oder der erschienenen Vertreter.

Berlin, 24. Oktober 1922.

Der Reichsminister der Justiz.
Dr. Radbruch.

Verordnung über Goldbilanzen.

Vom 28. Dezember 1923 (RGBl. I S. 1253).

Auf Grund des Ermächtigungsgesetzes vom 8. Dezember 1923 (Reichs-Gesetzbl. I S. 1179) verordnet die Reichsregierung nach Anhörung der Ausschüsse des Reichsrats und des Reichstags:

§ 1. (1) Kaufleute, die zur Führung von Handelsbüchern verpflichtet sind, haben vom 1. Januar 1924 ab oder, falls das neue Geschäftsjahr mit einem späteren Zeitpunkt beginnt von diesem Zeitpunkt ab das Inventar und die Bilanz in Goldmark aufzustellen.

(2) Als Goldmark gilt der Gegenwert von $^{10}/_{42}$ des nordamerikanischen Dollars. Die Reichsregierung ist ermächtigt, eine andere Einheit festzusetzen.

§ 2. (1) Spätestens für den 1. Januar 1924 oder, falls das neue Geschäftsjahr mit einem späteren Zeitpunkt beginnt, für diesen Zeitpunkt, sind ein Eröffnungsinventar und eine Eröffnungsbilanz im Sinne des § 39 des Handelsgesetzbuchs in Goldmark aufzustellen.

(2) Für die Genehmigung und Veröffentlichung der Eröffnungsbilanz gelten die für die Jahresbilanzen maßgebenden Bestimmungen. Die im § 260 Abs. 2 des Handelsgesetzbuchs bestimmte Frist beträgt, auch soweit im Gesellschaftsvertrag etwas anderes festgesetzt ist, sechs Monate; sie kann durch das Gericht angemessen verlängert werden.

§ 3. Auf die in Goldmark aufzustellenden Inventare und Bilanzen finden, soweit nicht in dieser Verordnung etwas anderes bestimmt ist, die allgemeinen nach dem Gesetz oder der Satzung geltenden Vorschriften Anwendung.

§ 4. (1) Auf die Eröffnungsbilanz einer Aktiengesellschaft oder einer Kommanditgesellschaft auf Aktien finden die Vorschrift des § 261 Nr. 1 des Handelsgesetzbuchs insoweit als sie die Bewertung von Vermögensgegenständen mit einem höheren Werte als dem Anschaffungs- oder Herstellungspreis untersagt sowie die Vorschriften des § 261 Nr. 2 und 3 des Handelsgesetzbuchs keine Anwendung. Für die Eröffnungsbilanz einer Gesellschaft mit beschränkter Haftung findet die Vorschrift des § 42 Nr. 1 des Gesetzes, betreffend die Gesellschaften mit beschränkter Haftung, keine Anwendung.

(2) Die Vorschriften des Abs. 1 gelten auch für die Eröffnungsbilanz von Unternehmungen, deren Satzung die Anwendung der genannten Bestimmungen vorschreibt.

(3) Übersteigt der in der Eröffnungsbilanz eingestellte Wert der im § 261 Nr. 1, 2 und 3 des Handelsgesetzbuchs sowie im § 42 Nr. 1 des Gesetzes, betreffend die Gesellschaften mit beschränkter Haftung, bezeichneten Gegenstände den Anschaffungs- oder Herstellungspreis, und zwar in den Fällen des § 261 Nr. 3 und des § 42 Nr. 1 vermindert um einen der Abnutzung gleichkommenden Betrag, so ist der Unterschied in der Bilanz gesondert auszuweisen.

(4) Für die Jahresbilanzen gelten die in der Eröffnungsbilanz eingesetzten Werte als Anschaffungs- oder Herstellungspreise im Sinne des § 261 Nr. 1, 2 und 3 des Handelsgesetzbuchs und des § 42 Nr. 1 des Gesetzes,

betreffend die Gesellschaften mit beschränkter Haftung. Das gleiche gilt für die im § 333 Abs. 2 des Handelsgesetzbuchs vorgesehene Bilanz.

§ 5. (1) Übersteigt bei Aktiengesellschaften, Kommanditgesellschaften auf Aktien oder Gesellschaften mit beschränkter Haftung das bei der Aufstellung der Eröffnungsbilanz nach Abzug der Schulden sich ergebende Vermögen den Betrag des Grundkapitals oder des Stammkapitals (Eigenkapital), so ist in der Bilanz entweder der Überschuß als Reserve einzustellen oder der Betrag des Eigenkapitals entsprechend heraufzusetzen. Die Maßnahmen können miteinander verbunden werden.

(2) Übersteigt der Betrag des Eigenkapitals das bei der Aufstellung der Eröffnungsbilanz nach Abzug der Schulden sich ergebende Vermögen, so ist entweder der Unterschied als Kapitalentwertungskonto unter die Aktiven einzustellen oder das Vermögen durch neue Einlagen bis zur Höhe des Betrags des Eigenkapitals zu vermehren oder der Betrag des Eigenkapitals entsprechend zu ermäßigen. Die Maßnahmen können miteinander verbunden werden.

§ 6. Das Kapitalentwertungskonto darf nicht höher sein als $^9/_{10}$ des Betrags des Eigenkapitals. Die Gesellschaft ist verpflichtet, das Kapitalentwertungskonto innerhalb von drei Geschäftsjahren auszugleichen. Zur Tilgung sind der vorhandene Reservefonds sowie die Beträge zu verwenden, die gemäß § 262 des Handelsgesetzbuchs in den Reservefonds einzustellen wären; eine Verteilung von Gewinnen ist unzulässig, solange ein Kapitalentwertungskonto besteht. Die Durchführung des Ausgleichs ist dem Gericht anzuzeigen.

§ 7. Eine nach § 5 vorgenommene Veränderung des Eigenkapitals ist Umstellung im Sinne dieser Verordnung.

§ 8. Das Verhältnis der mit den Aktien und Geschäftsanteilen verbundenen Rechte zueinander wird vorbehaltlich näherer Regelung in den Durchführungsbestimmungen durch die Umstellung nicht berührt.

§ 9. Werden im Falle der Heraufsetzung des Betrags des Eigenkapitals (§ 5 Abs. 1) neue Aktien oder Geschäftsanteile ausgegeben, so sind diese den Gesellschaftern auf ihr Verlangen entsprechend ihrem Anteil am Eigenkapital zuzuteilen, es sei denn, daß ein Dritter die Aktien übernommen und sich dabei verpflichtet hat, sie den Aktionären zum Bezug anzubieten. Das gleiche gilt für den Fall einer Kapitalserhöhung, die während des Bestehens des Kapitalentwertungskontos beschlossen worden ist.

§ 10. (1) Nach der Umstellung muß der Betrag des Eigenkapitals einer Aktiengesellschaft oder einer Kommanditgesellschaft auf Aktien mindestens fünftausend Goldmark, der einer Gesellschaft mit beschränkter Haftung mindestens fünfhundert Goldmark betragen.

(2) Bei der Umstellung einer Aktiengesellschaft oder einer Kommanditgesellschaft auf Aktien müssen die Aktien und Interimsscheine auf einen Betrag von mindestens einhundert Goldmark, im Falle des § 180 Abs. 3 des Handelsgesetzbuchs auf einen Betrag von mindestens zwanzig Goldmark gestellt werden. Im Falle des § 180 Abs. 2 des Handelsgesetzbuchs kann ein Mindestbetrag von zwanzig Goldmark zugelassen werden.

(3) Bei der Umstellung einer Gesellschaft mit beschränkter Haftung muß die Stammeinlage jedes Gesellschafters auf mindestens fünfzig Goldmark gestellt werden.

§ 11. Eine Verminderung der Zahl der Aktien oder Geschäftsanteile aus Anlaß der Umstellung einer Aktiengesellschaft, einer Kommanditgesellschaft auf Aktien oder einer Gesellschaft mit beschränkter Haftung ist nur insoweit zulässig, als ohne sie die im § 10 für Aktien oder Geschäftsanteile vorgeschriebene Mindestgrenze nicht eingehalten werden könnte.

§ 12. Soweit aus Anlaß der Umstellung einer Aktiengesellschaft, einer Kommanditgesellschaft auf Aktien oder einer Gesellschaft mit beschränkter Haftung Zahlungen an die Gesellschafter zu erfolgen haben, sind ihnen auf Antrag auf den Inhaber lautende Genußscheine in Höhe ihres Zahlungsanspruchs auszuhändigen. Die Genußscheine gewähren kein Stimmrecht, jedoch einen Anspruch auf entsprechende Beteiligung am Reingewinne der Gesellschaft und im Falle der Auflösung der Gesellschaft einen Anspruch in bezug auf das zu verteilende Gesellschaftsvermögen. Die Beteiligung am Reingewinne darf durch Kapitalserhöhungen nicht verkürzt werden. Die Genußscheine können unter Einhaltung einer Kündigungsfrist von drei Monaten von der Gesellschaft frühestens zum Ablauf des dritten auf die Ausstellung folgenden Geschäftsjahrs, von dem Inhaber zum Schlusse eines jeden Geschäftsjahres gekündigt werden. Die Ausgabe der Genußscheine bedarf nicht der staatlichen Genehmigung.

§ 13. (1) Bei Aktiengesellschaften haben die Mitglieder des Aufsichtsrats die Eröffnungsbilanz und den Hergang der Umstellung zu prüfen. Über die Prüfung ist der Generalversammlung von dem Vorstand und dem Aufsichtsrate schriftlich Bericht zu erstatten. In dem Berichte sind die wesentlichen Umstände darzulegen, die für die Bewertung der im § 261 Nr. 1—3 des Handelsgesetzbuchs bezeichneten Gegenstände maßgebend gewesen sind.

(2) Die Generalversammlung kann mit einfacher Stimmenmehrheit die Bestellung von Revisoren zur Prüfung der Eröffnungsbilanz oder zur Prüfung des Herganges der Umstellung beschließen. Ist in der Generalversammlung ein Antrag auf Bestellung von Revisoren zur Prüfung der Eröffnungsbilanz oder zur Prüfung des Herganges der Umstellung abgelehnt worden, so können auf Antrag von Aktionären, deren Anteile zusammen den zehnten Teil des Grundkapitals erreichen, Revisoren durch das Gericht, in dessen Bezirk die Gesellschaft ihren Sitz hat, ernannt werden. Die Vorschriften des § 266 Abs. 2, Abs. 3 Satz 2, Abs. 4 Satz 1 sowie des § 267 des Handelsgesetzbuchs finden Anwendung.

(3) Diese Vorschriften gelten für Kommanditgesellschaften auf Aktien mit der Maßgabe, daß die Berichterstattung (Abs. 1 Satz 2) durch die persönlich haftenden Gesellschafter zu erfolgen hat.

§ 14. (1) Wegen einer Überschuldung, die sich bei der Aufstellung der Eröffnungsbilanz ergibt, die Eröffnung des Konkursverfahrens zu beantragen, ist der Vorstand einer Aktiengesellschaft nicht verpflichtet, solange die Frist für die Umstellung läuft. Das gleiche gilt für die persönlich haftenden Gesellschafter einer Kommanditgesellschaft auf Aktien und für die Geschäftsführer einer Gesellschaft mit beschränkter Haftung.

(2) Während der im Abs. 1 genannten Frist findet die Vorschrift des § 240 Abs. 1 des Handelsgesetzbuchs keine Anwendung.

§ 15. (1) Die Anmeldung des Beschlusses der Generalversammlung über die Umstellung einer Aktiengesellschaft, einer Kommanditgesellschaft auf Aktien oder einer Gesellschaft mit beschränkter Haftung zum Handelsregister hat binnen sechs Monaten nach Abhaltung der Generalversammlung zu erfolgen, in der die Abänderung des Gesellschaftsvertrags beschlossen worden ist. Die oberste Landesbehörde oder die von ihr bestimmte Stelle kann die Frist allgemein oder für einzelne Unternehmungen oder Arten von Unternehmungen verlängern.

(2) Handelt es sich um eine Aktiengesellschaft oder eine Kommanditgesellschaft auf Aktien, so ist bei der Anmeldung der Prüfungsbericht (§ 13 Abs. 1) vorzulegen.

§ 16. Ist die Anmeldung (§ 15) nicht innerhalb der vorgeschriebenen Frist erfolgt oder ist die Einhaltung der im § 10 vorgeschriebenen Mindestgrenzen nicht nachgewiesen oder die im § 6 vorgeschriebene Anzeige unterblieben, so hat das Gericht der Gesellschaft eine angemessene Frist unter der Androhung der Eintragung der Nichtigkeit der Gesellschaft zu bestimmen. Ist innerhalb der Frist die Anmeldung nicht erfolgt oder der Nachweis nicht geführt oder die Anzeige nicht erstattet, so ist die Nichtigkeit der Gesellschaft einzutragen. Die Vorschriften der §§ 142, 143 des Gesetzes über die Angelegenheiten der freiwilligen Gerichtsbarkeit finden entsprechende Anwendung.

§ 17. (1) Bei Neugründungen von Aktiengesellschaften, Kommanditgesellschaften auf Aktien und Gesellschaften mit beschränkter Haftung muß das Eigenkapital auf Goldmark gestellt werden.

(2) Das Grundkapital einer Aktiengesellschaft oder einer Kommanditgesellschaft auf Aktien muß mindestens fünfzigtausend Goldmark betragen. Die Aktien und Interimsscheine müssen auf einen Betrag von mindestens einhundert Goldmark, im Falle des § 180 Abs. 3 des Handelsgesetzbuchs auf mindestens zwanzig Goldmark gestellt werden. Im Falle des § 180 Abs. 2 des Handelsgesetzbuchs kann ein Mindestbetrag von zwanzig Goldmark zugelassen werden.

(3) Das Stammkapital einer Gesellschaft mit beschränkter Haftung muß mindestens fünftausend Goldmark, die Stammeinlage jedes Gesellschafters mindestens fünfzig Goldmark betragen. Die Einzahlung auf die Stammeinlage (§ 7 Abs. 2 des Gesetzes, betreffend di Gesellschaften mit beschränkter Haftung) muß mindestens ein Viertel des Betrags der Stammeinlage und mindestens fünfundzwanzig Goldmark betragen.

§ 18. Die im § 10 Abs. 2 und im § 17 Abs. 2 Satz 2 und 3 genannten Beträge treten an die Stelle der im § 180 des Handelsgesetzbuchs vorgesehenen Mindestbeträge.

§ 19. (1) Die infolge der Aufstellung der Eröffnungsbilanz, insbesondere infolge der Umstellung sich ergebenden lediglich zahlenmäßigen Veränderungen in dem Vermögen der im § 1 bezeichneten Kaufleute sowie deren Gesellschafter gegenüber den für die Besteuerung maßgebenden Werten begründen für die Einkommensteuer, Körperschaftssteuer und Vermögenssteuer der vorangegangenen Steuerjahre keine Steuerpflicht. Die infolge der Umstellung sich ergebenden lediglich zahlenmäßigen Veränderungen in dem Vermögen der im § 5 bezeichneten Gesellschaften sowie deren Gesellschafter unterliegen keiner Kapitalverkehrsteuer.

(2) Wird im Falle des § 5 Abs. 2 ein Kapitalentwertungskonto in die Bilanz eingestellt, so dürfen die zu seiner Tilgung verwendeten Beträge vom steuerbaren Einkommen nicht abgezogen werden; § 7 Nr. 3 des Körperschaftssteuergesetzes findet insoweit keine Anwendung.

(3) Wird im Falle des § 5 Abs. 2 das Vermögen durch neue Einlagen bis zur Höhe des Eigenkapitals vermehrt, so findet auf die zur Vermehrung bewirkten Zahlungen und Leistungen die Vergünstigung des § 13 zu b des Kapitalverkehrsteuergesetzes keine Anwendung; das gleiche gilt für Zahlungen und Leistungen, die zur Tilgung des Kapitalentwertungskontos bewirkt werden.

(4) Der Erwerb der im § 12 bezeichneten Genußscheine durch den ersten Erwerber ist von der Gesellschaftsteuer des Kapitalverkehrsteuergesetzes befreit.

§ 20. Die Reichsregierung wird ermächtigt, die zur Durchführung dieser Verordnung erforderlichen Rechtsverordnungen und allgemeinen Verwaltungsvorschriften zu erlassen; sie kann Ausnahmen von den Bestimmungen der Verordnung zulassen und, soweit es sich als notwendig erweisen sollte, für besondere Fälle allgemeine Anordnungen ergänzenden oder abweichenden Inhalts treffen sowie auf der Grundlage der für Aktiengesellschaften, Kommanditgesellschaften auf Aktien und Gesellschaften mit beschränkter Haftung geltenden Bestimmungen die Bilanzierung, Umstellung und Neugründung anderer Arten von Unternehmungen in Goldmark regeln.

Berlin, den 28. Dezember 1923.

Der Reichskanzler.
Marx.
Der Reichsminister der Justiz.
Emminger.

Zweite Verordnung zur Durchführung der Verordnung über Goldbilanzen.

Vom 28. März 1924 (RGBl. I S. 385).

Auf Grund der §§ 8, 20 der Verordnung über Goldbilanzen vom 28. Dezember 1923 (RGBl. I S. 1253) und für die Vorschriften über Genossenschaften auch auf Grund des § 21 der Rentenbankverordnung vom 15. Oktober 1923 (RGBl. I S. 963) verordnet die Reichsregierung:

Teil I. Vorschriften für Kaufleute im allgemeinen und für Handelsgesellschaften.

Abschnitt I. Bilanzierung.

§ 1. Für die Berechnung der Goldmark ist der auf Grund der amtlichen Berliner Kurse für Auszahlung New-York errechnete Mittelkurs des letzten Börsentags maßgebend. Soweit ein solcher Kurs nicht besteht, trifft die Reichsregierung die näheren Bestimmungen.

§ 2. (1) Die Eröffnungsbilanz darf frühestens für den 1. Juli 1923 aufgestellt werden.

(2) Wird die Eröffnungsbilanz für einen früheren Zeitpunkt als für den Beginn des neuen Geschäftsjahrs aufgestellt, so kann das Geschäftsjahr, auch mit rückwirkender Kraft, so verlegt werden, daß es mit dem Kalendertage beginnt, der dem Stichtag der Eröffnungsbilanz entspricht; der bis zu jenem Zeitpunkt abgelaufene Teil des laufenden Geschäftsjahrs kann in diesem Falle dem vorhergehenden Geschäftsjahre hinzugerechnet werden, die Dauer des so verlängerten Geschäftsjahrs darf jedoch achtzehn Monate nicht überschreiten.

(3) Wird die Eröffnungsbilanz für einen früheren Zeitpunkt als für den Beginn des neuen Geschäftsjahrs aufgestellt, ohne daß zugleich das Geschäftsjahr verlegt

wird, so kann der bis zu jenem Zeitpunkt abgelaufene Teil des laufenden Geschäftsjahrs dem vorhergehenden und der noch nicht abgelaufene Teil dem neuen Geschäftsjahre hinzugerechnet werden; die Dauer eines so verlängerten Geschäftsjahrs darf jedoch achtzehn Monate nicht überschreiten.

(4) Die Vorschrift des § 2 Abs. 2 Satz 2 Halbsatz 2 der Verordnung über Goldbilanzen über die Verlängerung der im § 260 Abs. 2 des Handelsgesetzbuchs bezeichneten Frist gilt auch für die im § 41 Abs. 2, 3 des Gesetzes, betreffend die Gesellschaften mit beschränkter Haftung bestimmte Frist. Die Fristen sind auf Antrag bis auf neun Monate, bei Gesellschaften, deren Unternehmen den Betrieb von Geschäften in überseeischen Ländern zum Gegenstande hat, bis auf ein Jahr zu verlängern. Der Antrag auf eine solche Verlängerung darf nur abgelehnt werden, wenn nach Lage der Sache eine Verlängerung untunlich erscheint.

§ 3. (1) Bei der Aufstellung der Eröffnungsbilanz sind die Vorschriften der dritten Steuernotverordnung auch dann zu berücksichtigen, wenn der Stichtag der Eröffnungsbilanz vor ihrem Inkrafttreten liegt.

(2) Wird die Eröffnungsbilanz für einen früheren Zeitpunkt als den 1. Januar 1924 aufgestellt, so dürfen die Wertansätze nicht über den Betrag hinausgehen, der sich ergeben hätte, wenn die gleichen Gegenstände am 1. Januar 1924 hätten bewertet werden müssen; nach dem Bilanzstichtag und vor der Aufstellung der Bilanz getilgte Forderungen sind höchstens mit dem gezahlten Goldmarkbetrage, nicht getilgte höchstens mit dem Goldmarkwert anzusetzen, der ihnen am 1. Januar 1924 beizumessen war; die Vorschrift im Abs. 1 bleibt unberührt.

§ 4. (1) Der Wertunterschied (§ 4 Abs. 3 der Verordnung über Goldbilanzen) ist für die einzelnen Bilanzkonten auszuweisen.

(2) Der Ausweis ist nicht erforderlich für Konten über Waren aller Art, insbesondere Rohstoffe, Halb- und Fertigfabrikate und Betriebsmaterialien sowie für Konten über Wertpapiere und ausländische Zahlungsmittel, soweit die Wertpapiere und ausländischen Zahlungsmittel einen Börsen- oder Marktpreis haben.

(3) Soweit ein Anschaffungs- oder Herstellungspreis nicht oder nicht einwandfrei oder nur mit unverhältnismäßigem Aufwand zu ermitteln ist, gilt für die im § 261 Nr. 3 des Handelsgesetzbuchs bezeichneten Gegenstände der für den Stichtag der Eröffnungsbilanz maßgebende Anschaffungs- oder Herstellungspreis nach Abzug eines Drittels; von diesem Betrage sind die dem Alter und der Lebensdauer entsprechenden Abschreibungen abzuziehen.

(4) Der Anschaffungs- oder Herstellungspreis ist in Goldmark (§ 1) zu berechnen.

Teil II. Besondere Vorschriften.

Abschnitt I. Genossenschaften.

§ 46. Die Frist für die Veröffentlichung der Eröffnungsbilanz (§ 2 Abs. 2 der Verordnung über Goldbilanzen, § 33 Abs. 2 des Gesetzes, betreffend die Erwerbs- und Wirtschaftsgenossenschaften) kann durch das Gericht angemessen verlängert werden.

§ 47. (1) Spätestens bei der Beschlußfassung über die Genehmigung der Eröffnungsbilanz ist der Geschäftsanteil, bei eingetragenen Genossenschaften mit beschränkter Haftpflicht auch die Haftsumme, sofern sie auf Reichswährung lauten, auf Rentenmark oder Goldmark umzustellen. Die Generalversammlung beschließt auch über die Umrechnung der bisherigen Geschäftsguthaben auf Rentenmark oder Goldmark; eine Anfechtung dieses Beschlusses kann, wenn er mit einer Mehrheit von drei Vierteilen der erschienenen Genossen zustande gekommen ist, nicht darauf gestützt werden, daß der Maßstab für die Umrechnung nicht richtig gewählt worden sei.

(2) Zu der Beschlußfassung genügt einfache Stimmenmehrheit auch dann, wenn in der Satzung etwas anderes bestimmt ist.

§ 48. Auf die Umstellung des Geschäftsanteils und der Haftsumme auf Rentenmark oder Goldmark finden die Vorschriften über die Erhöhung oder Herabsetzung des Geschäftsanteils oder der Haftsumme keine Anwendung.

§ 49. Übersteigt das bei der Aufstellung der Eröffnungsbilanz sich ergebende Vermögen die Schulden, so ist der Überschuß, soweit er den Gesamtbetrag der Geschäftsguthaben übersteigt, dem Reservefonds zuzuführen; er darf nur zur Deckung von Bilanzverlusten verwendet werden.

§ 50. (1) Auf die Umstellung einer Genossenschaft findet die Vorschrift des § 15 Abs. 1 der Verordnung über Goldbilanzen entsprechende Anwendung.

(2) Ist die Anmeldung nicht innerhalb der vorgeschriebenen Frist erfolgt, so hat das Gericht der Genossenschaft eine angemessene Frist unter Androhung der Eintragung der Nichtigkeit der Genossenschaft zu bestimmen. Ist innerhalb der Frist die Anmeldung nicht erfolgt, so ist die Nichtigkeit der Genossenschaft einzutragen. Die Vorschriften der §§ 142, 143 des Reichsgesetzes über die Angelegenheiten der freiwilligen Gerichtsbarkeit finden entsprechende Anwendung.

§ 51. Bei Neugründungen von Genossenschaften muß der Geschäftsanteil und die Haftsumme auf Rentenmark oder Goldmark gestellt werden. § 42 Abs. 2 Nr. 2 gilt entsprechend. (Siehe Anm.)

§ 52. Für Genossenschaften, deren Geschäftsbetrieb ruht oder deren Sitz im besetzten Gebiet liegt, kann die oberste Landesbehörde oder die von ihr bestimmte Stelle Ausnahmen von den Vorschriften der Verordnung über Goldbilanzen und den Durchführungsverordnungen zulassen.

Anmerkung: (§ 42 Abs. 2).

Eine Neugründung im Sinne der Verordnung über Goldbilanzen liegt nicht vor, wenn vor dem Inkrafttreten der Verordnung über Goldbilanzen

1. bei Aktiengesellschaften und Kommanditgesellschaften auf Aktien im Falle der §§ 187, 188 des Handelsgesetzbuchs der Gesellschaftsvertrag festgestellt ist und die Aktien übernommen sind, im Falle des § 196 des Handelsgesetzbuchs die Beschlußfassung über die Errichtung der Gesellschaft stattgefunden hat,
2. bei Gesellschaften mit beschränkter Haftung der Gesellschaftsvertrag abgeschlossen worden ist.

Gesetz, betreffend

die Abänderung des Gesetzes über die Erwerbs- und Wirtschaftsgenossenschaften v. 1. Mai 1889,

sowie den

Geschäftsbetrieb von Konsumanstalten.

Vom 12. August 1896.

(RGBl. 1896 Nr. 29 S. 695—698.)

Artikel 1 dieses Gesetzes bezieht sich auf die § 8 Abs. 4, § 20, § 31, § 32, § 91 Abs. 3, § 92, § 114 (Ordnungsnummer des Gesetzes von 1889), §§ 152—154; die Paragraphen sind infolge der Bekanntmachung des Reichskanzlers (Art. 13 EHGB.) in den Text eingefügt. Es ist übrig geblieben:

Art. 2[1]. Die im Artikel 1 Nr. 1, 3 und 7 enthaltenen Vorschriften finden auf Konsumanstalten, welche von Arbeitgebern für ihre Arbeiter und Beamten betrieben werden, sowie auf Vereinigungen (Gesellschaften, Korporationen), deren wesentlicher Geschäftszweck es ist, ihren Mitgliedern oder bestimmten Berufskreisen in dem Bezug von Waren Vorteile zu verschaffen, insbesondere auch auf Beamten- und Offiziervereine mit der Maßgabe sinngemäße Anwendung, daß die hinsichtlich der Mitglieder der Konsumvereine getroffenen Bestimmungen bei den vorbezeichneten Konsumanstalten und Vereinigungen hinsichtlich derjenigen Personen gelten, für welche die Errichtung bestimmt ist. Jedoch ist es den Konsumanstalten und Vereinigungen der vorbezeichneten Art gestattet, in ihren Speiseanstalten Waren zum alsbaldigen persönlichen Verbrauch auch an Dritte abzugeben.

[1]) Diese Bestimmungen sind in der Kommission entstanden und von den Regierungskommissarien „mit Nach-

druck bekämpft" (KommBer. 11). Der Artikel findet Anwendung auf a) von Arbeitgebern betriebene Konsumanstalten, b) Vereinigungen (Aktiengesellschaften, gesellige Vereine, Kasinos usw.), deren wesentlicher Zweck ist, „ihren Mitgliedern oder bestimmten Berufskreisen" beim Warenbezuge Vorteile zu verschaffen. Art. 2 findet keine Anwendung auf Vereinigungen (d. h. Aktiengesellschaften, Aktien-Kommanditgesellschaften, Gesellschaften mit beschränkter Haftung) zum freien Gewerbebetrieb, die weder ihren Mitgliedern noch bestimmten Berufskreisen Vorteile beim Warenbezug verschaffen wollen, die vielmehr auf Verkauf an jedermann gerichtet sind. Nichts steht im Wege, daß solche Gesellschaften mit freiem Gewerbebetrieb den Reingewinn oder Teile desselben an die Käufer nach Verhältnis des Warenbezuges verteilen, wie es ein Konsumverein tut. Nur in der Form der eingetragenen Genossenschaft (§ 1 Ziff. 5 GenG.) ist der freie Gewerbebetrieb verboten, in jeder anderen Gesellschaftsform ist er erlaubt. Auch der Konsumverein als nicht eingetragene Genossenschaft kann unbehindert und frei das Gewerbe betreiben, wenn er nicht statutenmäßig den Geschäftsbetrieb auf seine Mitglieder oder bestimmte Berufskreise beschränkt.

Auf Vorschlag der Kommission hat der Reichstag auch noch beschlossen, „den Reichskanzler zu ersuchen, Anordnungen dahin treffen zu wollen, daß die Überlassung von im Eigentum des Reichs befindlichen Gebäuden oder Teilen derselben an Konsumvereine oder Konsumanstalten und ebenso auch für die Besorgung des Warenverkaufs, der Buch- und Kassenführung in solchen Vereinen und Anstalten durch in Diensten des Reichs stehende Beamte künftig im wesentlichen auf Veranstaltungen zur Abgabe von Gegenständen des alsbaldigen Verbrauchs an die in Betriebsanlagen des Reichs beschäftigten Arbeiter und Beamten beschränkt bleibe".

Art. 3. Dieses Gesetz tritt am 1. Januar 1897 in Kraft.

Verordnung über das Genossenschaftsregister.

Vom 22. November 1923. (§ 161 Abs. 1 des Gesetzes).

Die Verordnung ist erlassen auf Grund des § 161 Abs. 1 des Gesetzes betr. die Erwerbs- und Wirtschaftsgenossenschaften durch den Reichsminister der Justiz mit Zustimmung des Reichsrats. Sie tritt an die Stelle der Bekanntmachung betr. die Führung des Genossenschaftsregisters und die Anmeldung zu diesem Register vom 1. Juli 1899 (RGBl. Nr. 23), die geändert ist durch die Verordnung über das Genossenschaftsregister vom 5. Juni 1923 (RGBl. Nr. 41) und die Zweite Verordnung über das Genossenschaftsregister vom 22. November 1923 (RGBl. Nr. 121). Artikel II dieser Verordnung ermächtigt den Reichsminister der Justiz, den Wortlaut der Bekanntmachung betr. die Führung des Genossenschaftsregisters und die Anmeldung zu diesem Register vom 1. Juli 1899 (RGBl. S. 347), wie er sich aus Artikel I sowie aus der Verordnung über das Genossenschaftsregister vom 5. Juli 1923 (RGBl. I S. 372) ergibt, unter der Überschrift „Verordnung über das Genossenschaftsregister" bekanntzugeben.

Die Verordnung bringt in der Anordnung der Paragraphen keine Änderungen. Die Änderungen und Ergänzungen tragen dem Bedürfnis der Praxis Rechnung oder sind geboten durch die Änderungen des Genossenschaftsgesetzes.

Bekanntmachung der neuen Fassung der Verordnung über das Genossenschaftsregister.

Vom 22. November 1923. (RGBl. I S. 1123).

Auf Grund des Artikels II der Verordnung über das Genossenschaftsregister vom 22. November 1923 (RGBl. I S. 1117) wird nachstehend der Wortlaut der Verordnung über das Genossenschaftsregister bekannt gemacht.

Berlin, den 22. November 1923.

Der Reichsminister der Justiz.
In Vertretung: Dr. Joël.

Verordnung über das Genossenschaftsregister.

I. Allgemeines.

Obliegenheiten des Richters und des Gerichtsschreibers.

§ 1. Die Obliegenheiten des Richters und des Gerichtsschreibers bei der Führung des Genossenschaftsregisters und der Liste der Genossen sowie bei den auf die Eintragungen bezüglichen Verhandlungen bestimmen sich, soweit nicht durch Reichsgesetz oder durch diese Vorschriften besondere Anordnungen getroffen sind, nach den in den einzelnen Bundesstaaten für das Handelsregister geltenden Vorschriften.

Eintragungsverfügung.

§ 2. Die Eintragungen in das Genossenschaftsregister und in die Liste der Genossen erfolgen auf Grund einer Verfügung des Registergerichts. Werden die Geschäfte des Registerführers nicht von einem Richter wahrgenommen, so soll die Verfügung für das Genossenschaftsregister den Wortlaut, für die Liste der Genossen den Inhalt der Eintragungen feststellen.

Die Eintragungen sind unverzüglich zu bewirken. Die erfolgte Eintragung ist bei der gerichtlichen Verfügung zu vermerken.

Benachrichtigung der Beteiligten.

§ 3. Von jeder Eintragung in das Genossenschaftsregister oder in die Liste der Genossen ist dem Vorstand oder den Liquidatoren Nachricht zu geben. Eintragungen im Genossenschaftsregister einer Zweigniederlassung, die zu veröffentlichen sind, sind von Amts wegen dem Registergerichte der Hauptniederlassung mitzuteilen. Dieses gibt, sobald ihm die Mitteilungen von den Registergerichten sämtlicher Zweigniederlassungen zugegangen sind und die Eintragung im Genossenschaftsregister der Hauptniederlassung bewirkt ist, dem Vorstand oder den Liquidatoren von der Eintragung Nachricht; eine Benachrichtigung durch das Registergericht der Zweigniederlassung findet nicht statt. Von der Ablehnung einer beantragten Eintragung hat das Gericht, das die Eintragung ablehnt, dem Vorstand oder den Liquidatoren Nachricht zu geben.

Diese Benachrichtigungen sowie die in den Fällen der §§ 15, 72, 76, 77, 93c, 137 des Gesetzes weiter vorgeschriebenen Benachrichtigungen von Genossen und von Gläubigern oder Erben eines Genossen können ohne Förmlichkeiten, insbesondere durch einfache Postsendung erfolgen. Für die Benachrichtigung über Eintragungen in die Liste der Genossen sind Formulare zu verwenden, deren Ausfüllung dem Gerichtsschreiber obliegt; die Benachrichtigung ist in der Regel mittels einer Postkarte zu bewirken, auf deren Rückseite sich das Formular befindet.

Wird eine Eintragung abgelehnt, so sind die Gründe der Ablehnung mitzuteilen.

Bekanntmachung der Registereintragungen.

§ 4. Soweit die öffentliche Bekanntmachung einer Eintragung in das Genossenschaftsregister vorgeschrieben ist (Gesetz § 156), ist sie zu veranlassen, sobald die Eintragung bewirkt ist und ohne daß eine andere Eintragung abgewartet werden darf. Die Vorschrift des § 5 Abs. 4 bleibt unberührt.

§ 5. Für die Bekanntmachung aus dem Genossenschaftsregister können neben dem Deutschen Reichsanzeiger andere als die für die Bekanntmachungen aus dem Handelsregister dienenden Blätter bestimmt werden.

Hört eines der Blätter im Laufe des Jahres zu erscheinen auf, so hat das Gericht auf Antrag des Vorstandes unverzüglich ein anderes Blatt zu bestimmen.

Die Bekanntmachungen im Deutschen Reichsanzeiger sind in einem bestimmten Teile des Blattes zusammenzustellen.

Eintragungen, die im Genossenschaftsregister sowohl der Hauptniederlassung als auch der Zweigniederlassung erfolgen, sind, soweit eine Veröffentlichung vorgeschrieben ist, durch das Gericht der Hauptniederlassung bekanntzumachen, sobald ihm die Mitteilungen über die Eintragungen im Genossenschaftsregister der Zweigniederlassungen von den Registergerichten sämtlicher Zweigniederlassungen zugegangen sind und die Eintragung im Genossenschaftsregister der Hauptniederlassung bewirkt ist. Bei der Bekanntmachung ist auf den Ort und das Registergericht der einzelnen Zweigniederlassungen Bezug zu nehmen. Das Registergericht der Zweigniederlassung ist bei Veröffentlichungen im Reichsanzeiger in der alphabetischen Reihenfolge der Registergerichte unter Hinweis auf die Veröffentlichung des Registergerichts der Hauptniederlassung aufzuführen.

Form der Anmeldungen sowie der sonstigen Anzeigen, Erklärungen und Einreichungen.

§ 6. Die Vorschrift, daß Anmeldungen zum Genossenschaftsregister durch sämtliche Mitglieder des Vorstandes oder durch sämtliche Liquidatoren persönlich zu bewirken oder in beglaubigter Form einzureichen sind (Gesetz § 157 Abs. 1), gilt nur von den Anmeldungen, welche in dem Gesetz als solche ausdrücklich bezeichnet sind.

Dahin gehören:

1. die Anmeldung des Statuts (Gesetz §§ 10, 11);
2. die Anmeldung und Abänderungen des Statuts (Ge-

setz § 16) einschließlich der Anmeldung einer Herabsetzung der Haftsumme und der Umwandlung einer Genossenschaft nebst den von dem Vorstand hierbei abzugebenden Versicherungen (Gesetz §§ 133, 143, 144);

3. die Anmeldung einer Zweigniederlassung (Gesetz § 14) oder der Aufhebung einer solchen;
4. die Anmeldung der Bestellung, des Ausscheidens oder der vorläufigen Enthebung von Vorstandsmitgliedern und Liquidatoren (Gesetz §§ 10, 11, 28, 84, § 85 Abs. 2);
5. die Anmeldung der Auflösung einer Genossenschaft in den Fällen der §§ 78, 78a, 79 des Gesetzes;
6. die Anmeldung der Verschmelzung einer Genossenschaft mit einer anderen Genossenschaft (Gesetz § 93a).

Die Anmeldung durch einen Bevollmächtigten ist ausgeschlossen.

§ 7. Für die sonstigen Anzeigen und Erklärungen, die zum Genossenschaftsregister oder zur Liste der Genossen zu bewirken sind, bedarf es weder der Mitwirkung sämtlicher Vorstandsmitglieder oder Liquidatoren, noch, soweit nicht ein anderes vorgeschrieben ist, der beglaubigten Form (zu vgl. Gesetz § 33 Abs. 2, § 63 Abs. 2, § 89).

Sind jedoch solche Anzeigen oder Erklärungen mit rechtlicher Wirkung für die Genossenschaft verbunden, so müssen sie in der für die Willenserklärungen des Vorstandes oder der Liquidatoren vorgeschriebenen Form, insbesondere unter Mitwirkung der hiernach erforderlichen Zahl von Vorstandsmitgliedern oder Liquidatoren erfolgen (Gesetz §§ 25, 85). Dahin gehören die sämtlichen Einreichungen, Anzeigen und Versicherungen, die bezüglich des Beitritts und des Ausscheidens von Genossen sowie bezüglich der Beteiligung von Genossen auf weitere Geschäftsanteile von dem Vorstand zur Liste der Genossen zu bewirken sind (Gesetz § 15 Abs. 2, § 69, § 71 Abs. 2, § 76 Abs. 2, § 77 Abs. 2, § 93c Abs. 3, § 137 Abs. 2, § 138).

Die Einreichungen und Anzeigen können persönlich bei

dem Gericht oder schriftlich mittels Einsendung bewirkt werden. Im ersteren Falle wird über den Vorgang ein Vermerk unter Bezeichnung der erschienenen Vorstandsmitglieder oder Liquidatoren aufgenommen; im Falle schriftlicher Einreichung ist die ordnungsmäßige Zeichnung durch den Vorstand oder die Liquidatoren erforderlich.

Bei kleineren Genossenschaften, bei denen eine Veröffentlichung gemäß § 33 Abs. 2, § 139 des Gesetzes nicht stattfindet, sind an Stelle der Bekanntmachung eine Abschrift der Bilanz sowie eine Erklärung über die Zahl der Genossen, über die Geschäftsguthaben und die Haftsummen zum Genossenschaftsregister einzureichen (Gesetz § 33 Abs. 2, § 139) Bei der Entscheidung darüber, ob eine Genossenschaft zu den kleineren Genossenschaften zu rechnen ist, hat das Registergericht die Zahl der Mitglieder, die Größe des Genossenschaftsvermögens sowie die Art und den Umfang des Geschäftsbetriebs zu berücksichtigen.

Beglaubigung.

§ 8. Ist für eine Erklärung die beglaubigte Form erforderlich (§ 6 und § 36 Abs. 1 dieser Vorschriften, § 71 Abs. 2 des Gesetzes), so können außer den Notaren und den sonst zuständigen Behörden und Beamten auch der Gemeindevorsteher sowie die Polizeibehörde die Beglaubigung der Unterschriften bewirken.

In den Fällen, in welchen die Abschrift einer Urkunde zum Genossenschaftsregister oder zur Liste der Genossen einzureichen ist, genügt, sofern nicht ein anderes vorgeschrieben ist, eine einfache Abschrift (Gesetz § 11 Abs. 2 Nr. 3, § 28, § 69 Abs. 2). Ist die Einreichung einer beglaubigten Abschrift vorgeschrieben, so hat die Beglaubigung durch eine zuständige Behörde oder einen zuständigen Beamten oder Notar zu erfolgen (§ 14 Abs. 2, § 58, § 66 Abs. 2, § 69 Abs. 1, § 93a Abs. 2 des Gesetzes, § 31 Nr. 2, 5 dieser Vorschriften).

Löschung von Amts wegen.

§ 9. Soll eine Eintragung im Genossenschaftsregister

von Amts wegen gelöscht werden, weil sie wegen Mangels einer wesentlichen Voraussetzung unzulässig war (Gesetz über die Angelegenheiten der freiwilligen Gerichtsbarkeit §§ 142, 143), so erfolgt die Löschung durch Eintragung des Vermerkes: „Von Amts wegen gelöscht".

Die für die Löschung unzulässiger Eintragungen im Genossenschaftsregister maßgebenden Vorschriften finden auch auf die Liste der Genossen Anwendung.

Gegenstandslos gewordene Eintragungen.

§ 10. Eine Eintragung in das Genossenschaftsregister oder in die Liste der Genossen, die durch eine spätere Eintragung ihre Bedeutung verloren hat, ist rot zu unterstreichen oder in einer ihre Leserlichkeit nicht beeinträchtigenden Weise zu durchstreichen.

Kosten.

§ 11. Für die Verhandlung und Entscheidung erster Instanz über Anträge auf Eintragung in das Genossenschaftsregister oder die Liste der Genossen oder auf Vormerkung in dieser Liste sowie für die Eintragungen und Vormerkungen werden Gebühren nicht erhoben. Die Erhebung von Auslagen findet nach den Vorschriften des Gerichtskostengesetzes statt; jedoch werden Post- und Schreibgebühren in allen Fällen erhoben.

II. Eintragungen in das Genossenschaftsregister.

Einrichtung des Registers.

§ 12. Das Genossenschaftsregister wird nach dem in den einzelnen Bundesstaaten vorgeschriebenen Formular geführt.

Jede Genossenschaft ist auf einem besonderen Blatte des Registers einzutragen; die für spätere Eintragungen noch erforderlichen Blätter sind freizulassen.

Registerakten.

§ 13. Für jede in das Register eingetragene Genossenschaft werden besondere Akten gehalten.

In die Registerakten sind aufzunehmen die zur Eintragung in das Register bestimmten Anmeldungen nebst den ihnen beigefügten Schriftstücken, insbesondere den Zeichnungen von Unterschriften, die sonstigen dem Gericht eingereichten Urkunden und Belege, soweit sie sich nicht auf die Liste der Genossen beziehen (§ 27 Abs. 4), ferner die gerichtlichen Verfügungen sowie die Mitteilungen anderer Behörden und die Nachweise über die Bekanntmachungen.

Inhalt der Eintragung.

§ 14. Jeder Eintragung ist außer der Angabe des Tages der Eintragung und der Unterschrift des Registerführers eine Verweisung auf die Stelle der Registerakten beizufügen, wo sich die zugrunde liegende gerichtliche Verfügung (§ 2 dieser Vorschriften) befindet.

Eintragung des Statuts.

§ 15. Vor der Eintragung des Statuts (Gesetz §§ 10 bis 12) hat das Gericht zu prüfen, ob das Statut den Vorschriften des Gesetzes genügt, insbesondere ob die in dem Statut bezeichneten Zwecke der Genossenschaft den Voraussetzungen des § 1 des Gesetzes entsprechen und ob das Statut die erforderlichen Bestimmungen (Gesetz §§ 6, 7, § 36 Abs. 1 Satz 2, § 131 Abs. 2 Satz 1) enthält.

Die Eintragung des Statuts in das Register erfolgt durch Aufnahme eines Auszugs.

Der Auszug muß die im § 12 Abs. 2 des Gesetzes vorgesehenen Angaben enthalten, nämlich:

1. das Datum des Statuts;
2. die Firma und den Sitz der Genossenschaft;
3. den Gegenstand des Unternehmens;
4. die Zeitdauer der Genossenschaft, falls diese auf eine bestimmte Zeit beschränkt ist;

   ferner:

5. die Form, in der die von der Genossenschaft ausgehenden Bekanntmachungen erfolgen, sowie die öffent=

lichen Blätter, in die die Bekanntmachungen aufzunehmen sind;

6. das Geschäftsjahr, falls es, abgesehen von dem ersten, auf ein mit dem Kalenderjahre nicht zusammenfallendes Jahr oder auf eine kürzere Dauer als auf ein Jahr bemessen ist;
7. die Namen und den Wohnort der Mitglieder des Vorstandes.

Ist in dem Statut bestimmt, in welcher Form der Vorstand seine Willenserklärungen kundgibt und für die Genossenschaft zeichnet, so ist auch diese Bestimmung aufzunehmen.

Bei Genossenschaften mit beschränkter Haftpflicht ist ferner die Höhe der Haftsumme und im Falle des § 134 des Gesetzes die höchste Zahl der Geschäftsanteile, auf die ein Genosse sich beteiligen kann, einzutragen.

Die Urschrift des Statuts (Gesetz § 11 Abs. 2 Nr. 1) ist zu den Akten zu nehmen; in dem Register ist auf die Stelle der Akten, wo das Statut sich befindet, zu verweisen.

Eintragung von Abänderungen des Statuts.

§ 16. Beschlüsse der Generalversammlung, die eine Abänderung der im § 15 Abs. 2 bis 5 dieser Vorschriften bezeichneten Bestimmungen des Statuts oder die Fortsetzung einer auf bestimmte Zeit beschränkten Genossenschaft zum Gegenstande haben, werden nach ihrem Inhalt, Beschlüssen, die eine sonstige Abänderung des Statuts betreffen, nur unter allgemeiner Bezeichnung des Gegenstandes eingetragen (Gesetz § 16).

Die eine der mit der Anmeldung eingereichten Abschriften des Beschlusses (Gesetz § 16 Abs. 3 Satz 1) ist zu den Akten zu nehmen; in dem Register ist auf die Stelle der Akten, wo die Abschrift sich befindet, zu verweisen.

Umwandlung einer Genossenschaft und Herabsetzung der Haftsumme.

§ 17. Im Falle der Umwandlung einer Genossenschaft (Gesetz §§ 143, 144) ist außer dem Umwandlungsbeschluß auch die durch den Beschluß bedingte Änderung der Firma (Gesetz §§ 2, 3) und bei der Umwandlung in eine Genossenschaft mit beschränkter Haftpflicht die Höhe der Haftsumme, sowie im Falle des § 134 des Gesetzes die höchste Zahl der Geschäftsanteile, auf welche ein Genosse sich beteiligen kann, einzutragen.

In den im § 143 des Gesetzes bezeichneten Umwandlungsfällen sowie im Falle einer Herabsetzung der Haftsumme bei einer Genossenschaft mit beschränkter Haftpflicht (§ 133 daselbst) sind mit der Anmeldung des Beschlusses die Belege über die vorgeschriebenen Bekanntmachungen des Beschlusses einzureichen; zugleich haben die sämtlichen Mitglieder des Vorstandes die im § 133 Abs. 2 des Gesetzes vorgesehene schriftliche Versicherung abzugeben. Die Eintragung darf nur stattfinden, wenn zwischen der letzten der bezeichneten Bekanntmachungen und der Anmeldung ein Jahr verstrichen ist.

Im übrigen finden die Vorschriften des § 16 Anwendung.

Eintragungen in Ansehung der Mitglieder des Vorstandes.

§ 18. Die Anmeldung und Eintragung der Vorstandsmitglieder (Gesetz § 10 Abs. 1, § 28) hat mit dem Beginn ihres Amtes zu erfolgen. Dasselbe gilt für den Fall der Bestellung von Stellvertretern behinderter Vorstandsmitglieder (Gesetz § 35). Bei der Eintragung sind die Vorstandsmitglieder nach Familiennamen, Vornamen, Beruf und Wohnort anzugeben.

Die Beendigung der Vertretungsbefugnis eines Vorstandsmitglieds ist alsbald nach dem Ausscheiden des Mitglieds aus dem Vorstand anzumelden und einzutragen. Als Beendigung der Vertretungsbefugnis gilt auch eine vorläufige Enthebung durch den Aufsichtsrat (Gesetz § 40).

Eine Beschränkung der Vertretungsbefugnis des Vorstandes kann nicht eingetragen werden.

Eintragung von Zweigniederlassungen.

§ 19. Die Errichtung einer Zweigniederlassung außerhalb des Gerichtsbezirkes der Hauptniederlassung ist bei dem Gericht, in dessen Bezirke die erstere sich befindet, gemäß § 14 des Gesetzes zur Eintragung anzumelden. Die Eintragung erfolgt nicht, bevor die Eintragung der Hauptniederlassung nachgewiesen ist.

Von der bewirkten Eintragung der Zweigniederlassung hat das Gericht dem Gerichte der Hauptniederlassung Mitteilung zu machen. Auf Grund dieser Mitteilung wird die Errichtung der Zweigniederlassung im Register der Hauptniederlassung vermerkt (Gesetz über die Angelegenheiten der freiwilligen Gerichtsbarkeit §§ 131, 147).

Die bei dem Gerichte der Hauptniederlassung zu bewirkenden Anmeldungen und Einreichungen zum Genossenschaftsregister haben mit Ausnahme des Falles der Auflösung der Genossenschaft in der gleichen Weise auch bei dem Gerichte jeder Zweigniederlassung zu erfolgen (Gesetz § 157 Abs. 2).

Im Falle der Auflösung der Genossenschaft hat das Gericht der Hauptniederlassung von der in seinem Register bewirkten Eintragung unverzüglich zu dem Genossenschaftsregister einer jeden Zweigniederlassung Mitteilung zu machen; auf Grund dieser Mitteilung wird die Auflösung im Register der Zweigniederlassung vermerkt. Das gleiche gilt im Falle der Konkurseröffnung sowie im Falle einer von Amts wegen im Register der Hauptniederlassung bewirkten Löschung (§§ 9, 22, 23 dieser Vorschriften).

Wird, abgesehen von den Fällen der Auflösung und der Nichtigkeit der Genossenschaft, eine Zweigniederlassung aufgehoben, so ist dies in der gleichen Weise wie die Errichtung bei dem Gerichte der Zweigniederlassung zur Eintragung anzumelden und auf Grund der Mitteilung dieses Gerichts über die bewirkte Eintragung im Register der

Hauptniederlassung zu vermerken (Gesetz über die Angelegenheiten der freiwilligen Gerichtsbarkeit §§ 131, 147).

Wird eine Zweigniederlassung in dem Gerichtsbezirk errichtet, welchem die Hauptniederlassung angehört, so ist nur die Errichtung und der Ort der Zweigniederlassung durch den Vorstand anzumelden und in dem Register bei der Hauptniederlassung einzutragen. Diese Vorschrift findet im Falle der Aufhebung entsprechende Anwendung.

Eintragung der Auflösung.

§ 20. Die Eintragung der Auflösung einer Genossenschaft in das Register der Hauptniederlassung erfolgt

1. in den Fällen der §§ 78, 78a und 79 des Gesetzes auf Grund der Anmeldung des Vorstandes,
2. in den übrigen Fällen von Amts wegen, und zwar in dem Falle des § 80 nach Eintritt der Rechtskraft des von dem Registergericht erlassenen Auflösungsbeschlusses, in dem Falle des § 81 auf Grund der von der zuständigen Verwaltungsgerichts- oder Verwaltungsbehörde erster Instanz dem Registergerichte mitgeteilten rechtskräftigen Entscheidung, durch welche die Auflösung ausgesprochen ist, im Falle der Eröffnung des Konkursverfahrens auf Grund der Mitteilung des Gerichtsschreibers des Konkursgerichts (Konkursordnung § 112); in dem letzteren Falle unterbleibt die Veröffentlichung der Eintragung (Gesetz § 102).

In allen Fällen der Auflösung, außer dem Falle der Eröffnung des Konkursverfahrens und der Auflösung infolge Verschmelzung, sind die Liquidatoren von dem Vorstand anzumelden. Dies gilt auch dann, wenn die Liquidation durch die Mitglieder des Vorstandes als Liquidatoren erfolgt (Gesetz §§ 83, 84). Sind die Liquidatoren durch das Gericht ernannt, so geschieht die Eintragung der Ernennung und der Abberufung von Amts wegen (Gesetz § 84 Abs. 2).

Ist über die Form, in welcher die Liquidatoren ihre Willenserklärungen kundzugeben und für die Genossenschaft zu zeichnen haben, insbesondere über die Zahl der Liquidatoren, welche dabei mitwirken müssen, eine Bestimmung getroffen, so ist auch diese anzumelden und einzutragen (Gesetz § 85).

Im übrigen finden die auf den Vorstand bezüglichen Vorschriften des § 18 entsprechende Anwendung.

§ 21. Sobald mit der vollständigen Verteilung des Genossenschaftsvermögens die Liquidation beendigt ist, haben die Liquidatoren die Beendigung ihrer Vertretungsbefugnis zur Eintragung anzumelden.

Die Aufhebung oder Einstellung des Konkursverfahrens (Konkursordnung §§ 163, 205, Gesetz § 116) ist auf Grund der Mitteilung des Gerichtsschreibers des Konkursgerichts im Genossenschaftsregister zu vermerken.

Eintragung der Nichtigkeit der Genossenschaft.

§ 22. Soll eine Genossenschaft von Amts wegen als nichtig gelöscht werden, so ist in der Verfügung, welche nach § 142 Abs. 2, § 147 Abs. 2, 4 des Gesetzes über die Angelegenheiten der freiwilligen Gerichtsbarkeit der Genossenschaft zugestellt wird, ausdrücklich darauf hinzuweisen, daß der Mangel bis zur Löschung durch Beschluß der Generalversammlung gemäß § 95 Abs. 2 bis 4 des Genossenschaftsgesetzes geheilt werden kann.

Die Löschung erfolgt durch Eintragung eines Vermerkes, der die Genossenschaft als nichtig bezeichnet. Das gleiche gilt in dem Falle, daß die Genossenschaft durch rechtskräftiges Urteil für nichtig erklärt ist (Gesetz §§ 94, 96).

Im übrigen finden die Vorschriften des § 20 Abs. 2 bis 4 und des § 21 Abs. 1 entsprechende Anwendung.

Eintragung der Nichtigkeit von Beschlüssen der Generalversammlung.

§ 23. Soll ein eingetragener Beschluß der Generalversammlung von Amts wegen als nichtig gelöscht werden (Gesetz über die Angelegenheiten der freiwilligen Gerichts=

barkeit § 147 Abs. 3, 4), so erfolgt die Löschung durch Eintragung eines Vermerkes, der den Beschluß als nichtig bezeichnet. Das gleiche gilt, wenn der Beschluß durch rechtskräftiges Urteil für nichtig erklärt ist (Gesetz § 51 Abs. 5).

Berichtigung von Schreibfehlern.

§ 24. Schreibfehler und ähnliche offenbare Unrichtigkeiten, die in einer Eintragung vorkommen, sind von dem Gerichte zu berichtigen, ohne daß es einer vorgängigen Benachrichtigung der Genossenschaft bedarf. Die Berichtigung erfolgt durch Eintragung eines Vermerkes.

§ 25. Das Genossenschaftsregister ist dauernd aufzubewahren.

Die Registerakten (§ 13) können nach Ablauf von dreißig Jahren seit der Eintragung einer der im § 21 bezeichneten Tatsachen, im Falle der Auflösung einer Genossenschaft infolge Verschmelzung mit einer anderen Genossenschaft nach Ablauf von dreißig Jahren seit der Eintragung der Verschmelzung in das Genossenschaftsregister des Sitzes der aufgelösten Genossenschaft vernichtet werden.

III. Die Eintragungen in die Liste der Genossen.

Öffentlichkeit der Liste.

§ 26. Die Einsicht der Liste der Genossen ist jedem gestattet.

Die Vorschriften des § 9 Abs. 2, 3 des Handelsgesetzbuchs über die Erteilung von Abschriften und Bescheinigungen aus dem Handelsregister und aus den zu dem Handelsregister eingereichten Schriftstücken finden auch auf die Liste der Genossen und auf die zu der Liste eingereichten Schriftstücke Anwendung.

Einrichtung der Liste.

§ 27. Die Liste der Genossen wird für jede in das Register eingetragene Genossenschaft nach dem anliegenden

Formular geführt. Sie bildet eine besondere Beilage zum Genossenschaftsregister.

Auf dem Titelblatte der Liste sind die Firma und der Sitz der Genossenschaft sowie Beginn und Ende des Geschäftsjahrs (Gesetz § 8 Abs. 1 Nr. 3) anzugeben.

Bei jeder Eintragung ist der Tag der Eintragung anzugeben; eine Unterzeichnung der Eintragung ist nicht erforderlich.

Die Anträge, Schriftstücke und Verfügungen, auf Grund deren die Eintragung stattfindet, sind mit der laufenden Nummer, unter welcher der Genosse in die Liste eingetragen ist, zu versehen und, nach Jahrgängen gesammelt, aufzubewahren.

Im Falle der Verschmelzung einer Genossenschaft mit einer anderen Genossenschaft hat das Registergericht des Sitzes der übernehmenden Genossenschaft die bisher bei dem Registergerichte des Sitzes der aufgelösten Genossenschaft geführte Liste der Genossen, die ihm zu diesem Zwecke von diesem Gerichte zu übersenden ist, gesondert weiterzuführen (Gesetz § 93c Abs. 2).

Liste der Zweigniederlassung.

§ 28. Eine Liste der Genossen wird auch bei jedem Gerichte geführt, in dessen Register eine Zweigniederlassung der Genossenschaft eingetragen ist. Die Eintragungen in diese Liste erfolgen nicht auf Grund unmittelbarer Anzeigen oder Anträge der Beteiligten, sondern auf Grund der von dem Gerichte der Hauptniederlassung dem Gerichte der Zweigniederlassung gemachten Mitteilungen über die in der Hauptliste bewirkten Eintragungen (Gesetz § 158 Abs. 1).

Eintragung des Beitritts.

§ 29. In den Spalten 1 bis 4 werden die Mitglieder der Genossenschaft unter laufenden Nummern nach Familiennamen, Vornamen, Beruf und Wohnort eingetragen.

Als erste Mitglieder einer zur Eintragung angemeldeten Genossenschaft sind die Unterzeichner des Statuts einzutragen. Es ist darauf zu achten, daß diese auch in der mit der Anmeldung des Statuts von dem Vorstand eingereichten besonderen Liste (Gesetz § 11 Abs. 2 Nr. 2) aufgeführt sind.

Bei der Eintragung eines Genossen, der nach der Anmeldung des Statuts der Genossenschaft beitritt, hat das Gericht zu prüfen, ob die Beitrittserklärung (Gesetz § 15) die Unterschrift des Genossen trägt, eine unbedingte ist und bei Genossenschaften mit unbeschränkter Haftpflicht oder unbeschränkter Nachschußpflicht die in den §§ 120, 127 des Gesetzes vorgeschriebene Bemerkung enthält, sowie ob die Einreichung ordnungsmäßig durch den Vorstand erfolgt ist (§ 7 dieser Vorschriften).

Auf die Echtheit der Unterschrift und die Wirksamkeit der Beitrittserklärung erstreckt sich die Prüfung des Gerichts nicht; vielmehr bleibt es im allgemeinen den Beteiligten überlassen, Mängel in dieser Richtung im Wege der Klage geltend zu machen. Eine Ablehnung der Eintragung aus solchen Gründen ist jedoch nicht ausgeschlossen, falls die Unwirksamkeit der Beitrittserklärung, ohne daß es weiterer Ermittlungen bedarf, aus den dem Gerichte bekannten Tatsachen sich als zweifellos ergibt.

Im Falle der Verschmelzung einer Genossenschaft mit einer anderen Genossenschaft hat das Registergericht des Sitzes der übernehmenden Genossenschaft bei der Eintragung der Mitglieder der aufgelösten Genossenschaft in die Liste der Genossen auf Grund der Anmeldung des Vorstandes der übernehmenden Genossenschaft (Gesetz § 93c Abs. 1) die Übereinstimmung der Anmeldung mit den vom Registergerichte des Sitzes der aufgelösten Genossenschaft gemäß § 27 Abs. 5 übersandten Liste der Genossen zu prüfen.

Bei der Benachrichtigung des Genossen und des Genossenvorstandes über die Vornahme der Eintragung (Gesetz § 15 Abs. 4, § 93c Abs. 1, oben § 3) ist die laufende Nummer, unter welcher die Eintragung bewirkt ist, anzugeben.

Eintragung weiterer Geschäftsanteile.

§ 30. Die Spalten 5 und 6 dienen zur Eintragung der weiteren Geschäftsanteile bei solchen Genossenschaften mit beschränkter Haftpflicht, deren Statut die Beteiligung der Genossen auf mehr als einen Geschäftsanteil gestattet (Gesetz §§ 134 bis 137). Der erste Geschäftsanteil wird nicht eingetragen.

Die Eintragung erfolgt auf Grund der von dem Vorstand eingereichten Beteiligungserklärung des Genossen und der schriftlichen Versicherung des Vorstandes, daß die übrigen Geschäftsanteile des Genossen erreicht seien.

Bei der Einreichung der Urkunden ist die Nummer, unter welcher der Genosse in die Liste eingetragen ist, anzugeben.

Hinsichtlich der Prüfung der Urkunden finden die Vorschriften des § 29 Abs. 3, 4 entsprechende Anwendung.

Wird die Zahl der Geschäftsanteile eines Genossen durch Beschluß der Generalversammlung herabgesetzt, so sind in Spalte 5 und 6 die bisherigen Eintragungen zu löschen und, falls dem Genossen nach der Herabsetzung noch mehrere Geschäftsanteile verbleiben, die neue Zahl der weiteren Geschäftsanteile einzutragen. Die Löschung erfolgt dadurch, daß die bisherigen Eintragungen rot unterstrichen werden. In Spalte 10 ist der Beschluß der Generalversammlung als Ursache für die Eintragung anzugeben.

Bei anderen als den in Abs. 1 bezeichneten Genossenschaften ist die fünfte und sechste Spalte der Liste mit Rücksicht auf die Möglichkeit einer späteren Umwandlung der Genossenschaft offenzulassen.

Einreichung der Urkunden im Falle des Ausscheidens von Genossen.

§ 31. Die Eintragung des Ausscheidens von Genossen erfolgt auf Grund der vom Vorstand eingereichten Urkunden. Diese sind:

1. im Falle der Aufkündigung eines Genossen (Gesetz §§ 65, 69, § 93c Abs. 3) die Kündigungserklärung des Genossen und die schriftliche Versicherung des Vorstandes, daß die Aufkündigung rechtzeitig erfolgt sei;
2. im Falle der Aufkündigung des Gläubigers eines Genossen (Gesetz §§ 66, 69) die Kündigungserklärung des Gläubigers und die in Nr. 1 bezeichnete Versicherung des Vorstandes, außerdem beglaubigte Abschrift des rechtskräftigen Urteils oder sonstigen Schuldtitels und des Beschlusses, durch welchen das Geschäftsguthaben des Genossen für den Gläubiger gepfändet und diesem überwiesen ist, sowie des Protokolls des Gerichtsvollziehers oder der sonstigen Urkunden, aus denen sich die Fruchtlosigkeit einer innerhalb der letzten sechs Monate vor der Pfändung und Überweisung des Geschäftsguthabens gegen den Genossen versuchten Zwangsvollstreckung ergibt;
3. im Falle der Aufgabe des Wohnsitzes eines Genossen bei Genossenschaften, deren Statut die Mitgliedschaft an den Wohnsitz innerhalb eines bestimmten Bezirkes knüpft (Gesetz § 8 Abs. 1 Nr. 2, §§ 67, 69), die Austrittserklärung des Genossen oder Abschrift der an den Genossen gerichteten Erklärung, mit welcher die Genossenschaft das Ausscheiden des Genossen verlangt hat, sowie eine Bescheinigung der Polizei- oder Gemeindebehörde über den Wegzug aus dem Bezirke;
4. im Falle der Ausschließung eines Genossen aus der Genossenschaft (Gesetz §§ 68, 69) Abschrift des Ausschließungsbeschlusses;
5. im Falle der Übertragung des Geschäftsguthabens (Gesetz §§ 76, 138) die zwischen dem Ausscheidenden und dem Erwerber des Guthabens wegen der Übertragung geschlossene Übereinkunft oder eine beglaubigte Abschrift der Übereinkunft und,

   falls der Erwerber bereits Mitglied der Genossenschaft ist, die schriftliche Versicherung des Vorstandes, daß das bisherige Geschäftsguthaben des Erwerbers mit dem ihm zuzuschreibenden Betrage den Geschäftsanteil oder — im Falle des § 138 des Gesetzes — die der höchsten Zahl der Geschäftsanteile entsprechende Gesamtsumme nicht übersteigt,

falls der Erwerber des Guthabens noch nicht Mitglied der Genossenschaft ist, seine vorschriftsmäßige Beitrittserklärung;

6. im Falle des Todes eines Genossen (Gesetz § 77) eine Anzeige des Sterbefalls; als solche genügt eine von den Angehörigen des Verstorbenen veröffentlichte oder der Genossenschaft erstattete Anzeige und mangels einer solchen die Erklärung des Genossenschaftsvorstandes, daß der Todesfall eingetreten sei.

Zeit der Einreichung.

§ 32. In den Fällen der Aufkündigung des Genossen oder des Gläubigers eines Genossen hat die Einreichung der Urkunden durch den Vorstand spätestens sechs Wochen vor dem Schlusse des Geschäftsjahrs (Gesetz § 69 Abs. 1) zu erfolgen. Die Einreichung der im Laufe des Geschäftsjahrs erfolgten Aufkündigungen kann bis zu dem bezeichneten Zeitpunkt aufgeschoben und zusammen bewirkt werden.

Dasselbe gilt in den Fällen der Austrittserklärung wegen Aufgabe des Wohnsitzes und der Ausschließung; sind jedoch diese Tatsachen erst in den letzten sechs Wochen des Geschäftsjahrs eingetreten, so ist die Einreichung unverzüglich zu bewirken.

In den Fällen der Aufkündigung gemäß § 93c Abs. 3 des Gesetzes, der Übertragung des Geschäftsguthabens und des Todes eines Genossen hat die Einreichung durch den Vorstand unverzüglich zu erfolgen.

Bei der Einreichung der Urkunden ist die Nummer, unter welcher der ausscheidende Genosse in die Liste eingetragen ist, anzugeben.

Hinsichtlich der Prüfung der Urkunden finden die Vorschriften des § 29 Abs. 3, 4 entsprechende Anwendung.

Eintragung des Ausscheidens.

§ 33. Das Ausscheiden von Genossen wird in den Spalten 7 bis 9 der Liste eingetragen.

Außer der das Ausscheiden begründenden Tatsache (§ 31 Nr. 1 bis 6) ist in den Fällen der Aufkündigung, des Wegzugs aus dem Bezirk und der Ausschließung in der Spalte 8 zugleich der Jahresschluß, zu welchem die Aufkündigung, Austrittserklärung oder Ausschließung erfolgt ist, zu vermerken.

Im Falle der Übertragung des Geschäftsguthabens ist in der Spalte 8 außer der Übertragung die Person des Erwerbers und die laufende Nummer, unter welcher er in die Liste eingetragen ist oder eingetragen wird, anzugeben. Ist der Erwerber noch nicht Genosse, so darf die Übertragung nur gleichzeitig mit dem Beitritte des Erwerbers eingetragen werden.

Im Falle des Todes eines Genossen ist der Zeitpunkt des Todes zu vermerken.

§ 34. Der Tag des Ausscheidens wird in der Spalte 9 eingetragen. Da mit den im Gesetze bestimmten Ausnahmen das Ausscheiden nur zum Schlusse eines Geschäftsjahrs und nur nach erfolgter Eintragung wirksam wird, so kann als Zeitpunkt des Ausscheidens regelmäßig nur der letzte Tag des Geschäftsjahrs, in welchem die Eintragung stattfindet, eingetragen werden.

Soll nach den eingereichten Urkunden das Ausscheiden nicht zum Schlusse des laufenden, sondern eines späteren Geschäftsjahrs stattfinden, so ist dieser spätere Zeitpunkt einzutragen.

Wird die Einreichung der Urkunden oder die Eintragung selbst erst nach dem Jahresschlusse, mit welchem das Ausscheiden stattfinden sollte, bewirkt, so kann es erst mit dem nächsten Jahresschlusse wirksam werden; in diesem Falle ist deshalb der letztere Zeitpunkt als Tag des Ausscheidens in die Liste einzutragen. Eine Ausnahme gilt für die Eintragung des Ausscheidens bei Todesfällen, indem hier das

Ausscheiden des Erben nicht von der vorgängigen Eintragung in die Liste abhängig ist (Gesetz § 77). Auch bei verspäteter Einreichung der Todesanzeige ist deshalb der letzte Tag desjenigen Geschäftsjahrs, in welchem der Todesfall eingetreten ist, als Zeitpunkt des Ausscheidens einzutragen.

Auf den Fall des Ausscheidens durch Übertragung des Geschäftsguthabens finden die vorstehenden Bestimmungen keine Anwendung. In diesem Falle wird das Ausscheiden unmittelbar durch die Eintragung wirksam; der Tag der letzteren ist deshalb auch der Zeitpunkt des Ausscheidens und als solcher in der Liste zu vermerken.

Eintragung von Vormerkungen.

§ 35. Vormerkungen zur Sicherung des Ausscheidens (Gesetz § 71) werden in den Spalten 7 und 8 eingetragen. Die Eintragung erfolgt auf Antrag des Genossen, welcher das Ausscheiden beansprucht, im Falle des § 66 des Gesetzes auf Antrag des Gläubigers des Genossen. Die Tatsachen, auf welche der Anspruch gegründet wird (rechtzeitig bewirkte Aufkündigung, Übertragung des Geschäftsguthabens, Tod des Erblassers usw.), sind anzugeben; des Nachweises oder der Glaubhaftmachung bedarf es nicht.

Der Zeitpunkt, zu welchem das Ausscheiden beansprucht wird, ist ebenfalls in der Spalte 8 anzugeben. Er bestimmt sich nach den Grundsätzen, welche maßgebend sein würden, wenn statt der Vormerkung das Ausscheiden selbst einzutragen wäre (§ 34). In der Spalte 9 wird der hiernach vorgemerkte Zeitpunkt erst eingetragen, wenn das Ausscheiden durch Anerkenntnis des Vorstandes oder durch rechtskräftiges Urteil festgestellt ist und dies in die Liste eingetragen wird (Gesetz § 71 Abs. 2).

Unwirksame Eintragungen; Berichtigung von Schreibfehlern.

§ 36. Ist die Unwirksamkeit einer Eintragung durch eine übereinstimmende Erklärung des beteiligten Genossen und des Vorstandes der Genossenschaft in beglaubigter Form anerkannt oder durch rechtskräftiges Urteil festgestellt, so ist dies auf Antrag eines der beiden Teile in der letzten Spalte einzutragen.

Schreibfehler und ähnliche offenbare Unrichtigkeiten, die in einer Eintragung vorkommen, sind von dem Gerichte durch einen Vermerk in der letzten Spalte zu berichtigen.

§ 37. Die Liste der Genossen ist dauernd aufzubewahren.

Auf die nach Jahrgängen gesammelten Anträge, Schriftstücke und Verfügungen (§ 27 Abs. 4) findet die Vorschrift des § 25 Abs. 2 entsprechende Anwendung.

Berlin, den 1. Juli 1899.

Der Reichskanzler.
Fürst zu Hohenlohe.

Anlage.

Liste der Genossen

für

....

Das Geschäftsjahr beginnt am .... **und**

endigt am ....

Lfd. Nr.	Genossen			Weit. Geschäftsanteile	
	Tag der Eintragung	Name und Beruf	Wohnort	Tag der Eintragung	Zahl der weiteren Geschäftsanteile
1	2	3.	4.	5.	6.
1.	4. Februar 1900	Meier, Wilhelm, Schlossermeister	Merseburg		
2.	4. Februar 1900	Böttcher, Hermann, Tischlermeister	"		
3.	15. März 1900	Kraus, Philipp, Kaufmann	"	15. Dezember 1900 1. Juni 1901	1 1/2
4.	15. März 1900	Himmelreich, Anton, Klempnermeister	"		
5.	15 März 1900	Kannegießer, Adolf, Auslaufer	"		
6.	15. März 1900	Müller, Hans, Landwirt	Bolzhausen	1. Mai 1901	1
7.	2. April 1900	Schulz, Eduard, Gastwirt	Merseburg		
8.	2. April 1900	Becker, Matthias, Maurermeister	"		

Ausscheiden			
Tag der Eintragung	Grund des Ausscheidens	Tag des Ausscheidens	Bemerkungen
7.	8.	9	10.
18. November 1902	Aufkündigung zum 31. Dezember 1902	31. Dezember 1902	
			Die Eintragung des Beitritts ist durch rechtskräft. Urteil für unwirksam erklärt. Eingetragen am 6. Juli 1901
7. August 1902	Gestorben am 30. Juli 1902	31. Dezember 1902	
5. Juni 1901	Übertragung des Guthabens an............... (Nr.................)	5. Juni 1901	
25. Januar 1903	Ausschließung zum 31. Dezember 1903	31. Dezember 1903	
20. Dezember 1903 4. März 1904	Vorgemerkt Kündigung zum 31. Dezember 1903 Anerkannt	31. Dezember 1903	
20. Dezember 1902	Wegen Aufgabe des Wohnsitzes im Bezirk ausgetreten zum 31. Dezember 1902	31. Dezember 1902	

Sachregister.

(Die Zahlen bedeuten die Paragraphen des Gesetzes bzw. der AB., die danebenstehenden kleinen Zahlen weisen auf die Anmerkung hin.)

A.

B.

D.

E.

J.

K.

L.

N.

O.

T.

U.

V.

Druck von C. Schulze & Co., G. m. b. H. Gräfenhainichen

IV. 24. — 15000.

Nr. 13. **Konkursordnung und Anfechtungsgesetz.** Von R. Sydow. Fortgeführt von L. Busch und O. Krieg. 13. Auflage. — 1923. Mit Nachtrag 1924. Gm 4,—

Nr. 14. **Gerichtsverfassungsgesetz.** Von R. Sydow. Fortgeführt von L. Busch. 11. Auflage. In Bearbeitung.

Nr. 15. **Das deutsche Gerichtskostengesetz.** Von R. Sydow. Fortgeführt von L. Busich und F. Koehler. 10. Auflage. — 1920. (Nachtrag, enth. die Änderungen von 1924, im Druck.) Gm 3,—

Nr. 16. **Rechtsanwaltordnung.** Von R. Sydow. 5. Auflage von M. Jacobsohn. Mit Nachtrag von 1910. — 1907. Gm 1,20

Nr 17. **Gebührenordnung für Rechtsanwälte und das Preußische Gebührengesetz.** Von R. Sydow. Fortgeführt von L. Busch und O. Krieg. 12. Auflage. — 1922. (Nachtrag, enth. die Änderungen von 1924, im Druck.) Gm 4,—

Nr. 18. **Reichsstempelgesetz.** Von P. Loeck. Vergriffen. Wird durch Kapitalverkehrssteuergesetz ersetzt. Erläuterte Ausgabe in Bearbeitung. Siehe auch Nr. **131 b.**

Nr. 19. **Die Seegesetzgebung.** Von W. E. Knitschky. 5. Auflage von O. Rudorff. — 1913. Gm 8,—

Nr. 20. **Krankenversicherungsgesetz** siehe Nr. **107.**

Nr. 21. **Die Konsulargesetzgebung.** Von Ph. Zorn. 8. Auflage von A. Zorn. — 1911. Gm 4,50

Nr. 22. **Patentgesetz.** Von R. Lutter. 8. Aufl. — 1920. Gm 4,—

Nr. 23. **Gewerbe-Unfallversicherungsgesetz** siehe Nr. **108.**

Nr. 24. **Aktiengesellschaft u. Kommanditgesellschaften auf Aktien.** Von H. Keyßner und H. Veit Simon. 7. Aufl. In Bearbeitung.

Nr. 25. **Brausteuergesetz.** Von A. Düffe. 2. Aufl. — 1910. Gm 2,—

Nr. 26. **Münz- und Notenbankwesen.** Von R. Koch. 7. Aufl. In Bearbeitung.

Nr. 27. **Gesundheitswesen im Deutschen Reich.** Von E. Goesch und J. Karsten. — 1888. Gm 1,50

Nr. 28. **Bau-Unfallversicherungsgesetz** siehe Nr. **108.**

Nr. 29. **Erwerbs- und Wirtschaftsgenossenschaften.** Von L. Parisius und H. Crüger. 17. Auflage. — 1924. Im Druck.

Nr. 30. **Invalidenversicherungsgesetz** siehe Nr. **109.**

Nr. 31. **Gewerbegerichtsgesetz.** Von L. Mugdan. 7. Auflage von W. Cuno. Vergriffen, neue Auflage in Bearbeitung.

Nr. 32. **Gesellschaften mit beschränkter Haftung.** Von L. Parisius und H. Crüger. 15. Aufl. — 1921. Gm 1,70

Nr. 33. **Vereins- und Versammlungsrecht.** Von E. Ball. 2. Auflage von F. Friedenthal. — 1907. Gm 2,—

Reichs-Vereinsgesetz vom 19. April 1908 siehe Nr. **88.**

Nr. 34. **Die Abzahlungsgeschäfte.** 3. Auflage von E. Wilke. — 1910. Gm 1,20

Nr. 35. **Die Reichs-Eisenbahngesetzgebung.** Von W. Coermann. — 1895. (Siehe auch Nr. **66.**) Gm 2,—

Nr. 36. **Privatrechtliche Verhältnisse der Binnenschiffahrt und Flößerei.** Von E. Löwe. 6. Auflage. — 1923. Gm 4,—

Nr. 37. **Unlauterer Wettbewerb.** Von A. Pinner. 7. Auflage von A. Elster. — 1921. Gm 1,40

Nr. 38/39. **Bürgerliches Gesetzbuch nebst Einführungsgesetz.** Von A. Achilles. In Verbindung mit F. André, O. Meyer, O. Strecker, K. v. Unzner herausgegeben von M. Greiff. 11. Aufl. — 1923. Mit Nachtrag 1924. Gm 13,—

Nr. 40. Gesetz, betr. die **Pflichten der Kaufleute bei Aufbewahrung fremder Wertpapiere [Depotgesetz].** Von F. Lusensky. 3. Auflage. — 1916. Mit Nachtrag 1924. Gm 1,—

Nr. 41. **Börsengesetz.** Von Th. Hemptenmacher. 3. Auflage von O. Meyer. — 1915. Gm 3,50

Nr. 42. **Grundbuchordnung.** Von O. Fischer. 8. Auflage. — 1924. Gm 3,—

Nr. 43. **Zwangsvollstreckung.** Von J. Krech und O. Fischer. 9. Auflage von O. Fischer. — 1922. Gm 3,50

Nr. 44. **Auswanderungswesen.** Von F. Stoerk. — 1899. Gm 2,—

Nr. 45. **Das Entmündigungsrecht.** Von P. Koll. — 1900. Gm 1,20

Nr. 46. **Freiwillige Gerichtsbarkeit.** Von H. Jastrow. 6. Auflage von Herm. Günther. — 1921. Gm 4,50

Nr. 47. **Das deutsche Vormundschaftsrecht.** Von M. Schultzenstein und P. Köhne. 2. Auflage. — 1901. Gm 2,50

Nr. 48. Gesetze, betr. den **Drogen-, Gift- und Farbenhandel** außerhalb der Apotheken. Von J. Broh. — 1899. Gm 1,20

Nr. 49. **Deutsche Kolonialgesetzgebung.** Von Ph. Zorn. 2. Auflage von Sassen. — 1913. Gm 5,—

Nr. 50. **Der Viehkauf [Viehgewährschaft].** Von H. Stölzle und H. Weiskopf. 5. Auflage. — 1913. Gm 5,50

Nr. 51. **Hypothekenbankgesetz.** Von H. Göppert. 2. Auflage von Seidel. — 1911. Gm 2,20

Nr. 52. **Rechte der Besitzer von Schuldverschreibungen.** Von H. Göppert. 2. Auflage von E. Trendelenburg. — 1915. Gm 1,50

Nr. 53. **Reichspreßgesetz.** Von A. Born. 2. Auflage. — 1911. Gm 1,80

Nr. 54. Verkehr **mit Nahrungsmitteln, Genußmitteln und Gebrauchsgegenständen.** Von G. Jebbin. — 1990. Gm 2,—

Nr. 55. **Beschlagnahme von Lohn- und Gehaltsforderungen.** Von G. Meyer 5. Auflage. — 1914. Durch Nachträge bis Ende 1921 ergänzt. (Nachträge allein. Gm 0,70) Gm 2,30

Nr. 56. **Bekämpfung gemeingefährlicher Krankheiten.** Von B. Burkhardt. — 1900. Gm 1,20

Nr. 57. **See-Unfallversicherungsgesetz** siehe Nr. **108.**

Nr. 58. **Recht der unehelichen Kinder.** Von H. Jastrow. — 1901. Gm 1,60

Nr. 59. **Beurkundung des Personenstandes und die Eheschließung.** Von F. Fidler. 2. Auflage. — 1912. Gm 2,30

Nr. 60. **Das Urheberrecht an Werken der Literatur und der Tonkunst.** Von O. Lindemann. 4. Auflage. — 1921. Gm 1,80

Nr. 61. **Verlagsrecht.** Von B Marwitz. 3. Auflage. — 1922. Gm 1,60

Nr. 62. **Private Versicherungsunternehmungen.** Von H. Könige. 3. Auflage. — 1922. Im Druck.

Nr. 63. **Gesetzestafel des deutschen Reichsrechts.** Von H. Bruhns. 2. Auflage. — 1913. Gm 3,—

Nr. 64. Gesetzsammlung, betr. den **Handel mit Drogen und Giften.** Von H. Sonnenfeld. 2. Auflage. — 1912. Gm 3,—

Nr. 65. **Weingesetz.** Von G. Lebbin 2. Aufl — 1909. Gm 2,—

Nr. 66. **Die Eisenbahn-Gesetzgebung.** Von W. Pietsch. 2. Auflage. — 1913. (Siehe auch Nr. 91.) Gm 3,—

Nr. 67. **Militär-Strafgesetzbuch.** Von A Romen und C. Rissom 3. Auflage. — 1918 Gm 5,—

Nr. 68. **Fleischbeschaugesetz.** Von G. Lebbin und G. Baum. — 1903. Gm 2,80

Nr. 69. Reichsgesetz über die **Naturalleistungen der bewaffneten Macht im Frieden.** Von W. v. Hippel. — 1903. Gm 1,—

Nr. 70. **Das Reichs-Haftpflichtgesetz.** Von G. Eger. — 1903. Vergriffen — (Kommentar von Seligsohn — 1920. Gm 6,50)

Nr. 71. **Kinderarbeit in gewerblichen Betrieben.** Von H. Spangenberg. 2. Auflage. — 1904. Gm 1,20

Nr. 72. **Unfallversicherungsgesetz** siehe Nr. **108.**

Nr. 73. **Entschädigung für unschuldig erlittene Verhaftung und Bestrafung.** Von A. Romen. — 1904. Gm 1,70

Nr. 74. **Die Kaufmannsgerichte.** Von M. Apt. 3. Auflage. — 1904. (Siehe auch Nr. **112.**) Gm 1,60

Nr. 75. **Konsulargerichtsbarkeit.** Von A. F. Vorwerk. 2. Ausgabe, mit den Schutzgebietsgesetzen. — 1908. Gm 1,60

Nr. 76. **Die Rechtshilfe im Verkehr mit den ordentlichen Gerichten.** Von A. Friedländer. — 1906. Gm 1,50

Nr. 77. **Das Erbschaftssteuergesetz.** Von B. Hendel. — 1920. Gm 5,—
— Neue Fassung 1924 von H. Schachian 1924 Gm 1,80

Nr. 78. **Zigarettensteuergesetz.** Von Cuno. In Vorbereitung.

Nr. 79. **Die Militärpensionsgesetze.** Von A. Romen.
a) I. Teil: **Offizierpensionsgesetz. — 1907.** Gm 2,—
b) II. Teil: **Mannschaftsversorgungsgesetz.** Mit **Kapitalabfindungsgesetz.** — 1908. Gm 2,—
Militärversorgungsgesetze siehe auch Nr. **136.**

Nr. 80. **Gerichtliche Registerführung.** Von O. Lindemann. — 1906. Gm 2,40

Nr. 81. **Urheberrecht an Werken der bildenden Künste und der Photographie.** Von L. Fuld. 2. Auflage im Druck.

Nr. 82. **Reichsbeamtengesetz.** Von A. Arndt. 3. Auflage. — 1923. Mit Nachtrag, enth. die Änderungen bis April 1924 Gm 3,50

Nr. 83. **Versicherungsvertrag.** Von P. Hager und E. Bruck. 4. Auflage. — 1920. Gm 6,—

Nr. 84. **Sammlung kleinerer privatrechtlicher Reichsgesetze.** Von G. Müller. — 1908. Gm 5,50

Nr. 85. **Scheckgesetz.** Neue Auflage im Druck.

Nr. 86. **Die Auslieferungsverträge des Deutschen Reiches.** Von A. Cohn. — 1908. Gm 4,—

Nr. 87. **Schutz der Warenbezeichnungen.** Von Freund und Magnus. 6. Auflage. — 1923. In Bearbeitung.

Nr. 88. **Vereinsgesetz.** Von A. Romen. 4. Aufl. — 1916. Gm 2,—

Nr. 89. **Vogelschutzgesetz.** Von L. v. Boxberger. — 1909. Gm 1,—

Nr. 90. Die Haager Abkommen über das **Internationale Privatrecht.** Von G. Bogeng. — 1908. Gm 2,—

Nr. 91. **Eisenbahn-Verkehrsordnung.** Von E. Blume. 2. Auflage von Weirauch. — 1922. Gm 4,—

Nr. 92. **Verkehr mit Kraftfahrzeugen.** Von R. Kirchner. 3. Auflage. Mit Nachtrag 1922. — 1915. Gm 4,—

Nr. 93. **Sicherung der Bauforderungen.** Von E. Harnier. 3. Auflage. — 1912. Gm 1,50

Nr. 94. **Die Beamtenhaftpflichtgesetze des Reiches und der Länder.** Von H. Delius. 3. Auflage. — 1921. Gm 3,20

Nr. 95. Die Berner Übereinkunft über **Internationales Urheberrecht.** Von H. Dungs. — 1910. Gm 1,—

Nr. 96. **Branntweinsteuergesetz.** 3. Auflage von K. Kniebe in Vorbereitung. **Branntweinmonopolgesetz** siehe Nr. **131 a.**

Nr. 97. **Schutzgebietsgesetz.** Von J. Gerstmeyer. — 1910. Gm 2,50

Nr. 98. **Sechs Haager Abkommen über Internationales Privatrecht.** Von H. Dungs. — 1910 Gm 1,50

Nr. 99. **Die Abkommen der Haager Friedenskonferenz.** Vergriffen. Jetzt: W e h b e r g, **Völkerbundakte.** Gm 1 — (Außerhalb der Sammlung.)

Nr. 100. **Kaligesetz.** Von B B o e l k e l — 1910 Gm 2,40

Nr. 101. **Zuwachssteuergesetz.** Von W. C u n o. — 1911. Gm 3,50

Nr. 102. **Urheberrecht an Mustern und Modellen** und Schutz von **Gebrauchsmustern.** Von J. N e u b e r g. — 1911. Gm 2,40

Nr. 103. **Reichs-Viehseuchengesetz.** Von W. v. H i p p e l. 2. Auflage. — 1912. Gm 4,—

Nr. 104. **Versicherungsgesetz für Angestellte** siehe Nr. **144.**

Nr. 105. **Das Geldwesen in den deutschen Schutzgebieten.** Von W. H i n t z e. — 1912. Gm 1,80

Nr. 106—109. **R e i c h s - V e r s i c h e r u n g s o r d n u n g.** Von F. C a s p a r und A. S p i e l h a g e n. 4 Bände. Kplt Gm 18,—

Nr. 106. I, V und VI. B u c h. **Gemeinsame Vorschriften. — Beziehungen der Versicherungsträger zu einander und zu anderen Verpflichteten. — Verfahren.** Von K. L i p p m a n n, L. L a ß und H. S i e f a r t. — 1913. Mit Nachtrag. Von K. L i p p m a n n. 1920 (Nachtrag einzeln Gm 0,40) Gm 5,

Nr. 107. II. B u c h. **Krankenversicherung.** Von H. S i e f a r t und F. S i t z l e r. — 1916. Mit Nachtrag. Von K. L i p p m a n n. — 1920. (Nachtrag einzeln. Gm 1,20.) Gm 5,50

Nr. 108. III. B u c h. **Unfallversicherung.** Von A. R a b t k e. — 1913. Mit Nachtrag. Von A. R a b t k e. — 1921. (Nachtrag einzeln Gm 1,6 0) Gm 6,50

Nr. 109. IV. B u c h. **Invaliden- und Hinterbliebenenversicherung.** Von B. J a u p und H. F o l l m a n n. — Neudruck 1922. Mit Nachtrag, enthaltend die Ergänzungen 1914—1921. (Nachtrag einzeln. Gm 1,—) Gm 3,50

Nr. 110. **Wehrbeitragsgesetz.** Von A. F e r n o w. 2. Auflage. — 1913. Gm 1,60

Nr. 111. **Reichs- und Staatsangehörigkeitsgesetz.** Von A. R o m e n. — 1913. Gm 2,—

Nr. 112. **Kaufmannsgerichtsgesetz.** Von H. D e p è n e. — 1914. Gm 2,60

Nr. 113. **Postscheckgesetz.** Von J. W e i l a n d. — 1914. Mit N a c h t r a g 1918. Gm 1,50

Nr. 113 a. **Postscheckordnung.** Von J. W e i l a n d. — 1914. Mit N a c h t r a g 1918. Gm 1,50

Nr. 114. **Waffengebrauch und Festnahmerecht des Militärs.** Von A. R o m e n und C. R i s s o m. — 1914. Gm 1,80

Nr. 115. **Das vertragliche Wettbewerbsverbot [Konkurrenzklausel].** Von G. B a u m. — 1914. Gm 3,—

Nr. 116. **Kriegs-Zivil- u. Finanzgesetze.** 3. Aufl. — 1915. Gm 1,50

Nr. 116a. Zweite Folge: Jahr 1915. — 1916. Gm 1,20
Nr. 117. **Darlehnskassengesetz.** Von Salomon und Bud. — 1915. Gm 1,80
Nr. 118. **Militärhinterbliebenengesetz.** Von Reh. Mit **Kapitalabfindungsgesetz.** — 1915. (Siehe auch Nr. **136.**) Gm 2,20
Nr. 119. **Kriegsleistungsgesetz.** Vergriffen.
Nr. 120. **Telegraphenwegegesetz.** Von Wolf. — 1916. Gm 1,—
Nr. 121. **Direkte Kriegssteuer.** Von A. Mrozek. — 1916. Gm 3,50
Nr. 122. **Belagerungszustand.** Von H. Pürschel. — 1916. Gm 3,50
Nr. 123. **Warenumsatzstempel.** Von Lindemann. — 1916. (**Umsatzsteuergesetze** siehe Nr. **132.**) Gm 1,30
Nr. 124. **Todeserklärung Kriegsverschollener.** Von J. Partsch. — 1916. Gm 2,—
Nr. 125. **Vaterländischer Hilfsdienst.** 3. Auflage. — 1917. Gm 1,—
Nr. 126. **Besitzsteuergesetz.** Von A. Mrozek. Vergriffen.
Nr. 127. **Geschäftsaufsicht zur Abwendung des Konkurses.** Von G. Klien und Ernst Jaeger. — 1917. Gm 1,20
Nr. 128. **Verhaftung und Aufenthaltsbeschränkung.** Von A. Romen. — 1917. Gm 1,20
Nr. 129. Kriegsgesetze auf dem Gebiete des **Zivil- und Prozeßrechtes.** Von Johannes Fischer. — 1918. Gm 1,50
Nr. 130. **Ersatzlebensmittelverordnung.** Von Heinz Emil Wendel. — 1918. Gm 1,50
Nr. 131 a. **Reichsfinanzgesetzgebung 1918.** Bd. I. **Getränkesteuern** (Bier, Branntwein, Wein, Schaumwein, Limonaden). Von G. Mayer. — 1918. Gm 2,50
Nr. 131 b. **Reichsfinanzgesetzgebung 1918.** Bd. II. **Abgabe vom Einkommen, Stempel, Umsatz, Kriegsgewinn** usw., **Steuerflucht.** Von G. Mayer. — 1919. Gm 1,50
Nr. 132. **Umsatzsteuergesetz.** Von Otto Lindemann. 3. Auflage. — 1923. Gm 4,—
Nr. 133. **Reichswuchergesetzgebung.** Von Ad. Lobe. — 1918. Gm 2,80
Nr. 134. **Die Friedensverträge.** Von Karl Strupp. I. **Die Ostfrieden.** — 1918. Gm 3,—
Nr. 135. **Erbbaurecht.** Von H. Günther. — 1919. Gm 2,—
Nr. 136. **Militärversorgungsgesetze.** Von Hermann Günther. — 1919. Gm 2,30
Nr. 137. **Verfassung des Deutschen Reiches.** Von A. Arndt. 2. Auflage. — 1921. Gm 2,50
Nr. 138 a. **Arbeiterschutz und Arbeitsrecht.** Von A. Günther. — 1920. Gm 5,—

Nr. 138b. **Betriebsrätegesetz.** Von A. Günther — 1920 Gm 2,—

Nr. 139. **Grunderwerbsteuergesetz.** Von Otto Lindemann. — 1919 Gm 1,80

Nr. 140. **Die Siedelungsgesetzgebung im Reich und in Preußen.** Von W. Holzapfel — 1920. Gm 3,—

Nr. 141. **Sozialisierungsgesetze.** Von Otto Meier — 1920. Gm 2,20

Nr. 142. **Wirtschaftliche Demobilmachung.** Von Gg Fischbach. — 1920 Gm 1.—

Nr. 143. **Reichsabgabenordnung.** Von Nieberl. — 1923. Mit Nachtrag, enth. die Änderungen von 1924 Gm 4,—

Nr. 144. **Versicherungsgesetz für Angestellte.** Von Lippmann. — 1920 Gm 3,50

Nr. 145. **Steuer- und Kapitalflucht.** Von E. H. Meyer. 2. Auflage. — 1921 Gm 1,60

Nr. 146. **Tabaksteuergesetz.** Von Wündisch. Mit Nachtrag, enthaltend alle Neuerungen — 1920. Gm 3,—

Nr. 147. **Filmzensur.** Von Szczesny — 1920 Gm 1,50

Nr. 148. **Reichsausgleichsgesetz.** Von Decke. — 1920 Gm 1,50

Nr. 149. **Reichsnotopfergesetz.** Von Friedmann und Wrzeszinski — 1921 Gm 4,—

Nr. 150. **Reichsschädengesetze.** Von Adolf Hohenstein und Wenzel Goldbaum. — 1922. Gm 4,—

Nr. 151. **Reichseinkommensteuergesetz.** Von A. Hirschburger. 1923 Gm 6 50

Nr. 152. **Wohlfahrtsgesetze.** Von Behrend und Stranz-Hurwitz 1923 Gm 5,—

Nr. 153. **Zwangsanleihegesetz.** Von Simon und Beutner 1923 Gm 8,—

Nr. 154. **Jugendwohlfahrtsgesetz und Jugendgerichtsgesetz.** Von Drewes und Landre — 1923 Mit Nachtrag, enth. die Ergänzungen bis April 1924 Gm 6,—

Nr. 155. **Reichsknappschaftsgesetz.** Von Max Reuß und Fritz Hense — 1923 Gm 7,—

Nr. 156. **Mietrecht und Wohnungsmangelgesetz.** — 1923 Mit Nachtrag, enth. die Ergänzungen bis April 1924. Gm 4,—

Nr. 157. **Dritte Steuernotverordnung vom 14 Februar 1924** unter besonderer Berücksichtigung der Vorschriften über **Aufwertung und öffentliche Anleihen.** Von Reichsgerichtsrat Michaelis **Im Druck.**

Nr. 158. **Strafprozeßordnung.** Alte und neue Fassung synoptisch gegenübergestellt. Von Reichsanwalt Feisenberger. — 1924. Gm 4,50

B. Preußische Gesetze.

Nr. 1. **Die Verfassung des Freistaats Preußen.** Von A. Arndt. — 1921. Gm 2,—
Ausführlicher Kommentar von Stier-Somlo. — 1921. Gm 5,—

Nr. 2. **Preußische Beamten-Gesetzgebung.** Von K. Pfafferoth. 5. Auflage. — 1916. Gm 2,40

Nr. 3. **Nottestamente.** Von E. Kurtz. — 1904. Gm 1,50

Nr. 4. **Gebührenordnung für Notare.** Von Rausnitz. 5. Auflage. — 1917. (Neue Aufl. in Bearbeitung.) Gm 2,20

Nr. 5. Gesetz vom **24. April 1854 [betr. die außereheliche Schwängerung].** Von Schulze. — 1873. Gm 0,70
Reichsrecht siehe Reichsgesetze Nr. **58.**

Nr. **6—9** vergriffen.

Nr. **10. Einkommensteuergesetz** siehe Reichsgesetze Nr. **151.**

Nr. **11. Gewerbesteuergesetz.** Von A. Fernow. Vergriffen.

Nr. **12. Allgemeines Berggesetz.** Von Schlüter und Hense. 4. Auflage. — In Vorbereitung.

Nr. **13. Ergänzungssteuergesetz.** Von A. Fernow. 5. Aufl. Gm 3,—

Nr. **14. Kommunalabgabengesetz.** Von F. Adickes. 6. Auflage von Falk. — 1922. Gm 2,50

Nr. **15. Die Kreisordnungen.** Von O. Kolisch. — 1894. Gm 4,—

Nr. **16. Konzessionierung gewerblicher Anlagen.** Von W. v. Rüdiger. 2. Auflage. — 1901. Vergriffen.

Nr. **17. Preußisches Gerichtskostengesetz.** Von P. Siméon. 7. Auflage. — 1913. Mit Nachtrag von 1919 und 1920. Gm 4,—

Nr. **18. Preußisches Stempelsteuergesetz.** Von P. Loeck und W. Seyffarth. 9. Auflage mit Nachtrag von Eiffler. — 1922. Gm 7,50

Nr. **19. Jagdscheingesetz.** Von F. Kunze. 2. Aufl. — 1899. Gm 2,—

Nr. **20. Die preußischen Erbschaftssteuergesetze.** Von U. Hoffmann. — 1905. Gm 3,—
(**Reichs-**Erbschaftssteuergesetz siehe Reichsgesetze Nr. **77.**)

Nr. **21. Handelskammern.** Von F. Lusensky. 2. Auflage. — 1909. Gm 3,—

Nr. **22. Anstellung und Versorgung der Kommunalbeamten.** Von W. Ledermann. 2. Auflage von L. Brühl. — 1914. Gm 2,—

Nr. 23. **Ausführungsgesetze zum Bürgerlichen Gesetzbuche.** Von P. Siméon. 3. Auflage. — 1914. Gm 2,20

Nr. 24. **Die Hinterlegungsordnung (1879).** Von G. Bartels. 2. Auflage. — 1908. Gm 2,—
Abänderungsgesetz vom 21. April 1913 siehe Nr. 53.

Nr. 25. **Preußische Kommunalbeamtengesetzgebung.** Von F. Kremski. — 1901. Gm 3,—

Nr. 26. **Diensteinkommen der Lehrer und Lehrerinnen.** Von E. Cremer. — 1900. Gm 2,20

Nr. 27. **Warenhaussteuer.** Von G. Strutz. — 1900. Gm 1,20

Nr. 28. **Die Fürsorgeerziehung Minderjähriger.** Von P. F. Aschrott. 3. Auflage. — 1917. Gm 2,80

Nr. 29. **Ärztliche Ehrengerichte, das Umlagerecht und die Kassen der Ärztekammern.** Von F. Fibler. — 1901. Gm 1,50

Nr. 30. **Preußisches Staatsschuldbuch** und **Reichsschuldbuch.** Von J. Mücke. — 1902. Gm 2,—

Nr. 31. **Die preußischen Gesindeordnungen.** Zwei Bände. Von St. Gerhard.
31 a. Altpreußische Provinzen und Rheinland. 2. Auflage. — 1914. Gm 3,—
31 b. Hannover, Schleswig-Holstein, Hessen-Nassau und Hohenzollern. — 1902. Gm 2,50

Nr. 32. **Städteordnung.** Von W. Ledermann und L. Brühl. 2. Auflage. — 1913. Gm 6,—

Nr. 33. **Rentenguts- und Anerbenrechts-Gesetzgebung.** Von M. Peltasohn und B. Peltasohn. — 1903. Gm 2,80

Nr. 34. Sammlung der wichtigsten **preußischen Strafgesetze.** Von Lindemann. 2. Auflage. — 1912. Gm 3,50

Nr. 35. **Geschäftsordnung für Gerichtsvollzieher.** Von E. Exner. — 1904. Gm 3,—

Nr. 36. **Polizeiverordnungen in Preußen.** Von O. Lindemann. — 2. Auflage. 1912. Gm 2,50

Nr. 37. **Enteignung von Grundeigentum.** Von O. Meyer. 2. Auflage. — 1911. Gm 2,20

Nr. 38. **Kreis- und Provinzial-Abgabengesetz.** Von F. Schmidt. — 1906. Gm 1,20

Nr. 39. **Unterhaltung der öffentlichen Volksschulen.** Von A. Marcks. — 1906. Gm 1,80

Nr. 40. **Verwaltungsstrafverfahren.** Von R. Katzenstein. — 1907. Gm 3,50

Nr. 41. **Die preußischen Jagdpolizeigesetze.** Von F. Kunze und R. Kühnemann. 2. Auflage. — 1907. Gm 3,50

Nr. 42. **Allgemeine Landesverwaltung** und **Zuständigkeit der Verwaltungs- und Verwaltungsgerichtsbehörden.** Von K. Friedrichs. 2. Auflage. — 1921. Gm 3,—

Nr. 43. **Verschuldungsgrenze** für land- und forstwirtschaftlich benutzte Grundstücke Von R. Leweck. — 1908. Gm 2,40

Nr. 44. **Quellenschutzgesetz.** Von E. Voelkel. — 1909 Gm 1,—

Nr. 45. **Rechtsverhältnisse der Juden in Preußen.** Von M. Kollenscher. — 1910. Gm 2,40

Nr. 46. **Austritt aus der Landeskirche.** Von H. Caro. — 1911. Gm 2,40

Nr. 47. **Feuerbestattung.** Von W. Lohmann — 1912 Gm 1,50

Nr. 48. **Zweckverbandsgesetz für Groß-Berlin.** Von L. Brühl, K. Gordan und W. Ledermann. — 1912 Gm 4 —

Nr. 49. **Gesetze gegen die Verunstaltung landschaftlich hervorragender Gegenden.** Von O. Goldschmidt. — 1912. Gm 2,40

Nr. 50. **Gesetz, betr. die Anlegung und Veränderung von Straßen und Plätzen in Städten und ländlichen Ortschaften.** Von O. Meyer. — 1913. Gm 3,—

Nr. 51. **Das preußische Disziplinargesetz für die nichtrichterlichen Beamten.** Von E. v. Dultzig. — 1914. Gm 4,20

Nr. 52. **Preußisches Wassergesetz.** Von G. Wulff und F. Herold. — 1913. Gm 4,50

Nr. 53. **Hinterlegungsordnung** von 1913 Von Hagemann. — 1914. Gm 2,20

Nr. 54. **Anlegung von Sparkassenbeständen in Inhaberpapieren.** Von H. Döhring. — 1914. Gm 2,80

Nr. 55. **Preußisches Wohnungsgesetz.** Von B. Schmittmann. — 1918. Gm 2,60

Nr. 56. **Das preußische Tumultschadengesetz.** Von Bruno Friedländer. — 1919. Gm 0,80

Nr. 57. Gesetz über **Landeskulturbehörden.** Von W. Holzapfel. — 1920. Gm 2,—

Nr. 58. **Arbeitsnachweis.** Von P. Wölbling. — 1920. Gm 1,—

Nr. 59. **Bildung der neuen Stadtgemeinde Berlin.** Von P. Wölbling. 2. Auflage. — 1920. Gm 1,40

Nr. 60. **Umlegungsordnung.** Von W. Holzapfel. — 1921. Gm 1,80

C. Textausgaben

ohne Anmerkungen mit Sachregister.

Betriebsrätegesetz. Gm 0,50
Bürgerliches Gesetzbuch. 14. Auflage. Gm 4,—
Erbschaftssteuergesetz m. Ausführungsanweis. 2. Auflage. Gm 0,70
Neue Fassung von H. Schachian. Gm 1,80
Freiwillige Gerichtsbarkeit. — 1920. Gm 1,—
Handelsgesetzbuch mit **Seerecht.** 10. Auflage. — 1921. Gm 2,60
Konkursordnung. 2. Auflage. — 1915. Gm 0,70
Kriegsgewinnsteuer. — 1916. Gm 0,40
Die Kriegssteuergesetze. 2. Auflage. — 1917. Gm 0,80
Militärstrafgerichtsordnung m. **Einführungsges.** — 1901. Gm 1,30
Militär-Strafgesetzbuch. 2. Auflage. — 1916. Gm 0,50
Reichseinkommensteuer — Körperschaftssteuer — Kapitalertragssteuer — Landessteuer. Gm 1,—
Einkommensteuergesetz in der Fassung v. 24. März 1921 mit **Ausführungsbestimmungen,** durch Nachträge ergänzt. Gm 1,40
Reichsfinanz- und Steuergesetze. 1922. Gm 2,—
Reichsfinanzgesetze von 1909. — 1909. Gm 2,60
Reichsmietengesetz. — 1922. Gm 0,50
Reichsnotopfergesetz. Gm 0,50
Reichsversicherungsordnung. Vergriffen.
Strafgesetzbuch. — 1921. Gm 1,20
Strafprozeßordnung. 4. Auflage. — 1922. Gm 3,—
Umsatzsteuergesetz. — 1920. Gm 0,60
Verkehrs- u. Kohlensteuer u. Kriegssteuerzuschlag. 1917. Gm 0,60
Verfassung des Deutschen Reiches v. 11.8.1919. 2. Aufl. Gm 0,60
Verfassung des Freistaates Preußen. Gm 0,60
Versicherungsgesetz für Angestellte. — 1911. S.R.144. Vergriffen.
Wechselordnung. — 1908. Gm 0,50
Wehrbeitrag und **Besitzsteuer.** — 1913 Gm 0,50
Zivilprozeßordnung mit **Gerichtsverfassungsgesetz** und **Einführungsgesetzen.** — 1921. Gm 2,60
Zuwachssteuergesetz. — 1911. Gm 0,50
— **Ausführungsbestimmungen.** — 1911. Gm 0,40
Preuß. Ausf.-Anweis. zur **Gewerbeordnung.** — 1904. Gm 1,—

Schlagwort-Register

R. = Nummer der Sammlung Deutscher Reichsgesetze.
P. = Nummer der Sammlung Preußischer Gesetze.
S. = Seite.

Schlagwort-Register. (R. = Reichsgesetz, P. = preuß. Gesetz.)

Schlagwort-Register. (R. = Reichsgesetz, P. = preuß. Gesetz.)

Schlagwort-Register. (R. = Reichsgesetz, P. = preuß. Gesetz.)

FSC
www.fsc.org
MIX
Papier | Fördert gute Waldnutzung
FSC® C083411

Kolibri 360 GmbH
Ferdinand-Jühlke-Straße 7
99095 Erfurt, Deutschland
produktsicherheit@kolibri360.de